1324601

TM

**Trademarks –
Die Geschichten hinter
29 Logo-Klassikern**

Mark Sinclair

stiebner

Trademarks –
Die Geschichten hinter
29 Logo-Klassikern

TM

Mark Sinclair

stiebner

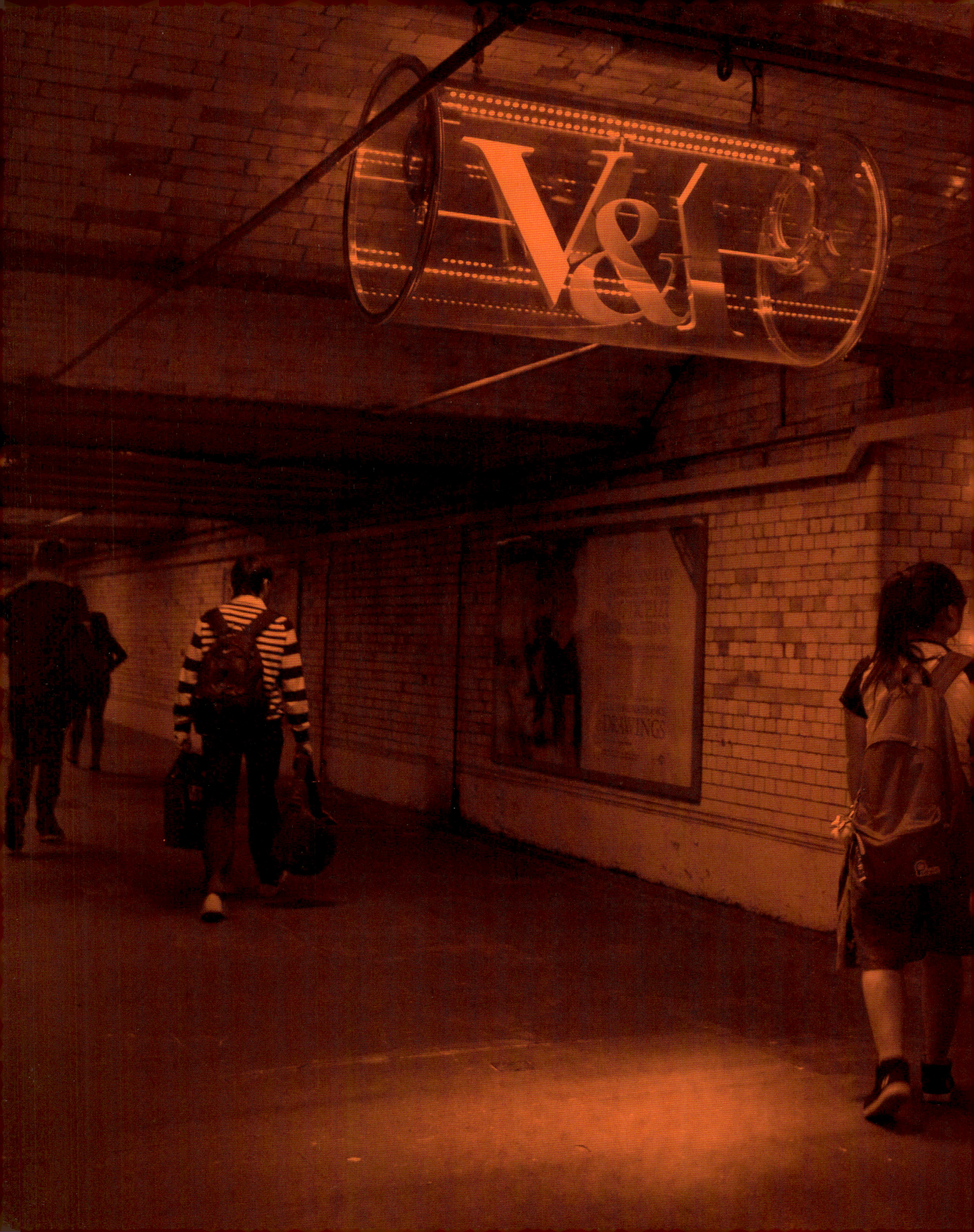
DRAWINGS

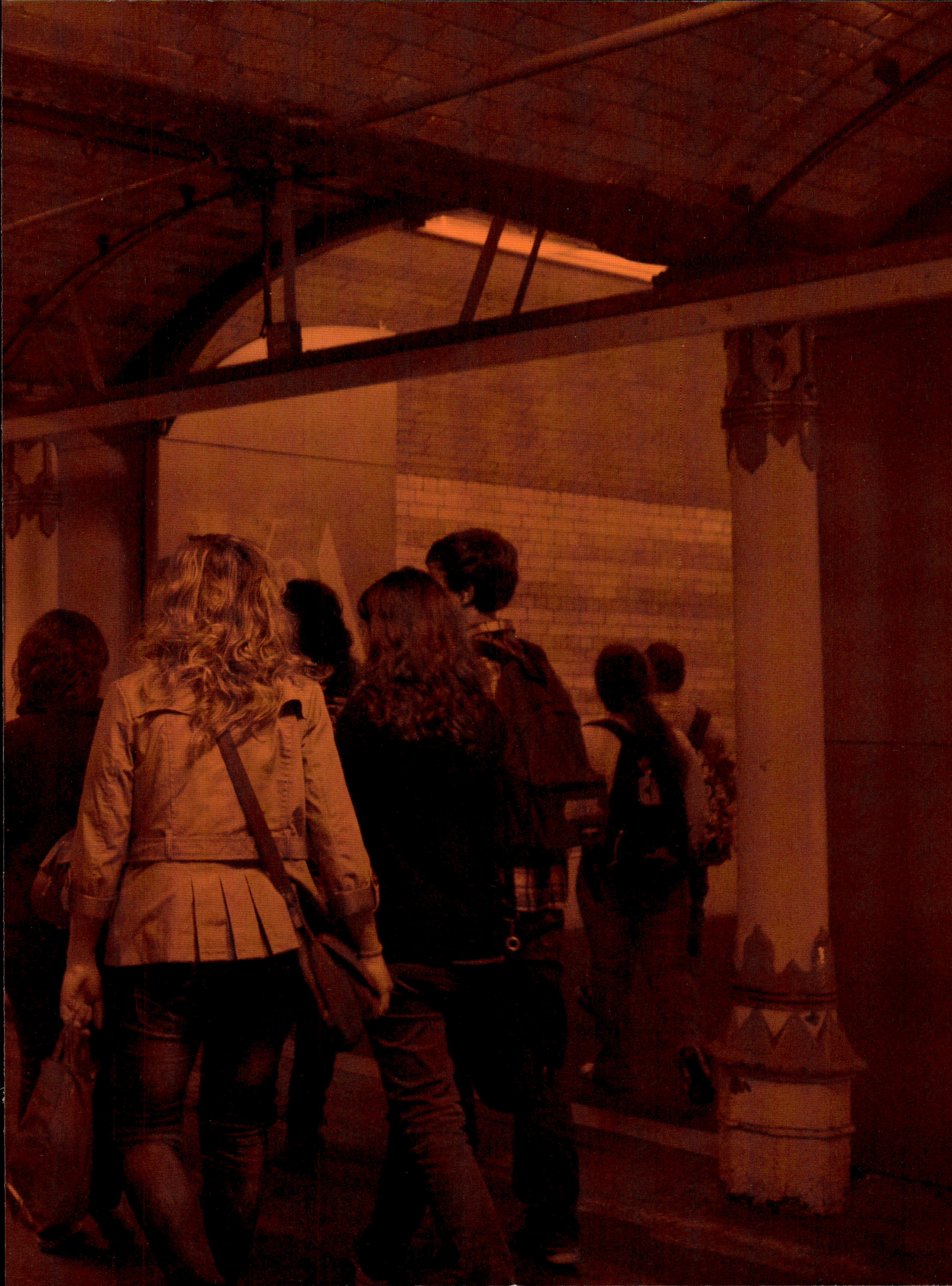

Inhalt

8
Zu diesem Buch

—

12
Bell System
Saul Bass
1969

—

20
British Rail
Gerry Barney,
Design Research Unit
1964

—

28
British Steel
David Gentleman
1969

—

34
CBS
William Golden
1951

—

40
Centre Pompidou
Jean Widmer,
Visuel Design Association
1977

—

48
CN
Allan Fleming,
Cooper and Beatty
1960

—

54
CND
Gerald Holtom
1958

—

60
Coca-Cola
Frank Mason Robinson
1886

—

68
Deutsche Bank
Anton Stankowski,
Stankowski + Duschek
1974

—

74
ENO
Mike Dempsey,
Carroll, Dempsey & Thirkell
1991

82
ERCO
Otl Aicher
1974

—

90
I Love New York
Milton Glaser,
Milton Glaser, Inc.
1975

—

96
London Underground
Edward Johnston
1916

—

104
Michelin
O'Galop
1898

—

110
München 1972
Coordt von Mannstein,
Graphicteam Köln
1968

—

116
Musée d'Orsay
Bruno Monguzzi
1983

—

124
NASA
Bruce Blackburn,
Danne & Blackburn
1974

—

132
National Theatre
Ian Dennis,
HDA International
1974

—

138
Osborne Bull
Manolo Prieto
1956

—

144
Penguin
Edward Young
1935

—

152
Perú
FutureBrand Buenos
Aires and Lima
2010

158
Pirelli
Unbekannt
1907

—

164
Randstad
Ben Bos,
Total Design
1966

—

172
Sol de Miró
Joan Miró
1984

—

178
Tate
Wolff Olins
1999

—

184
UPS
Paul Rand
1961

—

190
V&A
Alan Fletcher,
Pentagram
1989

—

198
Woolmark
Franco Grignani
1964

—

206
WWF
Sir Peter Scott
1961

—

217
Personen- und
Sachwortverzeichnis

—

220
Bildnachweis

—

223
Danksagung

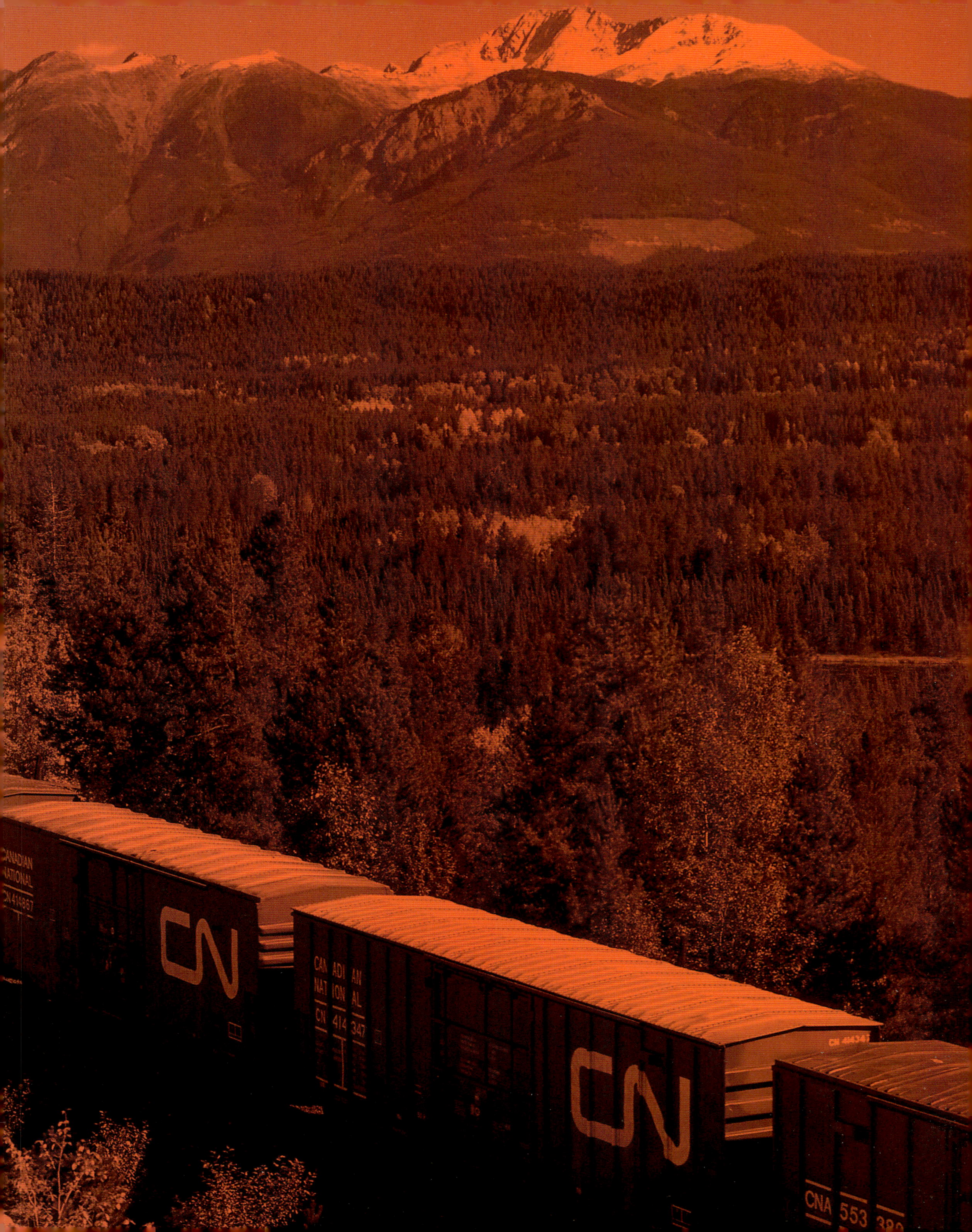
CANADIAN
NATIONAL
CN
CAN ADI AN
NAT ION AL
CN 414 347
CN

Zu diesem Buch

Das vorliegende Buch ist kein Versuch einer Bestenliste. Auch wenn die (in alphabetischer Reihenfolge) vorgestellten Logos in ihren jeweilgen Märkten einem ständigen Wettbewerb ausgesetzt waren, so finden sie sich hier doch allesamt unter dem gleichen »Rang« vereint: dem eines Logo-Klassikers, der die Designgeschichte geprägt hat oder immer noch prägt.

Den Begriff »Logo« verwenden meine Kollegen und ich vom monatlich erscheinenden Magazin »Creative Review«, mit denen ich auch eine Sonderausgabe zu diesem Thema editiert habe, als einen Sammelbegriff, der Firmenzeichen (typografische Logos oder Wortmarken) und Symbole (Bildlogos) gleichermaßen umfasst. Von den 29 hier dargestellten Logos sind 13 symbolischer Natur, 13 basieren auf einer bestimmten Anordnung von Buchstabenformen, die übrigen drei werden am besten als Kombination aus beiden Ansätzen beschrieben. Und doch sind alle so unterschiedlich. Eines der Logos wurde auf einem Fetzen Papier auf der Rückbank eines Taxis entworfen (I Love New York), ein anderes unter der Dusche ersonnen (V&A); eines verdankt seine Existenz einem grafisch ambitionierten Buchhalter (Coca-Cola), ein anderes dem Ausflug eines Assistenten in den Londoner Zoo (Penguin). Zu jedem einzelnen gehört eine eigene Geschichte, die in diesem Buch mit vielen Originaltönen der am Entstehungsprozess der Marke Beteiligten erzählt wird.

Neben Produktlogos umfasst die Auswahl auch solche, die für Verkehrsbetriebe wie die Londoner U-Bahn (London Underground) oder die kanadische Eisenbahngesellschaft Canadian National Railway (CN) entworfen wurden, für gemeinnützige Kultureinrichtungen wie das Musée d'Orsay in Paris, die Tate Galleries in London, Liverpool und St Ives, für die größte Nichtregierungsorganisation der Welt (WWF) und die Kampagne für nukleare Abrüstung (CND), der wir das wohl bedeutendste Friedenszeichen der Welt verdanken.

Ob es auf den folgenden Seiten um das »Buchstabengesicht« der English National Opera (ENO) geht, die riesige, aus der spanischen Topografie kaum noch wegzudenkende Silhouette des Osborne-Stiers oder die geschickt »gedimmte« Typografie des deutschen Lichtspezialisten ERCO – alle diese Beispiele zeigen, dass die Gestaltung von Logos ein ernstes Geschäft ist; aber auch eines, das im Ergebnis spielerisch wirken kann – und durchaus gefällig für Auge und Geist. Letztlich kommt es darauf an, beim Betrachter eine optische Verknüpfung des Logos mit dem Inhalt der Marke herzustellen; sei dies ein Produkt, eine Dienstleistung oder ein gemeinnütziger Zweck.

Die meisten der in diesem Buch vorgestellten Logos haben sich als erstaunlich langlebig erwiesen. Genaugenommen ist eine solche Langlebigkeit nicht bloß erstaunlich, sondern eine ganz eigene Kunst. Und um diejenigen, die wie wenige andere die Kunst beherrschen, mit zum Teil reduziertesten Mitteln die größtmöglichen Wirkungen zu erzielen, geht es in diesem Buch natürlich in erster Linie – um die Leistungen großartiger Designer und Grafikkünstler also wie Otl Aicher, Alan Fletcher, Coordt von Mannstein oder Paul Rand.

LONDON PAVILION
DUSTIN
HOFFMAN
JON
VOIGHT
MIDNIGHT
COWBOY
THE WOOLMARK
PURE NEW WOOL
YOU CAN'T FAKE THE REAL THING
DUSTIN
HOFFMAN
JON
VOIGHT
MIDNIGHT
COWBOY
LONDON PAVILION
PETER STUYVESANT
RING SPECIALISTS

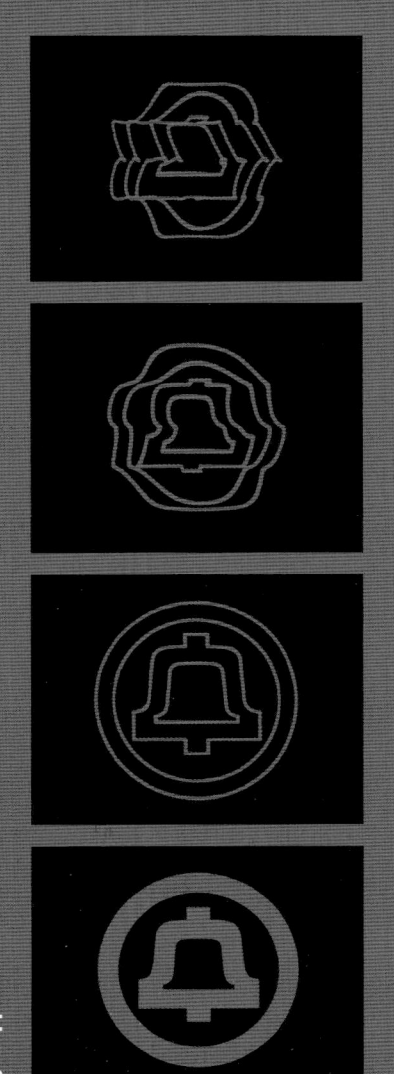

Hinter einem guten Logo steht immer eine gute Idee und im Idealfall auch ein gutes Konzept. Manchen sieht man die Zeit, in der sie entstanden, recht deutlich an; andere erweisen sich als so wandlungsfähig, dass sie im Lauf der Jahre an die unterschiedlichsten Formen moderner Mediennutzung angepasst werden konnten, ohne ihren eigentlichen Kern zu verlieren.

Manchmal genügen schon einfache, quasi kosmetische Veränderungen, um ein Logo dem sich wandelnden Zeitgeist anzupassen – etwa der Verzicht auf die Zigarre beim Michelin-Männchen. Manchmal wandelt sich ein Logo aber auch sehr grundsätzlich vom einfachen, an ein Wappen erinnernden Schild zur 3-D-Anmutung wie bei UPS. Und manchmal ist ein Logo schon in seiner – auf dem Zeichentisch oder am Computer entstandenen – Grundform die ideale Vorlage für die verschiedensten modernen Anwendungsformen.

Ein perfektes Beispiel dafür ist etwa Coordt von Mannsteins Strahlenspirale, die er für die Olympischen Spiele 1972 in München entwarf und die bis heute das visuelle Erkennungszeichen der GlücksSpirale ist. Ein weiteres Beispiel ist das aus den drei Zeichen »V&A« bestehende Logo des Londoner Victoria & Albert Museums, das nicht nur auf Papier gut aussieht, sondern auch als palindromische Skulptur – als dreidimensionale kinetische Installation im Museumseingang in der U-Bahnstation South Kensington.

Diese Fähigkeit zur Erneuerung ist meiner Meinung nach ein wichtiges Argument für den »klassischen« Rang eines Logos – und somit für seine Aufnahme in dieses Buch der Logo-Klassiker.

Saul Bass
1969

»Bell System« nannte man ein ausgedehntes Netzwerk von 23 US-amerikanischen Einzelfirmen, die zunächst unter der Leitung der 1877 von Alexander Graham Bell, dem »Vater der Telefonie«, gegründeten Bell Telephone Company das Land mit Telekommunikationsdiensten versorgten. 1885 ging aus Bells Firma die American Telephone and Telegraph Company (AT&T) hervor, die bis zum Jahr 1984 de facto in einer Monopolstellung den überwiegenden Teil des inneramerikanischen und interkontinentalen Fernmeldeverkehrs von den USA nach Übersee betrieb. Nach der kartellrechtlichen Zerschlagung und Entflechtung des Monopols durch das US-amerikanische Justizministerium entstanden 1985 eine neue AT&T als reines Elektronikunternehmen sowie sieben selbstständige Holdinggesellschaften, die in ihren jeweiligen Gebieten Telekommunikationsdienstleistungen anbieten.

1968, als der im New Yorker Stadtteil Bronx geborene Typograf, Grafikdesigner, Fotograf und Filmemacher Saul Bass (1920–1996) den Auftrag erhielt, die Corporate Identity (CI) des Unternehmens zu gestalten, hatte dieses nicht nur eine Monopolstellung in den USA und in Kanada, sondern war zugleich mit rund einer Million Angestellten und 100 Millionen durch ganz Nordamerika gezogenen Telefonleitungen die größte Telefongesellschaft der Welt. Saul Bass war damals schon einer der bekanntesten und angesehensten Designer der Welt. Er schuf Filmplakate und arbeitete als Fotograf; legendär sind seine ab Ende der 1950er-Jahre entstandenen Intros zu Filmen von Alfred Hitchcock, Otto Preminger, Martin Scorsese und vielen anderen. Dafür entwickelte er eine eigene Kunstform (Motion-Design): Das markanteste Beispiel dafür ist sein Anfang von Hitchcocks Thriller »Psycho«, auch an der berühmtesten Szene dieses Filmklassikers, der Ermordung von Marion Crane unter der Dusche, war er beteiligt. Nachdem er in den Jahren 1936 bis 1939 an der Art Students League of New York und 1944 bis 1945 am Brooklyn College in New York studiert hatte, gründete er bereits ein Jahr nach Beendigung seines Studiums das Designstudio Saul Bass & Associates und im Jahr 1981 Bass Yager & Associates.

In ihrem Buch »Saul Bass. A Life in Film & Design« zitieren Jennifer Bass, die Tochter des Designers, und der Designhistoriker Pat Kirkham einen im Jahr 1970 in der Zeitschrift »Pacific Telephone« erschienenen Artikel. Darin spricht der Designer von zwei Zielen, die sein Studio mit der Arbeit für Bell vornehmlich verfolge: erstens eine Vereinheitlichung der sich unterschiedlich präsentierenden Einzelunternehmen und zweitens eine Modernisierung des Erscheinungsbildes des Konzerns. Letzteres solle vermitteln, was Bell System tatsächlich sei: »ein Ausgangspunkt modernster Technologie und eine Organisation, für die man gerne arbeiten möchte«.

Legendär waren auch die Kundenpräsentationen von Saul Bass. Für den Pitch seiner Agentur um den Etat von Bell System wurde eigens ein dreißigminütiger Film gedreht, der den schlichten Titel »Design« trug. In der ersten Hälfte des Films kommt das visuelle Konzept für die neue Corporate Identity noch gar nicht vor, stattdessen wird das Kommunikationswirrwarr (Saul: »ein Durcheinander«) der Organisation aus der Sicht des

Saul Bass' Logo prangt unübersehbar an einer Fassade.

Oben und rechte Seite:
Es entstand eine breite Palette passend
gestalteter Artikel und Betriebsmittel,
vom Briefkopf über Verpackungsmaterial,
Tapeten und Uniformen bis zu den Logos
für eine Flotte von 135 000 Fahrzeugen
(fast so groß wie die der US-Army). Zu dieser
Zeit bediente Bell über 80 Millionen Kunden
in den USA.

14 — 15

Designers fast schon klinisch-nüchtern diagnostiziert. In einem kurzen geschichtlichen Abriss der Wechselbeziehung zwischen dem amerikanischen Konsumverhalten und der Entwicklung moderner Produkte erläutert eine Stimme aus dem Off die Rolle der Firma Bell in diesem Verhältnis: »Unser Erscheinungsbild vermittelt dem Konsumenten, dass wir sicher, beständig und zeitgemäß sind, ein Teil des Zeitalters der Elektronenröhren«, heißt es zunächst noch durchaus schmeichelnd für den potenziellen Kunden. Problematisch sei aber aktuell, dass »wir noch immer so aussehen, als würden wir die Bedürfnisse der Vergangenheit befriedigen«. Ein geschickter erzählerischer Kniff des Films ist die gelegentliche Einspielung einer widersprechenden Stimme, die der geäußerten Kritik etwa die Frage »Übertreiben Sie da nicht?« entgegenhält – nur um den Kunden gleich darauf mit anderen Unternehmen zu konfrontieren, die ihr Erscheinungsbild bereits erfolgreich an die moderne Welt angepasst hätten. Als Anschauungsmaterial dafür dienen Beispiele der Unternehmen Chase Manhattan, Westinghouse, Con Edison und RCA. Dann beschreibt der Film bemerkenswert ausführlich, welche Veränderungen das Bell-Logo im Lauf der Zeit bereits erfahren hat: 1921 wurde der Schriftzug vereinfacht, 1939 veränderte man den Glockenaufhänger, 1960 wurden die Wörter aus dem Außenring entfernt. Das deutet eine fast zwangsläufig erscheinende Entwicklung an, die zu gar nichts anderem führen kann als zu der nun von Saul Bass präsentierten Version: eine Glocke, erläutert die Stimme aus dem Off, »die Stärke und Wirkung zeigt und vor allem zeitgemäß aussieht«.

Was dann folgt, ist eine der detailliertesten Inszenierungen einer potenziellen Markenidentität, die bis dahin erstellt wurde. Das neue Logo wird in den verschiedensten Szenarien gezeigt – auf Gebäuden, auf Firmenpapieren, Fahrzeugen, Fahnen und (von Bass' Frau Elaine entworfenen) Uniformen. In diesem Zusammenhang werden die Einzelteile des Symbols gut durchdacht erläutert und erklärt. Im Kern geht es dabei

Unten und rechte Seite:
Eine erste Reihe von sieben Styleguides wurde 1969 erstellt und anschließend alle paar Jahre aktualisiert, um zu gewährleisten, dass das grafische Erscheinungsbild auch bei neuen Anforderungen stets stimmig und hochwertig blieb.

Bell System Vehicle Graphics Manual

Chevrolet and GMC – 1970 and earlier
A—Left side, enclosed, with one-line logotype
B—Left side, enclosed, with two-line logotype
The length of the logotype varies from company to company. However, the dimensions given from the logotype to the bell symbol, and from the logotype to the rear edge of the vehicle do not change, regardless of the length of a company's logotype.
Note: Due to the radius of the rear edge of this vehicle, this measuring point must be optically determined. It should be the edge of the vehicle when viewed in profile, as shown in drawings A and B. The point from which the dimension is taken is determined by the longest line of the logotype, as indicated in drawings A and B.
C—Left side, windowed version, with two-line logotype
The location of the bell symbol is identical for all companies. The dimension given from the symbol to the logotype is also identical for all companies. All logotypes, regardless of the number of lines they contain, are centered horizontally on the bell symbol through use of the centerlines provide on application sheets.
Note: Symbols and logotypes for windowed left sides are identical in size to those provided for right sides.
A
Southern Bell
B
Diamond State
Telephone
C
Wisconsin
Telephone
Mountain Bell

Bell System Building Identification Manual

Short Range Signage
Medium Range Signage
Long Range Signage
Ohio Bell

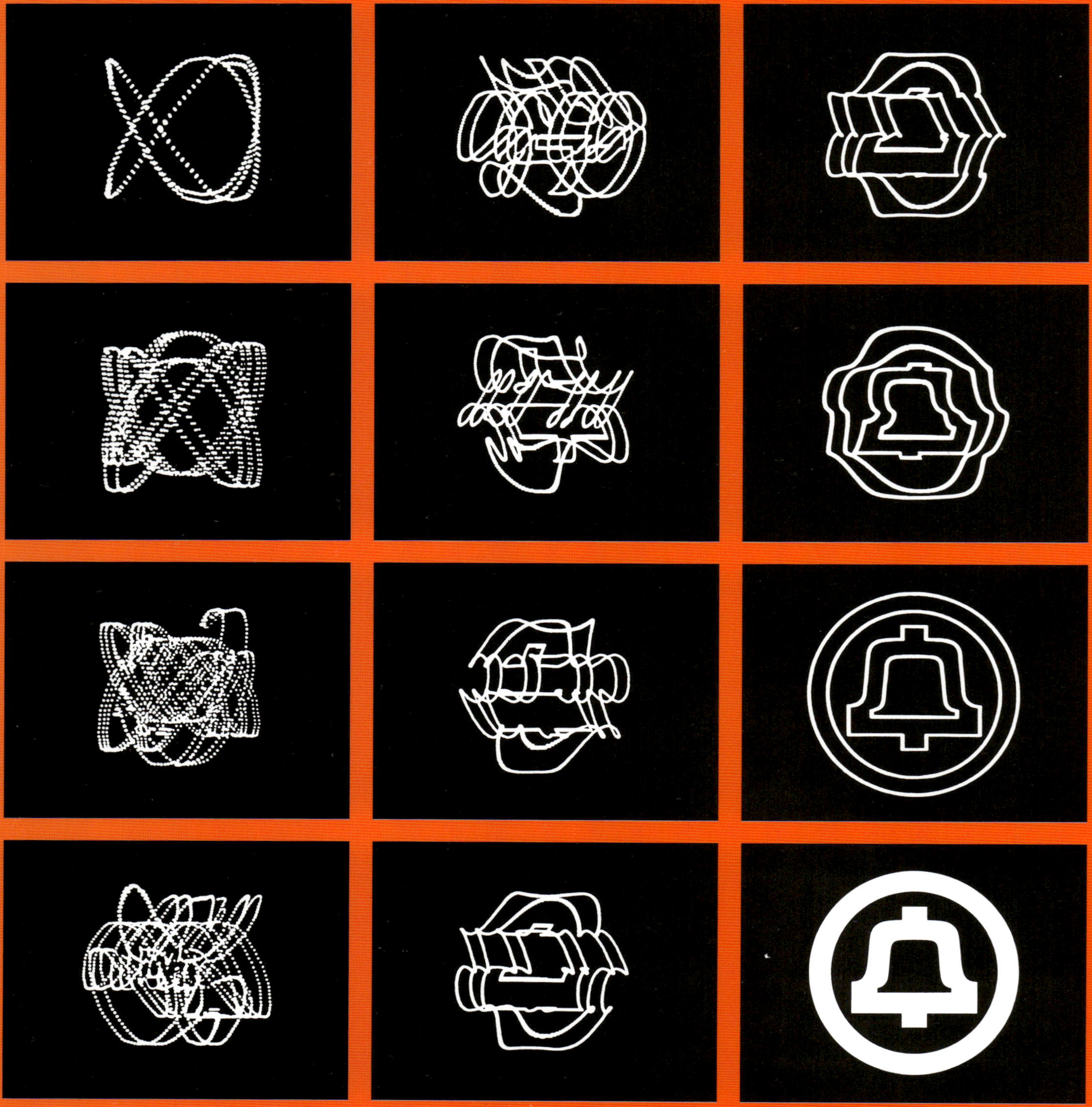

Linke Seite:
Standbilder von einem Fernsehspot, der mithilfe damals bahnbrechender Computertechnik das neue Erscheinungsbild der »Bell-Glocke« präsentierte, 1969.

Diese Seite oben:
Saul Bass (rechts im Bild) mit einigen Mitgliedern seines Teams bei der Arbeit an einem der umfangreichsten Corporate-Identity-Aufträge der damaligen Zeit.

Diese Seite unten:
Die Entwicklung des Glockendesigns in den Jahren 1939 bis 1969. Ebenfalls gezeigt wird das ab 1983 von Saul Bass für die neue WT&AT entwickelte Logo. Dieses zeigt eine stilisierte Weltkugel, deren an Schaltkreise erinnernde Streifen elektronische Kommunikation symbolisieren sollen.

um eine schnörkellos-moderne Darstellung der bekannten Glockenform ohne Buchstaben oder belanglose Details – aber mit einem Zusatzelement in Form eines blauen und eines gelben Streifens. »In der heutigen Welt haben Streifen eine Botschaft«, hört man die Stimme aus dem Off. »Sie stehen für konkurrenzfähig, kompetent, ›ausgeschlafen‹, engagiert. Sie sagen, wie wir sind.« Wie hätte Bell da den Entwurf noch ablehnen können?

Im Jahr 1969 wurde das neue Logo eingeführt, Anfang der 1970er-Jahre hatte es Jennifer Bass und Pat Kirkham zufolge bereits einen Wiedererkennungswert von 93 Prozent erreicht. Es soll damals mehr Menschen gegeben haben, die wussten, dass es sich hier um das Logo einer Telefongesellschaft handelte, als solche, die den Namen des US-Präsidenten kannten. Sauls Konzept war aufgegangen: »Das Unternehmen braucht nur mit der neuen Glocke und dem Satz ›Wir hören Sie‹ zu werben, und jeder versteht sofort, dass es um die Telefongesellschaft geht«, hatte er seinem Kunden erklärt.

Am Ende seines einfallsreichen Präsentationsfilms betonte Saul noch, wie sehr jeder einzelne Eindruck zum Gesamteindruck beiträgt, wie jedes Mosaikstückchen als Teil des Gesamtbildes eines nationalen visuellen Kommunikationssystems funktioniert. Eine Vielzahl oft zusammenhanglos und altmodisch wirkender Einzelgestaltungen hatte er in eine optisch einheitlich koordinierte Corporate Identity verwandelt. Bell war nun endlich wirklich: ein System.

Fünfzehn Jahre später wurden die Weichen unter dem Druck der kartellrechtlichen Untersuchungen des Justizministeriums neu gestellt. Für die Entflechtung des Konzerns brauchte AT&T auch eine neue CI. Erneut bekam Saul Bass den Auftrag, hatte aber wegen entsprechender Bestimmungen der Justiz diesmal nur fünf Monate dafür Zeit. Das Ergebnis war ein blau-weiß gestreiftes Logo, das die Geschwindigkeit wie die Vernetzung moderner Kommunikationsmittel gleichermaßen symbolisiert. Bei vielen untergeordneten Unternehmen der Bell-Gruppe war man nicht so schnell. BellSouth verwendete das Glockenlogo nach der Entflechtung noch bis 2006 weiter, auch Cincinnati Bell verwendete die Glocke bis 2006. Malheur Bell in Oregon verwendete die Glocke im Außenring sogar bis 2009 – 40 Jahre nachdem das von Saul Bass und seinem Team entworfene Logo eingeführt worden war.

1939   1964   1969   1984

Gerry Barney, Design Research Unit 1964

»Unentschiedene Pfeile«, »Stacheldraht«, »Krähenfüße«: In den 50 Jahren, seit der Designer Gerry Barney sein Logo für die staatliche Eisenbahngesellschaft des Vereinigten Königreichs entworfen hat, dürfte er alle diese Verunglimpfungen schon einmal gehört haben. Doch das kümmert ihn nicht. Denn während British Rail als in den Landesteilen England, Schottland und Wales agierende Organisation über die Jahre in der Gunst der Briten so manche Einbuße hinnehmen musste, funktioniert Barneys klassisches Doppelpfeillogo einfach weiter und hat nach wie vor einen der höchsten Wiedererkennungswerte im gesamten Königreich.

Die Langlebigkeit dieses Logos ist wirklich beeindruckend. Es überdauerte die Privatisierung von British Rail 1996, die erfolgreiche Wiederverstaatlichung der Eisenbahninfrastruktur 2002 und ist bis heute in den Bahnhöfen des Vereinigten Königreichs allgegenwärtig. Ob es um die Bahnsteigbeschilderung, die Gestaltung von Tickets, Webseiten oder Reise-Apps geht: Barneys symbolische Darstellung zweier Gleise plus stilisierter Punkte erwies sich als höchst erfolgreiche Umsetzung seines Auftrags, ein multifunktional einsetzbares Logo von offenbar zeitlosem Wert zu schaffen.

Anfang der 1960er-Jahre veränderte sich das von der Labour-Regierung unter Clement Attlee 1948 verstaatlichte Eisenbahnnetz. Mithilfe einer neuen Corporate Identity (CI) wollte British Railways dem Erscheinungsbild einen modernen Touch verleihen. Vorbild dafür war die kanadische Eisenbahngesellschaft, Canadian Railways, die 1960 ein kühn gestaltetes »CN« etablierte und damit allen Zweiflern auch bei Britisch Railways signalierte, dass eine Modernisierung des Erscheinungsbildes vonnöten war. Bis dahin hatte man noch mit einem Wappen gearbeitet, das eher an das Zeitalter der Dampflokomotiven erinnerte: ein roter, aufrecht sitzender Löwe greift nach einem Zugrad. Nun wollte man den Aufbruch in die Moderne nicht nur mit einer zeitgemäßeren – serifenlosen – Typographie visualisieren, sondern eine ganz neue CI entwerfen und dann auch radikal umsetzen.

Gerry Barney war 21 Jahre alt, als er sich 1960 bei der angesehenen Design Research Unit (DRU) in London um eine Stelle als Schriftgestalter bewarb. Rasch entwickelte sich eine enge Zusammenarbeit mit dem Mitbegründer dieses Designstudios, Milner Gray. Obgleich Gray vierzig Jahre älter war als sein neuer Angestellter, schien er in ihm eine verwandte Seele gefunden zu haben – Barney war der erste in seinem Studio, der die Zeichnungen des Chef-Designers bearbeite und ihn mit seinem Vornamen ansprechen durfte.

»Ich war Schriftgestalter, kein Designer«, sagt Barney, der 1978 mit Partnern auch ein eigenes Designstudio gründete, Sedley Place. »Den Auftrag für einen Entwurf bekamen zunächst die Designer bei DRU, aber da die Ergebnisse Milner nicht zufriedenstellten, gab er auch den übrigen Mitarbeitern des Studios, sechs oder sieben Leuten, die Möglichkeit, darüber nachzudenken. Offenbar war ich der Erste, dem etwas einfiel.« Seine Idee kritzelte Barney zunächst auf die Rückseite eines Umschlags, als er mit der U-Bahn zur Arbeit fuhr. Im Büro angekommen, arbeitete er ihn weiter aus. Dabei

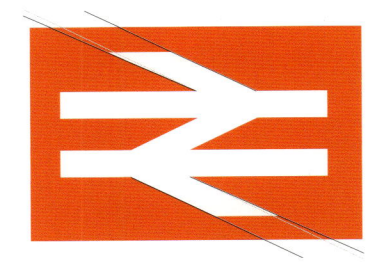

Das Diagramm zeigt die sich verjüngenden abgewinkelten Balken im British-Rail-Logo.

Diese Seite:
British-Rail-Teppiche in Blau und Braun, fotografiert während der Dreharbeiten für den British-Transport-Film »A Corporate Identity«, April 1964.

Rechte Seite:
Weinglas und Besteck mit dem British-Rail-Logo, 1964.

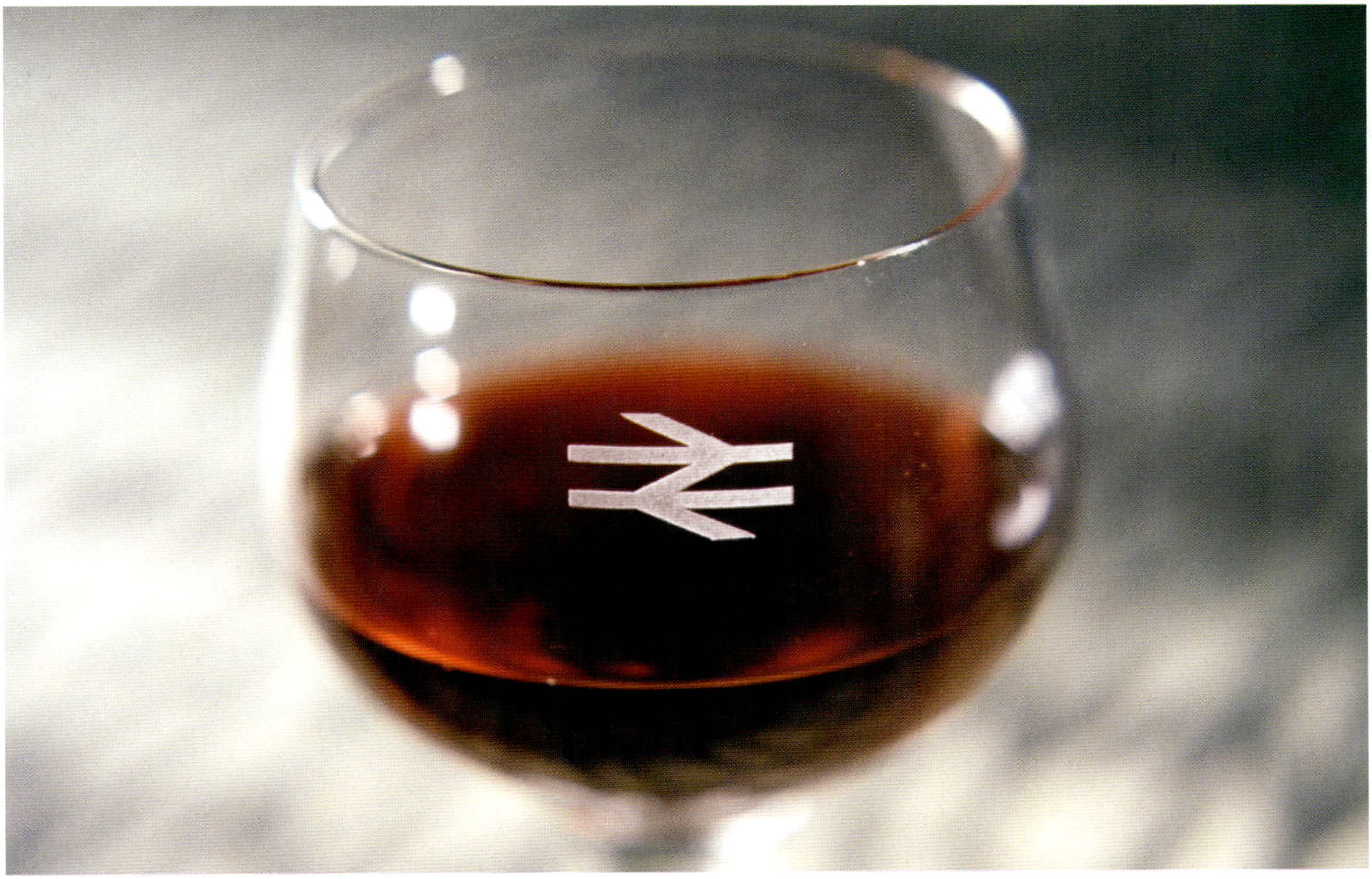

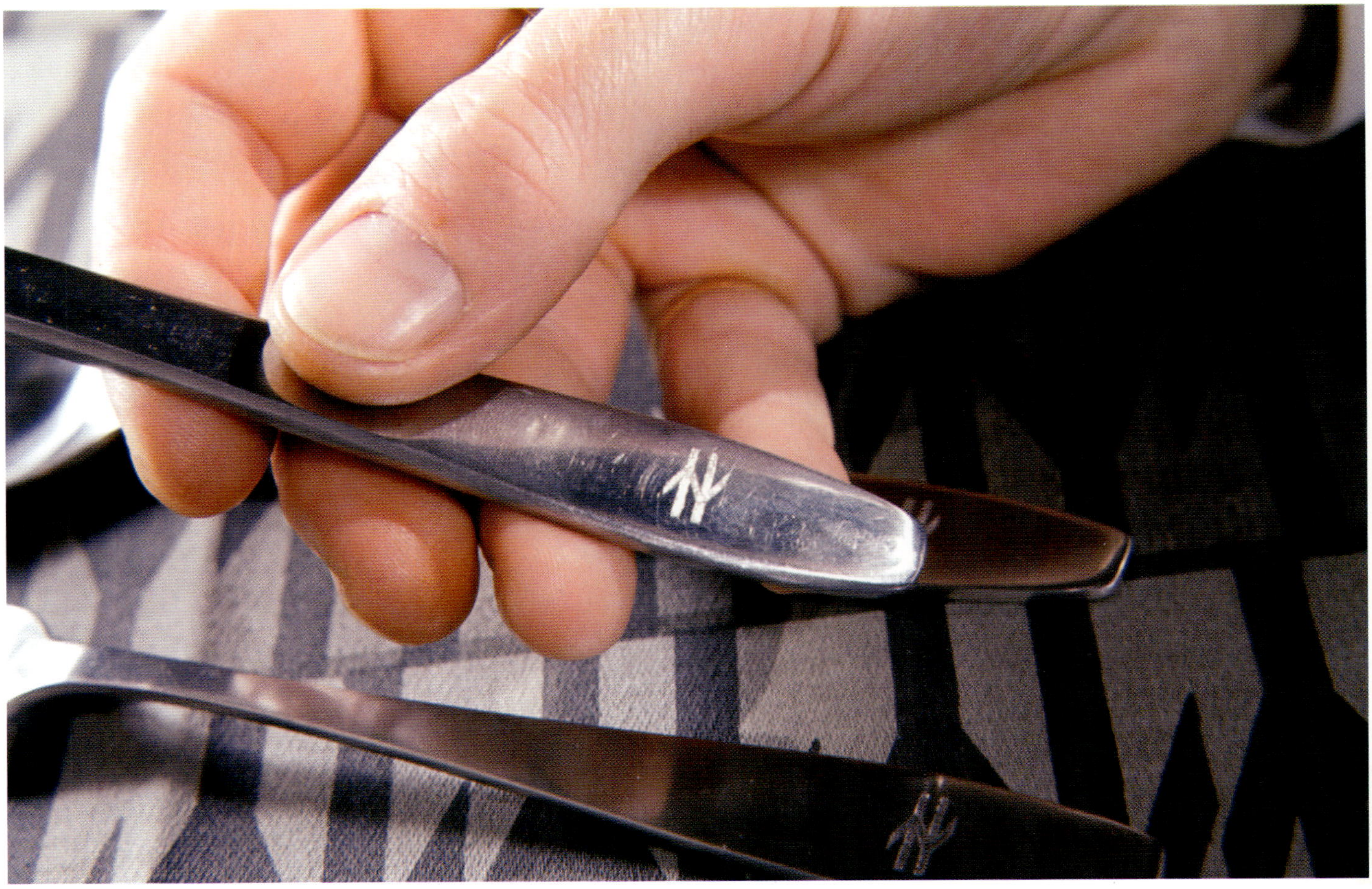

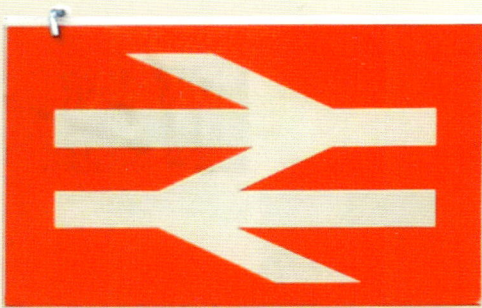

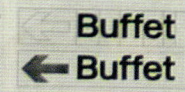

Oben:
Auf einem Plakat wird das neue Erscheinungsbild von British Rail vorgestellt. Zu sehen war dieses als Teil der 2011 gezeigten Ausstellung über die Design Research Unit 1942–1972 in der Londoner Cubitt Gallery.

Oben links/rechts:
British-Rail-Reisezentrum, fotografiert während der Dreharbeiten zu »A Corporate Identity«, April 1964.
—
Fahrdienstleiter und Gepäckträger in der neuen Uniform von British Rail am Bahnhof Waterloo, London, fotografiert während der Dreharbeiten zu dem British-Transport-Film »The New Face of British Rail«, April 1966. Die Uniformen haben den neuen Doppelpfeil auf der Mütze.
—
Unten:
Einladung zu »The New Face of British Railways« (1965), gezeigt in der Ausstellung über die Design Research Unit 1942–1972 in der Londoner Cubitt Gallery, 2011.
—
Das British-Rail-Symbol, wie es derzeit auf einem aktuellen Londoner Straßenschild verwendet wird.

veränderte er seine ursprüngliche Skizze nicht wesentlich. Im Grunde musste er diese nur noch, mit geraderen Linien, ins Reine zeichnen.

Insgesamt entwarf man bei DRU etwa 50 verschiedene Logos, die an den Studiowänden angepinnt wurden. Daraus traf Milner Gray zusammen mit George Williams als Verantwortlichem bei British Railways eine Auswahl von sechs Entwürfen. Davon blieben in einem weiteren Auswahlverfahren noch zwei übrig: ein Entwurf von Collis Clement (zwei Kreise und ein Pfeil) – und Barneys Entwurf. »Pfeile waren damals in Mode«, erinnert Barney sich.

Im nächsten Stadium des Entscheidungsverfahrens sollte die Umsetzung dieser beiden Logos in den verschiedensten denkbaren Einsatzformen getestet werden. Dazu wurden Vorhangstoffe produziert, Teppiche gewebt, Plakate gedruckt und alles in Form einer Ausstellung zusammengetragen. Allerdings bedeutet es immer ein Risiko, wenn für die Beschaffung der Materialien zur Präsentation eines Logos externe Unterstützung in Anspruch genommen wird. Das zeigte sich auch in diesem Fall: Irgendwie erfuhr die Presse von Collis Clements Entwurf, und als sie diesen publik machte, war er auch schon aus dem Rennen. Übrig blieb also Barneys Entwurf, und wenn man sich diesen einmal genauer ansieht, ist er gar nicht so geradlinig gestaltet, wie es auf den ersten Blick wirkt. Das hat mit Barneys Werdegang als Typograf zu tun. »Wenn Sie eine Reihe Buchstaben in gleicher Höhe produzieren, kann das »o« zu klein wirken, daher wird es immer etwas größer geschrieben«, erklärt er. »Beim B[ritish-]R[ail]-Logo sind nicht alle Linien gleich dick: Dort, wo die abgewinkelten Balken auf die horizontalen Balken treffen, wirkt die Verbindungsstelle dicker, sodass sie nach außen hin tatsächlich etwas breiter gezeichnet werden.

Zu den häufig kolportierten Märchen im Zusammenhang mit dem Entstehungsprozess des neuen Designs

Look what you gain when you travel by train

Now: London to Bath, a comfortable 69 minutes

Now: London to Bristol Temple Meads, a smooth 85 minutes

Now: London to Cardiff, a relaxing 105 minutes

Now: London to Swansea, an easy 163 minutes

Pick up a free copy of the pocket timetable

Inter-City 125 makes the going easy

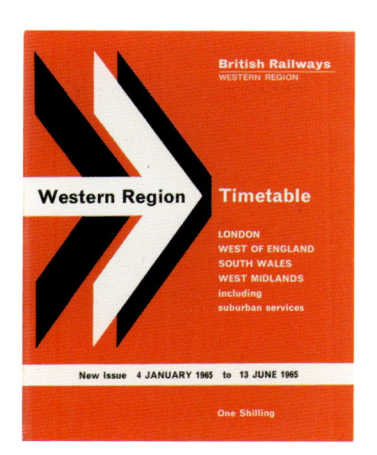

Linke Seite:
British-Rail-Inter-City-125-Plakat, 1977.
—
Diese Seite oben:
Ein Fahrplan der Western Region von 1965 spielt auf das Design des Doppelpfeils an.
—
Fahrplan vom London Airport, 1966–67
—
Diese Seite unten:
Fahrplan von British Rail, 1984–1985, bei dem das Symbol dreidimensional erscheint.

gehört die Behauptung, man habe den Namen der Eisenbahngesellschaft im Markenauftritt nur deshalb von »British Railways« auf »British Rail« verkürzt, weil man bei der DRU nicht genügend Zeit hatte, um vor der abschließenden Präsentation auch noch die restlichen Buchstaben (»ways«) zu zeichnen. Tatsächlich, so Barney, hatte Milner Gray diese Änderung von Anfang an so geplant und auch als solche präsentiert. »Es war ein Teil der landesweiten Umsetzung der neuen CI im Rahmen der Umstrukturierung des gesamten Netzwerks und der damit einhergehenden Bildung eines einheitlich auftretenden Konzerns.«

In Typografie und Design machten sich damals deutsche und Schweizer Einflüsse auch im Vereinigten Königreich bemerkbar – etwa in den Arbeiten von Jock Kinneir und Margaret Calvert, die für die vielen im ganzen Land aufgestellten Verkehrsschilder ein einheitliches Zeichensystem entwarfen, um zu gewährleisten, dass die Schilder auch bei höheren Geschwindigkeiten rasch erfasst und unmissverständlich gedeutet werden konnten. »Es war eine große Veränderung«, berichtet Barney, »die Leute verwendeten nun meist die Helvetica und gaben andere Schriftarten auf. Das Logo von Canadian National schien alle neuen Entwicklungen zusammenzufassen. Dieses Design war sozusagen klinisch rein – aber auch ein bisschen langweilig. Es nahm den Objekten etwas die Seele.«

Barney hatte durchaus Ideen, um die so nüchterne, etwas langweilige Gestaltungsnorm seiner Zeit aufzubrechen. So bedeckte bei seinen ersten Entwürfen sein Logo die gesamte Lokomotive. Doch damit überforderte er wohl seine Auftraggeber: »Es sah verdammt toll aus«, erinnert er sich, »aber das wollten sie nicht haben.«

Heute ist Barneys Doppelpfeil ein eingetragenes Warenzeichen des Verkehrsministeriums, das in Lizenz von den verschiedenen Eisenbahngesellschaften im Vereinigten Königreich verwendet werden kann. Verständlicherweise ist Barney stolz auf seine Arbeit und freut sich darüber, dass sie noch immer im ganzen Land verwendet wird.

»Es funktionierte, weil es so offensichtlich war«, sagt er. »Wenn Sie an Schienen denken, denken Sie an parallele Linien – in der einen Richtung hin, in der anderen zurück. Es lag eine gewisse Logik darin, mit der ich das Aussehen erklären konnte. Darüber hinaus war es dann nur noch eine Frage der Stilisierung. Mir kam auch nie in den Sinn, dass ich den Entwurf gerne noch einmal neu – und diesmal ganz anders – machen würde. Ich wüsste tatsächlich nicht, was ich ändern wollte.«

David Gentleman
1969

Der Designkünstler David Gentleman wurde im Jahr 1969 gebeten, ein Logo für die damals gerade frisch verstaatlichte britische Stahlindustrie zu entwerfen. Angesprochen wurde er von seinem Londoner Nachbarn Will Camp, der damals die PR-Abteilung von British Steel leitete und schon mehrere Entwürfe anderer Grafiker in Auftrag gegeben hatte, von denen ihn aber keiner zufriedenstellte.

»Will brauchte mal eben schnell etwas Neues«, erinnert sich Gentleman, »weil es mit den anderen Entwürfen nicht geklappt hatte.« Er selbst arbeitete dann auch nicht viel länger als eine Woche daran, höchstens 14 Tage, denn er war damals auch noch mit vielen anderen Dingen beschäftigt.

Seine Vorgaben dafür entwickelte er mehr oder weniger selbst: »Ich wollte ein einfarbiges Symbol entwerfen, das in den verschiedensten Kombinationen mit Schrift funktionieren würde«, berichtet er, »außerdem sollte es einfach und wirtschaftlich sein.« Im Kopf hatte er dabei das Bild von Presswalzen im Stahl verarbeitenden Verfahren, und von diesem Bild ausgehend, experimentierte er zunächst mit klaren runden Formen. Diese schnitt er mit Zirkel und Skalpellklinge aus Letrafilm aus – einem vor der Ära der Farbdrucker und Computer im grafischen Bereich viel genutzten Medium der Firma Letraset, auf dem ein breites Spektrum von Pantonefarben dargestellt werden konnte.

»Ich begann mit einfachen Varianten der Buchstaben B und S«, erzählt Gentleman, »und versuchte, sie auf das Notwendigste zu reduzieren. Wenn man den Verlauf sieht, wird es ziemlich klar. Es ging darum, zuerst die Elemente der Buchstaben B und S aufzugreifen, die bleiben würden, etwa die beiden Punzen [die nichtdruckenden Innenflächen des Buchstabens] im B und die Formen der S-Kurven. Nach und nach entwickelte sich daraus etwas, das aussah wie ein stilisiertes S mit einpaar Walzen im mittleren Bogen. Als ich das zum ersten Mal sah, wusste ich gleich, dass das besser war als alle meine früheren Entwürfe, und dann brauchte ich nicht mehr lange, um die idealen Proportionen der positiven schwarzen Buchstabenteile und der weißen Abstände dazwischen auszuarbeiten. Im Verhältnis 3:2 ergibt sich ein nützliches Standardrechteck – ich wollte nicht, dass es zum Quadrat wird.«

Für einen abschließenden, geometrisch anschaulichen Entwurf zeichnete Gentleman zwei konzentrische Kreise, halbierte sie, trennte sie und verband sie dann über vier verlängerte Linien, die eine weite S-Form aus zwei dicken, ineinandergreifenden Balken bilden. In dieser Form konnte es in jedem Maßstab, ob positiv oder negativ reproduziert, sofort erfasst werden.

So nüchtern-reduziert seine Gestaltung letztlich ist, so spielte dabei doch auch sein künstlerisches Empfinden eine wichtige Rolle: »Wäre die weiße Linie zu dünn gewesen, wäre sie tendenziell verloren gegangen, wäre sie etwas zu dick ausgefallen, hätte die schwarze Linie dürftig gewirkt.« Obwohl er das Logo so anlegte, dass es sowohl auf schwarzem als auch auf weißem Untergrund erscheinen konnte, konnte er selbst es nur in einer Farbe wiedergeben: Pacific Blue (BS0-012).

David Gentlemans Logo für British Steel erinnert nicht zufällig an gebogene Stahlbalken.

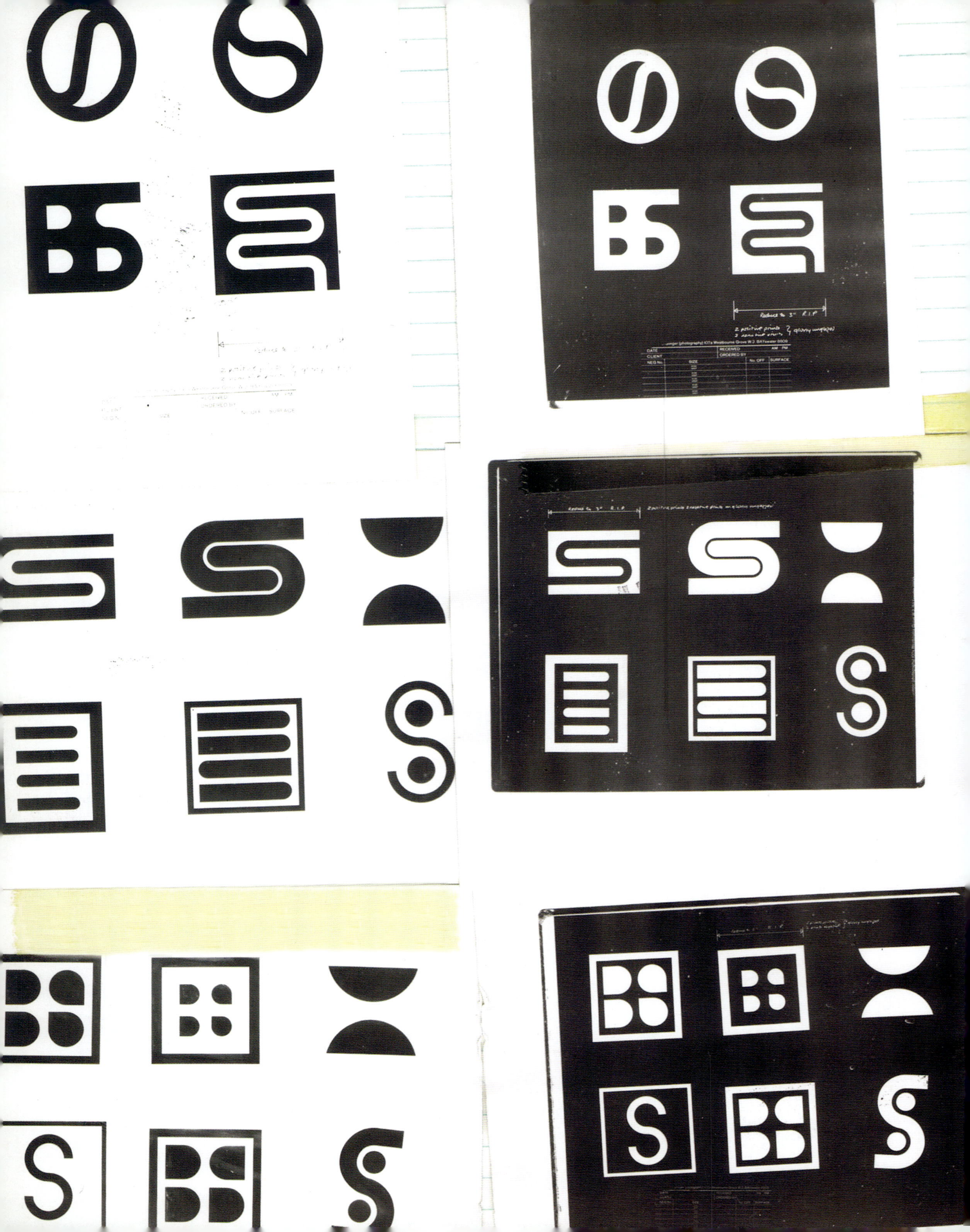
Reduce to 3" R.I.P
2 positive prints
glossy unglazed
DATE
CLIENT
RECEIVED
AM PM
ORDERED BY
NEG No.
SIZE
No. OFF
SURFACE

Linke Seite:
Für seine ersten Versuche verwendete Gentleman die Initialen BS. Später entschied er sich dann für ein einzelnes S (mittlere Reihe).

—

Unten:
Styleguide für die Anwendung des Logos.

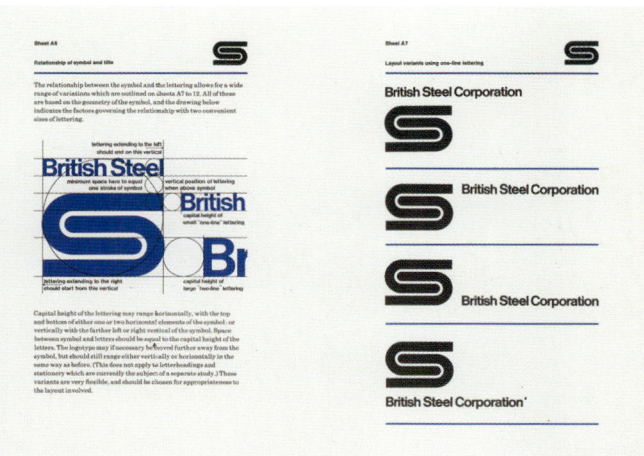

Einen anderen Aspekt seiner Gestaltung erkannte Gentleman erst, nachdem er seinen Entwurf bereits vollendet und in diesem Zusammenhang vermehrt Interesse am Herstellungsprozess in der Stahlproduktion gewonnen hatte: Dabei nutzt man Metallstreifen, um zu testen, wie das Material unter erhöhtem Stress reagiert. Bester Stahl bricht auch dann nicht, wenn diese Streifen zweifach gebogen werden. Auch diesem Qualitätsmerkmal gab die von ihm gewählte S-Form seines Logos einen symbolischen Ausdruck.

Um das neue Logo einzuführen, scheute British Steel weder Aufwand noch Kosten. »Sie gaben ein Hochglanzmagazin heraus mit einem doppelseitigen Bericht über das Logo und meine Arbeit daran«, erzählt der Designer. Er erinnert sich auch an eine positive Besprechung in der »Times«. Trotzdem gab es einen holprigen Start, als sich herausstellte, dass das Logo Ähnlichkeit mit einem bereits existierenden Logo der Firma Superma Ltd. hatte. Rechtsanwälte wurden eingeschaltet, und schließlich gelang es Will Camp, die Angelegenheit zu bereinigen. »Was er genau tat, weiß ich nicht«, meint Gentleman, den die Angelegenheit sehr beunruhigt hatte, »sie wurden irgendwie besänftigt, wohl auch entschädigt, und damit war der Fall erledigt.«

Nach seinem Auftrag für British Steel entwarf David Gentleman nur noch wenige andere Logos, u. a. 1980 für den National Trust – eine in England, Wales und Nordirland in der Denkmalpflege und im Naturschutz tätige gemeinnützige Organisation – und 1999 für die

Linke Seite oben und unten:
Fabrikanlage von British Steel in Rotherham, 1982.
–
Logo als Relief an einem Laternenpfahl in Newcastle.
–
Diese Seite:
Diagramm mit den grundlegenden Elementen des Logos.

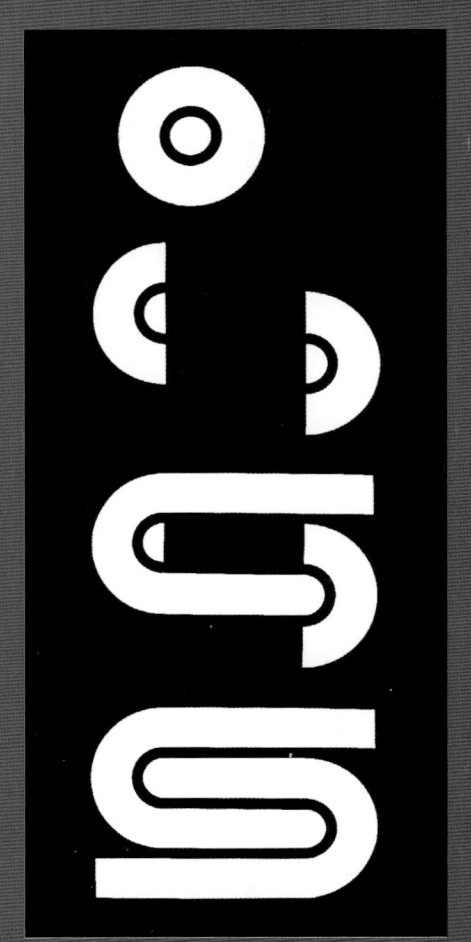

Oxford's Bodleian Library. Den höchsten Wiedererkennungswert erzielte er mit seiner »Blutspritzer«-Grafik für die »Stop the War Coalition«. In dieser Gestaltung entstanden auch Plakate, auf denen der Nachname des damaligen Premierministers Blair in »Bliar« (liar = Lügner) umformuliert wurde, um damit gegen den Einsatz britischer Truppen im Irakkrieg zu protestieren.

Auf seiner Website www.davidgentleman.com gibt es neben biografischen Informationen des 1930 in London geborenen, am Royal College of Art ausgebildeten Künstlers auch ein Portfolio, das einen Ausschnitt seiner wichtigsten Arbeiten zeigt. Er publizierte mehrere Bücher, entwarf über 100 Briefmarken und vieles andere mehr. Schon seine Eltern, die sich an der Glasgow School of Art kennenlernten, waren Künstler. Interessant ist seine Definition des Begriffs »Artwork« als Beschreibung einer Arbeit und Kunst vereinenden Tätigkeit. Zieht man jede Prätention, die mit den kreativen Künsten sonst oft assoziiert wird, ab, so ist das vereinende Element, das mit diesem Begriff kommuniziert wird, ein bestimmter Service – der Dienst am (bzw. für den) Kunden.

Gentlemans Logo für British Steel war 20 Jahre lang in Gebrauch – bis das Unternehmen 1989 unter dem Namen Corus reprivatisiert wurde. Dass sein »schneller Entwurf« so erfolgreich war, freut ihn noch heute, und er erinnert sich gern daran, wie er einmal nach Wales kam und dort sein Logo an einem riesigen Gasometer angebracht sah. Auch auf vielen Fahrzeugen begegnete ihm sein ikonischer Entwurf, und einmal sah er bei einem Aufenthalt in Northamptonshire, wie im Nebel auf einmal ein riesiger Bagger auftauchte: »Da war ein Ausleger mit dem Logo von British Steel dran, der vom Himmel zu mir herunterhing. Ein guter Moment.«

William Golden
1951

Am 20. Oktober 1951, einem Samstag, präsentierte CBS (Columbia Broadcasting System) erstmals sein neues Logo in den Pausen zwischen seinen Fernsehsendungen. Mit den Stimmen von Showgrößen wie Gracie Allen, Jack Benny, George Burns und Frank Sinatra wurden die Zuschauer aufgefordert, »dieses Auge im Auge zu behalten«; Ralph Bellamy, Star der damals beliebten Detektivserie »Man Against Crime«, erklärte den neuen Look zu einem »Zeichen für spannendes Fernsehen«. Unausgesprochen stand das Augenlogo aber auch für einen Zeitenwandel – für die zunehmende Bedeutung des Fernsehens gegenüber dem Radio (im selben Jahr hatte CBS diese beiden bis dahin vereinten Geschäftsfelder in zwei separat agierende geteilt). Den Verantwortlichen ging es darum, ein Zeichen dafür zu setzen, dass die Weichen für die Zukunft gestellt waren – ironischerweise aber mit einem Symbol, das tief in der abergläubischen Tradition des 19. Jahrhunderts wurzelte.

Entworfen wurde das CBS-Augenlogo von William Golden (1911–1959), der als Creative Director für das auffallend sauber durchgestaltete visuelle Erscheinungsbild des Senders verantwortlich war. Seine berufliche Laufbahn begonnen hatte der gebürtige New Yorker, dem dort an der Vocational School for Boys erste Kenntnisse in Heliogravüre und Grafikdesign vermittelt worden waren, in Los Angeles – erst in einer Druckerei und dann bei der Tageszeitung »Los Angeles Examiner«. Wieder zurück in New York, arbeitete er zunächst erneut bei einer Tageszeitung, dem »New York Journal-American«, und dann im Zeitschriftenverlag Condé Nast. Wesentlich beeinflusst wurde er dort von dem legendären russischstämmigen Art Director Mehemed Fehmy Agha (1896–1978), der in seiner grafischen Arbeit besonderen Wert auf den bewusst gestalteten Einsatz (auch) der Weißflächen legte und von dem der Lehrsatz übermittelt wird, ein gutes Layout habe »logical, legible, luxurious« (logisch, lesbar, luxuriös) zu sein. Golden selbst warnte später davor, Design mit Kunst zu verwechseln, und erklärte stattdessen die reine Gestaltung zur offensichtlichen Aufgabe des Designers. Dessen Haupttalent, so Golden, bestehe darin, »aus vielen Teilen eine einfache Ordnung herzustellen«.

Im Jahr 1937 wechselte er in die PR-Abteilung von CBS, wo er drei Jahre später zum Art Director aufstieg. 1950 beauftragte ihn der damalige CBS-Präsident Frank Stanton mit dem Entwurf eines neuen Logos für den Sender – das bisherige (drei Buchstaben in einem ovalen Scheinwerfer) erschien ihm nicht mehr zeitgemäß. Inspirieren ließ Golden sich dabei von dem »alles sehenden Auge« – einem Symbol, das die Shaker, eine aus dem Quäkertum hervorgegangene christliche Freikirche, auf ihre Scheunen malten, um böse Geister fernzuhalten. Nachdem er seine Idee von dem Grafiker Kurt Weih ausarbeiten hatte lassen, präsentierte er diesen Entwurf und zwei weitere Vorschläge der Geschäftsleitung von CBS. Keiner davon wurde mit großer Begeisterung aufgenommen, aber Stanton gefiel das Auge.

Ursprünglich sollte sich das Logo wie eine sich öffnende und schließende Kamerablende bewegen; man entwickelte auch eine animierte Sequenz, bei der die Kamera ganz nah heranzoomte, damit man in der sich öffnenden Pupille die Worte »CBS Television Network«

Blaupausenskizze für das Augenlogo von CBS.

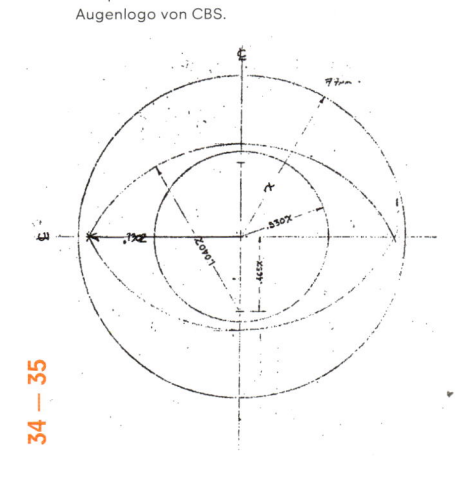

Oben und rechte Seite:
Eine Reihe gesendeter CBS-Kampagnen,
für die jeweilige Herbstsaison des Senders
(auf dieser Seite im Uhrzeigersinn von links
oben 1951, 1956, 1988 und 1970; rechte Seite
im Uhrzeigersinn von links oben 1992, 1996,
2011 und 2001).

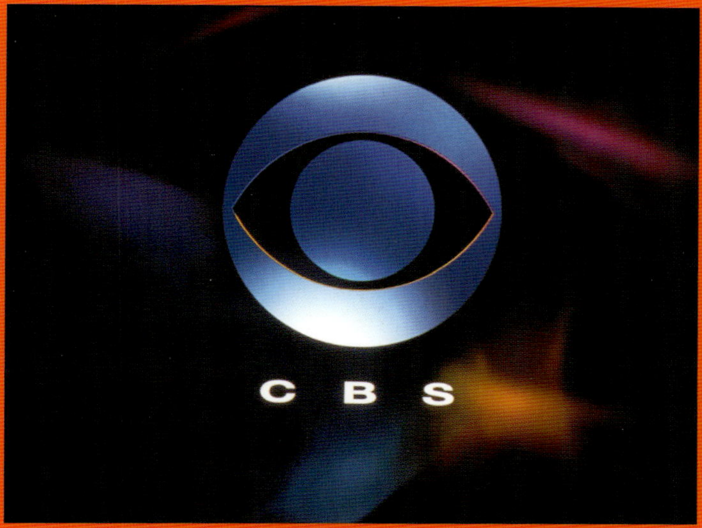
C B S

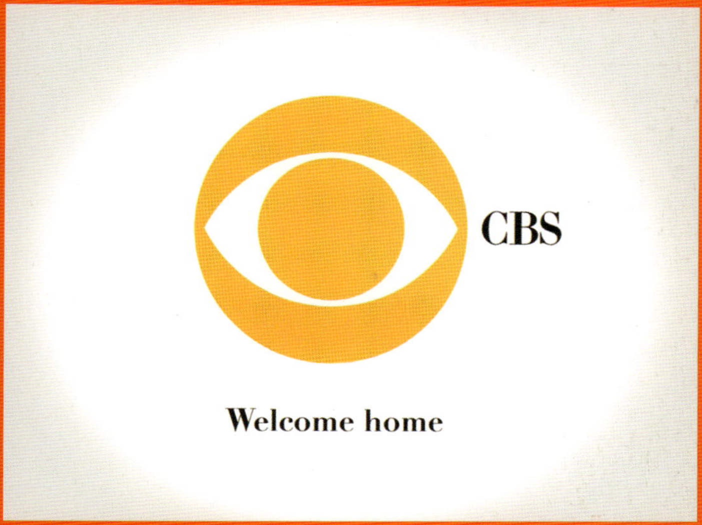
CBS
Welcome home

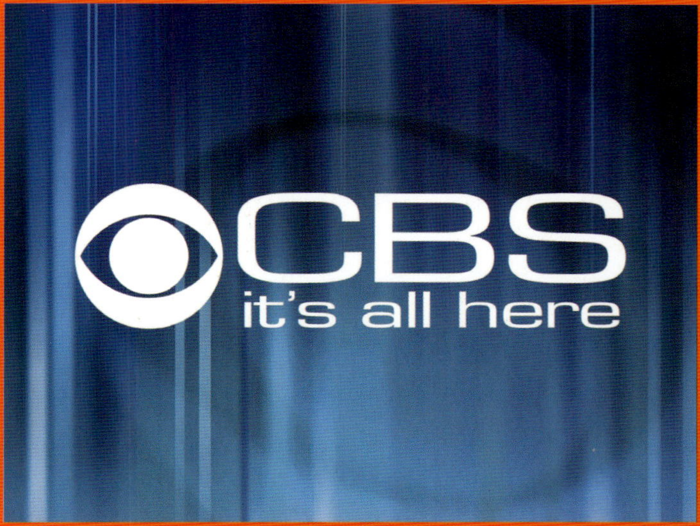
CBS
it's all here

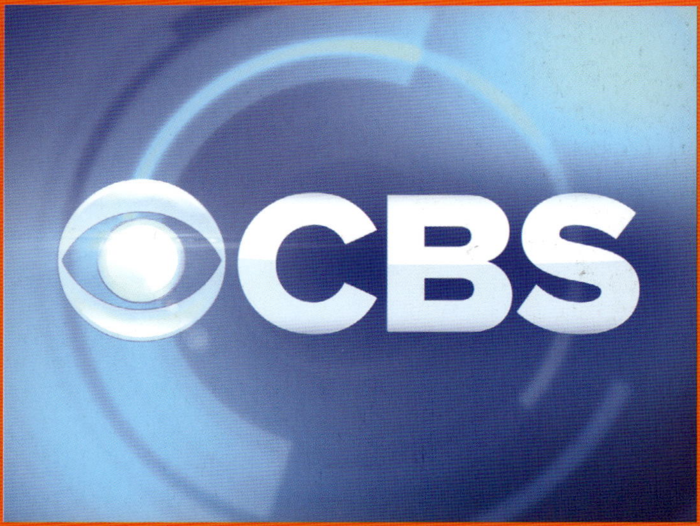
CBS

erkannte. Schließlich entschied man sich doch für ein Standbild, das in den nächsten Entwicklungsschritten immer weiter reduziert wurde. Dabei verabschiedete man sich sowohl von der Lösung mit eingeklinktem Text als auch von dem bewölkten Himmel, den man als Bildhintergrund eingesetzt hatte und der den Betrachter auch an Magrittes 1928 entstandenes, seit 1936 im Museum of Modern Art hängendes Bild »Der falsche Spiegel« erinnern konnte, auf dem der Maler statt der aktiv schauenden die reflektierende Funktion des Auges in Form eines sich auf der Netzhaut spiegelnden Himmels darstellte.

In seiner grafisch auf das Notwendigste reduzierten Form wurde das Logo rasch zum allgegenwärtigen Erkennungsmerkmal des Senders. Verwendete man es in Kombination mit dem Namen des Senders, musste dieser in einer Antiquaschrift gesetzt werden, die Golden als »Didot Bodoni« bezeichnete und die 1966 von Freeman Craw unter der Leitung von Lou Dorfsman, Goldens Nachfolger, als »CBS-Didot« neu gezeichnet wurde.

Gleich nach der Einführung des Augensymbols soll Golden an einem neuen Logo gearbeitet haben, doch Stanton stoppte ihn mit der Bemerkung: »In dem Moment, wo Sie sich mit Ihrem Entwurf zu langweilen beginnen, fangen die Zuschauer gerade erst an, ihn wahrzunehmen.«

Tatsächlich entwickelte sich das nun seit mehr als einem halben Jahrhundert unverändert genutzte Augenlogo nicht nur zu einem vielfach eingesetzten Werbetool für Zuschauer und Geschäftskunden, sondern wurde auch zum identitätsstiften Symbol einer alle Arbeiter und Angestellten von CBS vereinenden gemeinsamen Unternehmenskultur.

Verantwortlich für das damals entwickelte einheitliche Erscheinungsbild der Marke war auch Goldens in der damaligen Zeit beispiellose Position als kreative Kraft des Senders. Bei dessem Hauptkonkurrenten, NBC, gab es niemanden, der wie Golden für das Image des gesamten Netzwerks zuständig war. Mit Ausnahme der von externen Agenturen wie McCann-Erickson erledigten Printwerbung bündelte Golden alle für die Markenidentität wichtigen kreativen Dienstleistungen unter seiner Leitung im eigenen Haus und wurde somit zu einem frühen Pionier des so zu vermittelnden Konzeptes einer Corporate Identity.

Unten:
CBS-Werbung in »The New York Times«, 13. März 1969.
—
Rechte Seite:
Entwurf einer CBS-Kleinanzeige für »Variety«.

Wiedergabe von Lou Dorfsmans Konzept für die Senderkampagne 1976, das »knisternde« Auge.

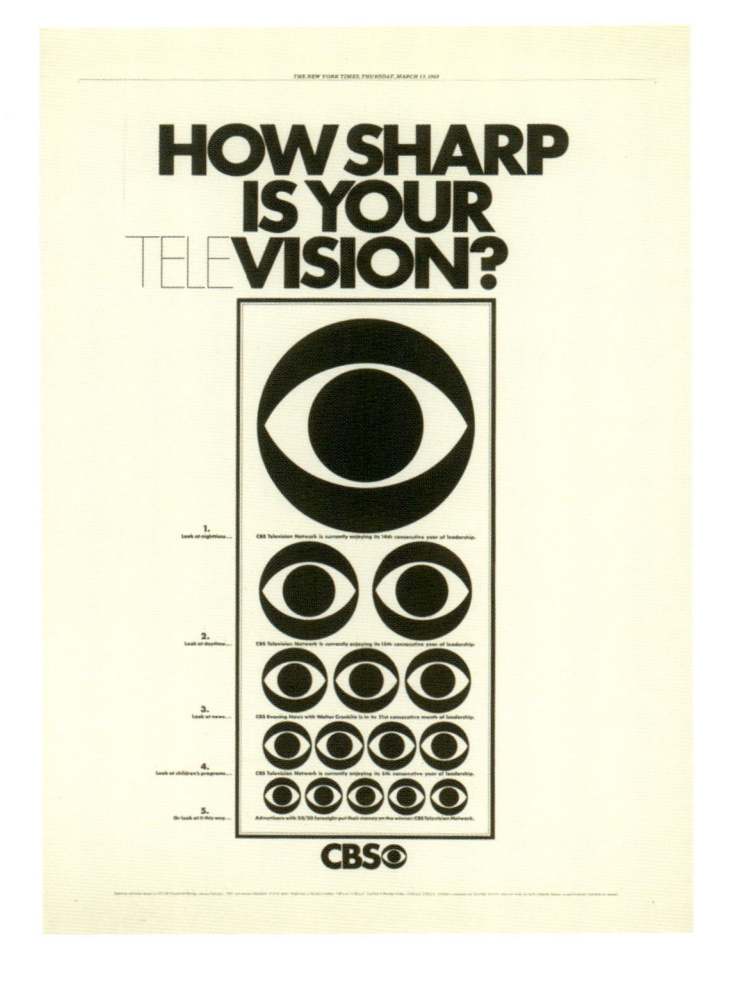

EXCLUSIVE LISTING!

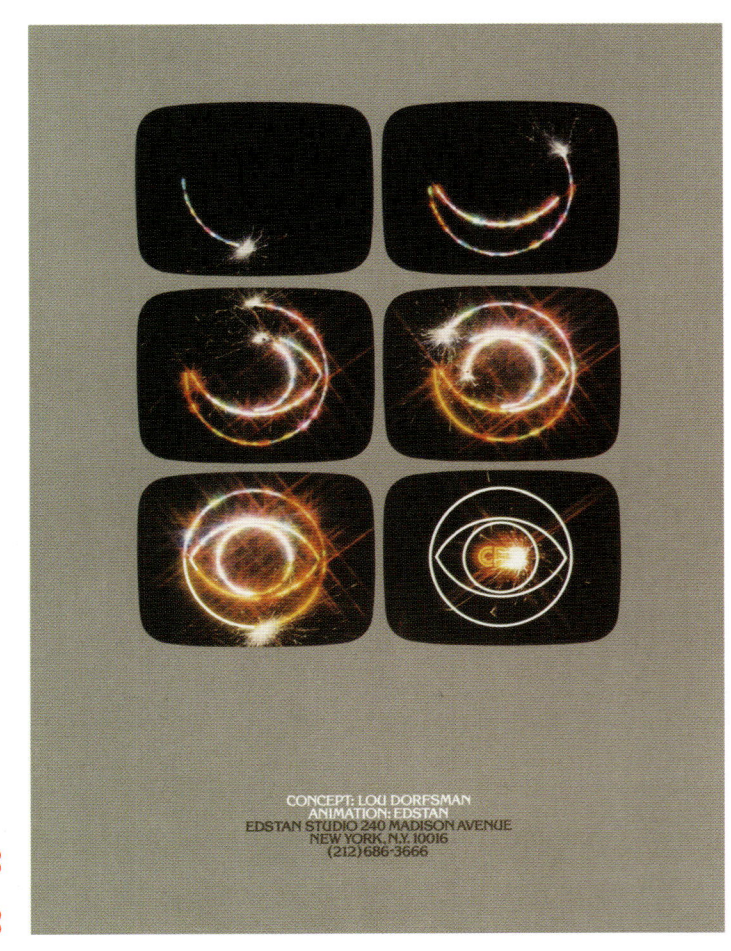

3/4 MILLION MORE HOMES

A CHOICE INVESTMENT

This season the average nighttime program on the CBS Television Network delivers 783,000 more U.S. homes than the second network, 996,000 more homes than the third. This makes the seventh straight year that our advertisers are winning the biggest nationwide audiences in television. As reported in A. C. Nielsen Reports 1 October 1960–1 March 1961, 6 to 11 pm, AA basis.

BEST LOCATION
CBS TELEVISION NETWORK

OUTSTANDING VIEW

CONCEPT: LOU DORFSMAN
ANIMATION: EDSTAN
EDSTAN STUDIO 240 MADISON AVENUE
NEW YORK, N.Y. 10016
(212) 686-3666

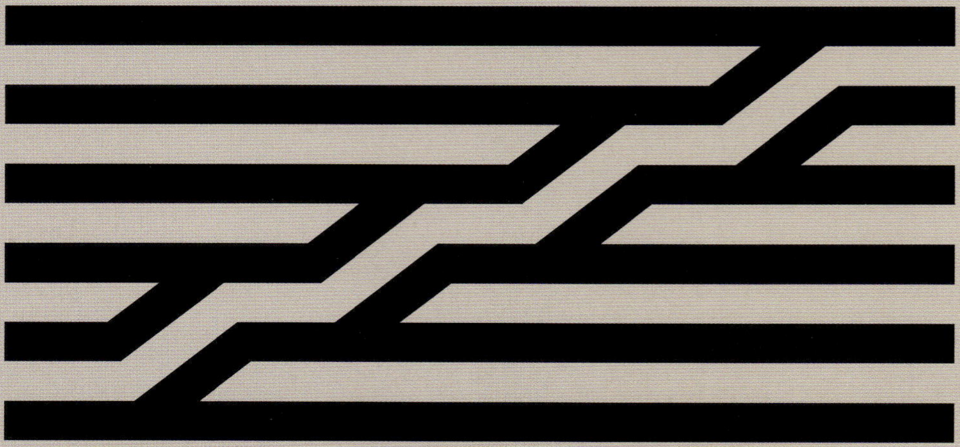

Jean Widmer,
Visuel Design Association
1977

Das Centre Georges Pompidou (CGP) ist nach dem in den Jahren 1969 bis 1974 amtierenden französischen Staatspräsidenten benannt, auf dessen Initiative die Einrichtung zurückgeht. Das im Januar 1977 eröffnete Zentrum soll der französischen Bevölkerung einen freien Wissenszugang ermöglichen. Es beherbergt die Öffentliche Informationsbibliothek (Bibliothèque publique d'information, BPI), das Nationalmuseum für moderne Kunst (Musée National d'Art Moderne, MNAM) sowie das Institut zur Erforschung und Koordination von Akustik und Musik (Institut de Recherche et Coordination Musique et Acoustique). Untergebracht ist es in einem von Renzo Piano und Richard Rogers entworfenen Gebäude der technischen Avantgarde, das mit seinem stählernen Skelett und seinen gläsernen Wänden Befürworter wie Kritiker gleichermaßen erregt. Fahrstühle, Gänge, Lüftungs- und Heizungsrohre sowie Wasser- und Gasleitungen wurden nach außen verlegt, um im Inneren Platz für rund 7500 Quadratmeter Ausstellungsfläche zu schaffen. In einer gläsernen Röhre ziehen sich die Rolltreppen diagonal über die Gebäudefront – ein besonders auffälliges Gestaltungsmerkmal, das auch bei der Entwicklung eines Logos für das Centre Pompidou aufgegriffen wurde.

Mit der Gestaltung des Logos wurde Jean Widmer beauftragt, ein seit den 1950er-Jahren in Frankreich lebender Schweizer Grafiker, der an der Kunstgewerbeschule in Zürich unter der Leitung von Johannes Itten, einem ehemaligen Bauhaus-Lehrer, studiert und später mit Ernst Hiestand die Firma Visuel Design Association (VDA) gegründet hatte. Auf ihn aufmerksam geworden war man nicht zuletzt durch seine Arbeiten für das Pariser Zentrum für Industriedesign (Centre de Création Industrielle, CCD), die er 1969 mit einer Reihe bemerkenswerter geometrischer Plakate abgeschlossen hatte.

Der Designhistorikerin Catherine de Smet zufolge bat man etwa 20 Agenturen und freiberufliche Designer um ihre Entwürfe. Dazu gehörten so namhafte Persönlichkeiten wie Otl Aicher, Theo Crosby und Alan Fletcher, Roman Cieslewicz und F. H. K. Henrion, Massimo Vignelli und Lance Wyman sowie die Firmen Wolff Olins (London) und Chermayeff & Geismar (New York).

Auf eine visuelle Präsentation der Entwürfe schien man dabei offenbar weniger Wert zu legen als auf eine detaillierte Angabe der für deren Umsetzung veranschlagten finanziellen Mittel. »Sie können, wenn Sie möchten, dieses Dokument mit einer Illustration Ihrer Ideen vervollständigen«, heißt es in einem von Robert Bordaz, dem Präsidenten des damaligen Etablissement Public du Centre Beaubourg, formulierten Einführungsbrief an die Teilnehmer der Ausschreibung. De Smet erwähnt, dass es neben dem allgemeinen öffentlichen Auftritt vor allem um die Gestaltung des Zugangs zum Zentrum und um den Entwurf eines Leitsystems für die Fortbewegung innerhalb des Zentrums ging. Widmers Lösung scheint von allen vorgelegten Entwürfen die teuerste gewesen zu sein. Sie belief sich auf etwas mehr als 1,7 Millionen Francs.

Entsprechend aufwendig hatte Widmer seine Präsentation vorbereitet. Dazu verwendete er mehrere miteinander verbundene A3-Blätter, die man auf einem lan-

Grußkarten des Centre Pompidou zeigen eine sich über dem Logo der Pariser Institution versammelnde Menschenmenge.

Oben:
Die Präsentationsunterlagen der Visuel Design Association (VDA) in Leporello-Falz für das künftige Kulturzentrum, das damals noch Centre Beaubourg hieß (nach dem Stadtteil, in dem es sich befindet), 1974.

—

Rechts:
Dokument der VDA, in dem das Beschilderungssystem der Einrichtung gezeigt wird. Für das Deckblatt verwendete man ein Bild des unverwechselbaren Centre Pompidou.

—

Unten:
VDAs senkrecht angeordnete Beschilderung für das Musée National d'Art Moderne (rot) und die Bibliothèque publique d'information (grün) innerhalb des Zentrums.

Unten:
Frühe Logoentwürfe von Jean Widmer für das Centre Pompidou, 1976.

—

Ganz unten:
Außenansicht des von dem italienischen Architekten Renzo Piano und seinem englischen Kollegen Richard Rogers entworfenen Centre Pompidou mit seinen unverwechselbaren Gängen und Rolltreppen.

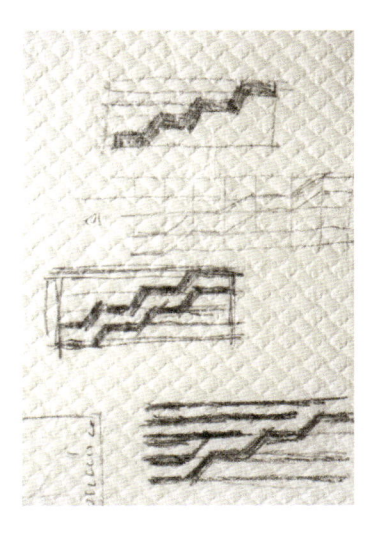

gen Tisch auffalten und ausbreiten konnte, sodass der Betrachter die gesamte Kampagne auf einen Blick erfasste.

Widmers erster Entwurf bestand im Wesentlichen aus einer Reihe von Symbolen zur Unterscheidung der einzelnen Abteilungen des Kulturzentrums: ein Dreieck für das IRCAM, ein Kreis für das CCI, eine Raute für die Bibliothek und ein Quadrat für die moderne Kunst. Das interessante daran war, dass alle einzelnen Elemente zu einem übergeordneten Symbol für das Zentrum als Ganzes zusammengefasst werden konnten. Doch statt diese Idee weiterzuverfolgen, entschied man sich für ein farblich kodiertes Leitsystem mit vertikal angeordneten, von unten nach oben zu lesenden Schriftzügen, die in einer von Adrian Frutiger entworfene Schreibmaschinenschrift gestaltet wurden. Dieses an Farbstreifen erinnernde Leitsystem begegnete dem Besucher des Centre Pompidou nach dessen Eröffnung im Jahr 1977 nicht nur in Form vertikal aufragender Schilder, sondern setzte sich auch in der Gestaltung des zur Verfügung gestellten Printmaterials fort.

Erst später gestaltete Widmer auch noch ein Logo für das Centre Pompidou. Obwohl er selbst einen solchen Entwurf zunächst für überflüssig gehalten hatte, gelang ihm in der Umsetzung eine der erfolgreichsten und auffälligsten Designarbeiten seiner Zeit. Seine grundlegende Idee dabei war, die Architektur des Centre Pompidou in einem einzigen grafischen Symbol, einem Piktogramm, zusammenzufassen: Elf Streifen stehen für die fünf Stockwerke des Gebäudes wie für das die Fassade in der Seitenansicht diagonal teilende Rolltrep-

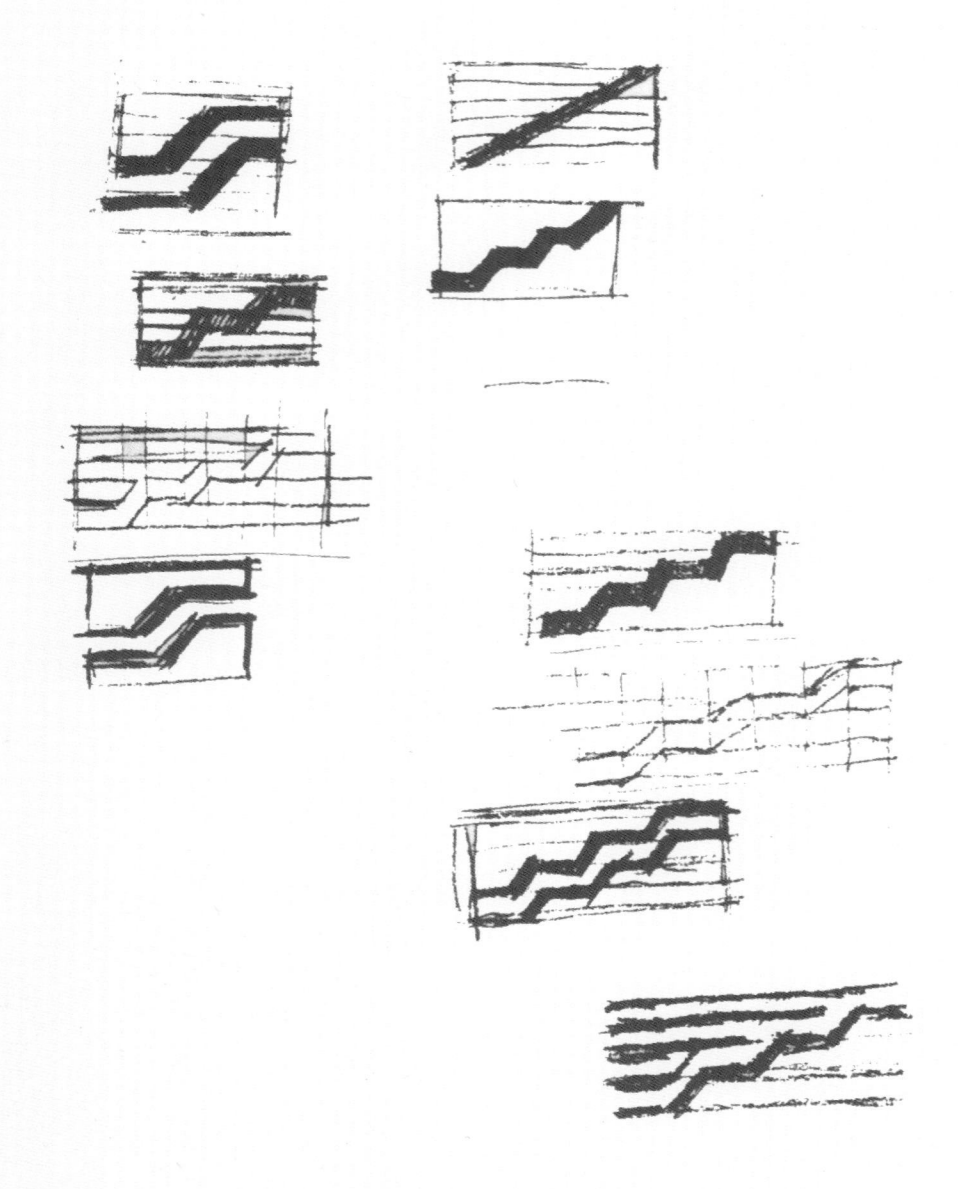

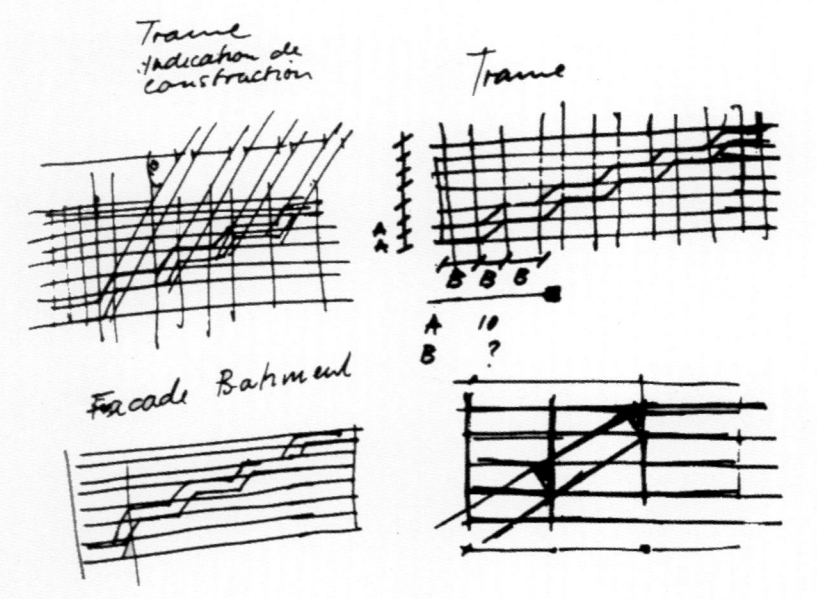

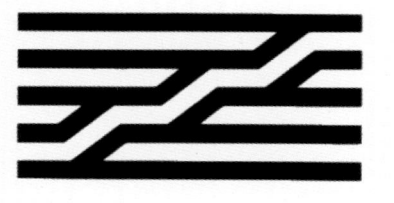

Trame
indication de
construction

Trame

Facade Batiment

A 10
B ?

Linke Seite:
Jean Widmers erste Skizzen für das Logo des Centre Pompidou, 1976.
—
Unten:
Wortmarke für das Centre Pompidou und einige Seiten aus dem Styleguide, 1977.

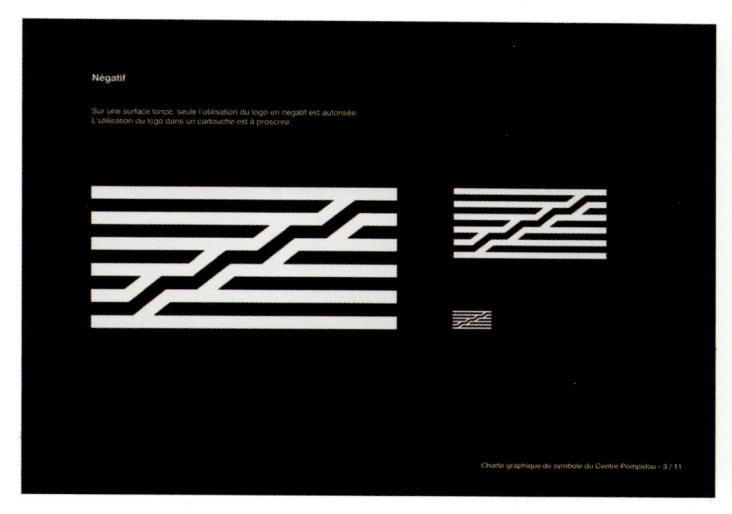

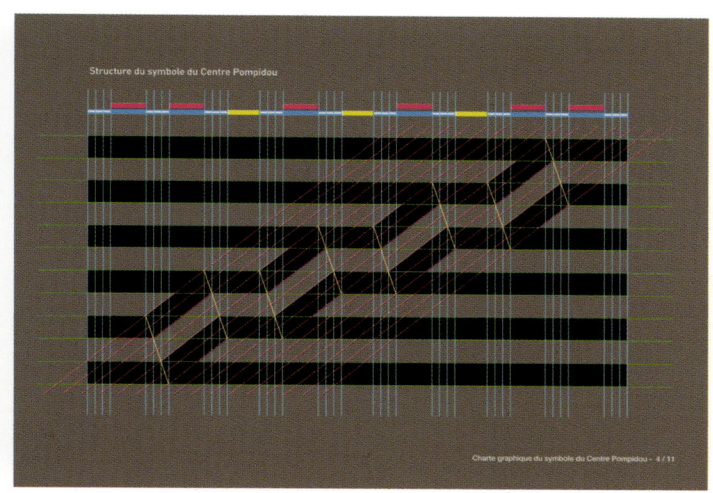

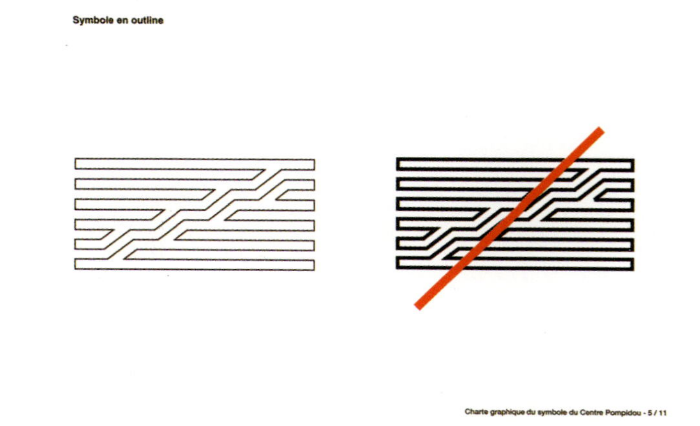

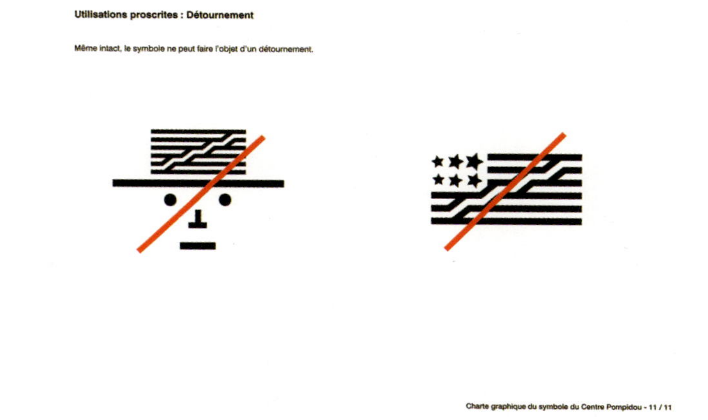

pensystem an der Außenseite. In dieser vereinfachten Darstellung der markantesten Linien des Gebäudes bleiben zum einen dessen grundlegende Gestaltungsmerkmale rasch erkennbar; zum anderen bekommt das Ganze auch etwas Abstraktes, wie bei einem Werk der auf die experimentellen Traditionen des Bauhauses zurückgehenden Op-Art.

Andere fühlten sich bei dem Entwurf an eine Flagge erinnert, durch die eine Art Blitz fährt, oder an ein stilisiertes Wappen: Die zweifarbige Teilung der Fläche in übereinanderliegende horizontale Streifen gleicher Breite sowie der diagonale Streifen, der die horizontalen Streifen durchschneidet, gehören zum geometrischen Vokabular der Heraldik, meint etwa Catherine de Smet.

Wie sehr dieses Logo von den Parisern angenommen wurde, zeigte sich auch im Jahr 1999, als man im Zuge umfangreicher Renovierungsarbeiten daran dachte, auch eine neue Corporate Identity für das Centre Pompidou entwickeln zu lassen. Am Ende griff man dann aber doch wieder auf Widmers Design zurück, nur behutsam modifiziert von dem Studio Intégral Ruedi Baur et Associés, das den Auftrag erhalten hatte, eine neue CI für das 21. Jahrhundert zu entwickeln.

Nach Auffassung des renommierten Werbegrafikers Philippe Apeloig repräsentiert Widmers Logo einen Neuanfang im Design seiner Zeit: »Indem es das gesamte Gebäude im Piktogrammstil zusamenfasst, wirkt es beinahe wie ein Verkehrsschild.« Widmers Arbeiten hält er für ähnlich signifikant wie die seines bekannteren US-amerikanischen Kollegen Paul Rand, der u. a. das UPS-Logo entwickelte (siehe S. 184 f.).

Oben:
Laurens: Le Cubisme 1915–1919
Ausstellungsplakat, 1985.
—
Unten:
Piktogramm-System für das Zentrum,
gestaltet von Widmers VDA.
—
Rechte Seite:
Plakate für verschiedene Ausstellungen
im Centre Pompidou in der zweiten Hälfte
der 1980er-Jahre.

5e étage
Grande Galerie
Forum
du 3 juillet
au 13 octobre
1986
qu'est-ce que la
sculpture moderne
?
Musée national d'art moderne
Centre Georges Pompidou
une exposition, un livre

Centre Georges Pompidou
Galeries
Contemporaines
Valerio Adami :
rétrospective
Tony Oursler
La photographie
californienne
du 3 décembre 1985
au 10 février 1986
Musée national d'art moderne

mobilier suisse
Création.
Invention.
Centre de Création Industrielle
Centre Georges Pompidou
Exposition
présentée à la
Galerie des Brèves,
du 1er novembre
au 4 décembre

Allan Fleming, Cooper and Beatty 1960

Eine von Allan Flemings Skizzen für das CN-Logo mit der im nebenstehenden Text erwähnten Notiz von Art Director Jim Valkus.

Der Medientheoretiker Marshall McLuhan nannte es »eine Ikone«: CN, Allan Robb Flemings im Jahr 1960 gestaltetes Logo für die kanadische Eisenbahngesellschaft (Canadian National Railway Company). Der im Jahr 1929 als Sohn schottischer Einwanderer in Toronto geborene, 1977 dort im Alter von nur 48 Jahren gestorbene Grafikdesigner erhielt den Auftrag, als er gerade einmal 30 und bei Cooper and Beatty, einem typografischen Betrieb, beschäftigt war.

Im Jahr zuvor hatte CN ein Gutachten in Auftrag gegeben, dessen Ergebnis sich für das Unternehmen wenig schmeichelhaft anhörte. Die Eisenbahngesellschaft mache einen »altmodischen und rückständigen« Eindruck, hieß es; man wehre sich offenbar gegen jegliche Innovation. Daraufhin beauftragte Dick Wright, der damalige Leiter der PR-Abteilung, den New Yorker Designer James (»Jim«) Valkus mit einer kompletten Überarbeitung des optischen Erscheinungsbildes der Eisenbahngesellschaft. Dazu gehörte auch ein neues Logo als Ersatz für das Ahornblatt, das seit 1943 in Gebrauch war und lediglich 1954 mit einem leuchtenden kanadischen Rot modifiziert worden war. Mit dem Entwurf des neuen Logos beauftragte Valkus seinerseits Fleming als Freelancer.

Tatsächlich hatte man bei CN längst die Weichen für eine zügige Fahrt in die Moderne gestellt: Fast zwei Milliarden US-Dollar waren im vergangenen Jahrzehnt in die Modernisierung der Ausrüstung investiert worden; man unternahm wichtige Schritte in Richtung Computerisierung und baute das Unternehmen mit neuen Management- und Finanzstrukturen immer weiter aus. Dass zwischen Selbstwahrnehmung und Außendarstellung ein solches Missverhältnis bestand, schmerzte die Verantwortlichen. »Damals glaubten wir, wenn CN ein frisches neues Logo bekäme, würden die Leute eher geneigt sein, sie als die technologisch fortschrittliche und kundenfreundliche Eisenbahn zu sehen, zu der sie sich rasch entwickelte«, sagt Lorne Perry, der für die neue Corporate Identity verantwortliche Manager des Unternehmens.

Fleming war von Anfang an entschlossen, das alte Ahornblatt der Eisenbahngesellschaft zu verwerfen. »Fertigt man 1944 eine naturgetreue Zeichnung eines Objekts an – selbst wenn es sich um ein Baumblatt handelt –, sieht sie 1954 aus wie 1944 gezeichnet«, meinte er und fügte hinzu: »Nach fünf, zehn oder 15 Jahren müsste dieses Symbol revidiert werden. CN hat genau das bisher erlebt – das Logo wurde immer wieder stückchenweise revidiert, ehe es veraltet war, und es kostete eine Menge Arbeit und Geld, dieses Spielchen am Laufen zu halten.«

Er gestaltete mehrere erste Entwürfe, von denen eine Version mit durchgehendem Pfeil als Verbindung der Buchstaben C und N am markantesten war. Den entscheidenden Einfall aber skizzierte Fleming währes eines Flugs nach New York auf einer Serviette. Anschließend arbeitete er die Skizze mit seinem Auftraggeber Valkus zum künftigen Klassiker aus. In Flemings Archivunterlagen befindet sich eine frühen Version mit dieser Notiz von Valkus: »Allan, mach es dünner & dann haben wir es. Jim.«

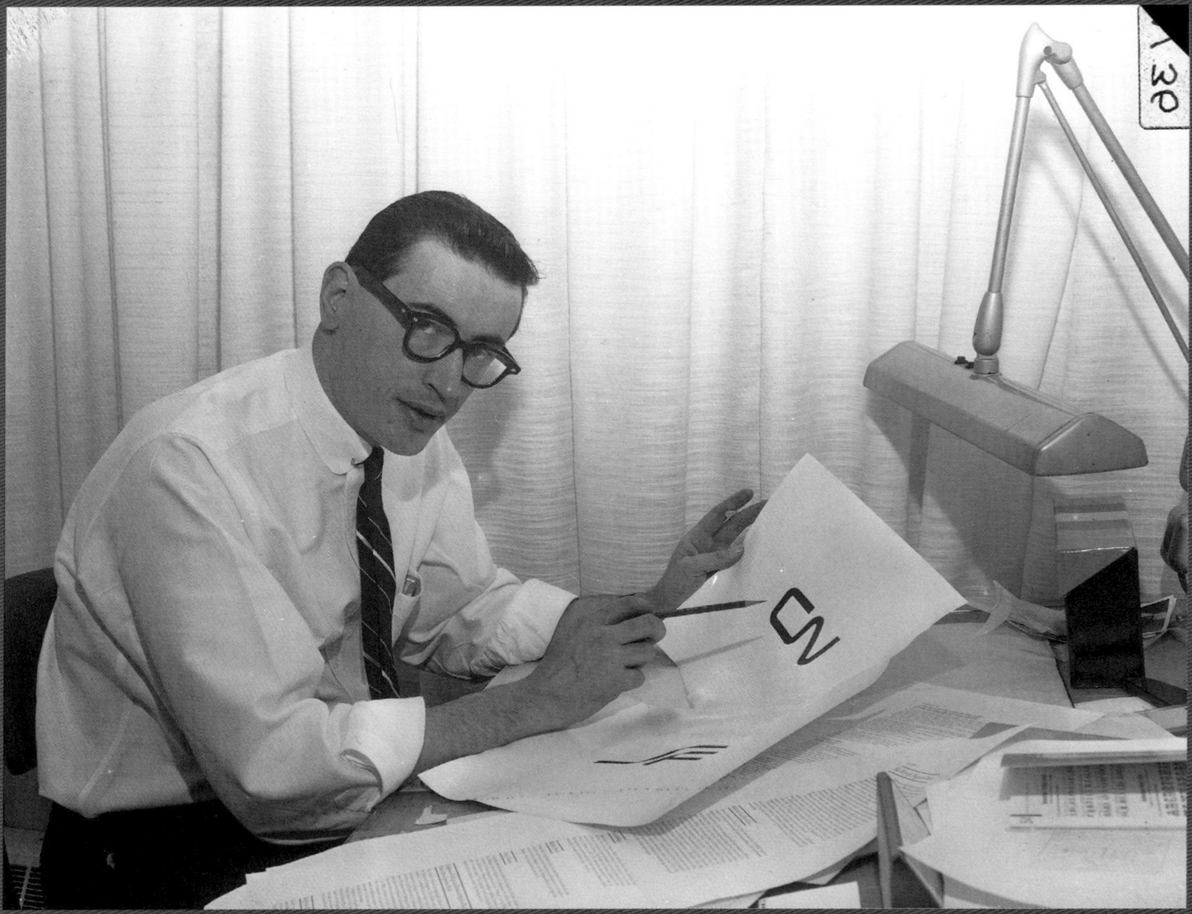
130
CN

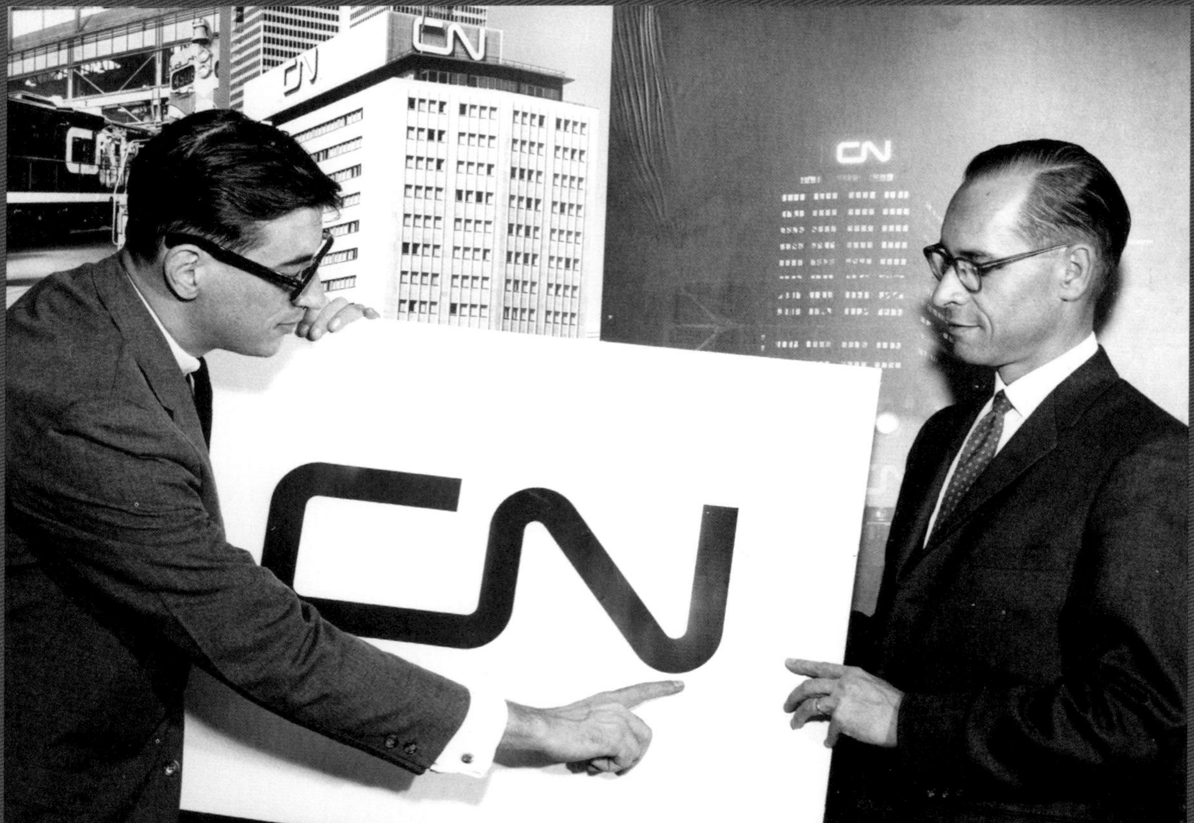
CN

Oben und linke Seite:
Allan Fleming mit verschiedenen Präsentationen seines Logos, von einer Zeichnung auf Papier bis zu Bildern von seiner Nutzung auf Gebäuden und Zügen.

—

Unten:
Fleming vor einem Güterwaggon der CN mit seinem Logo, 1962.

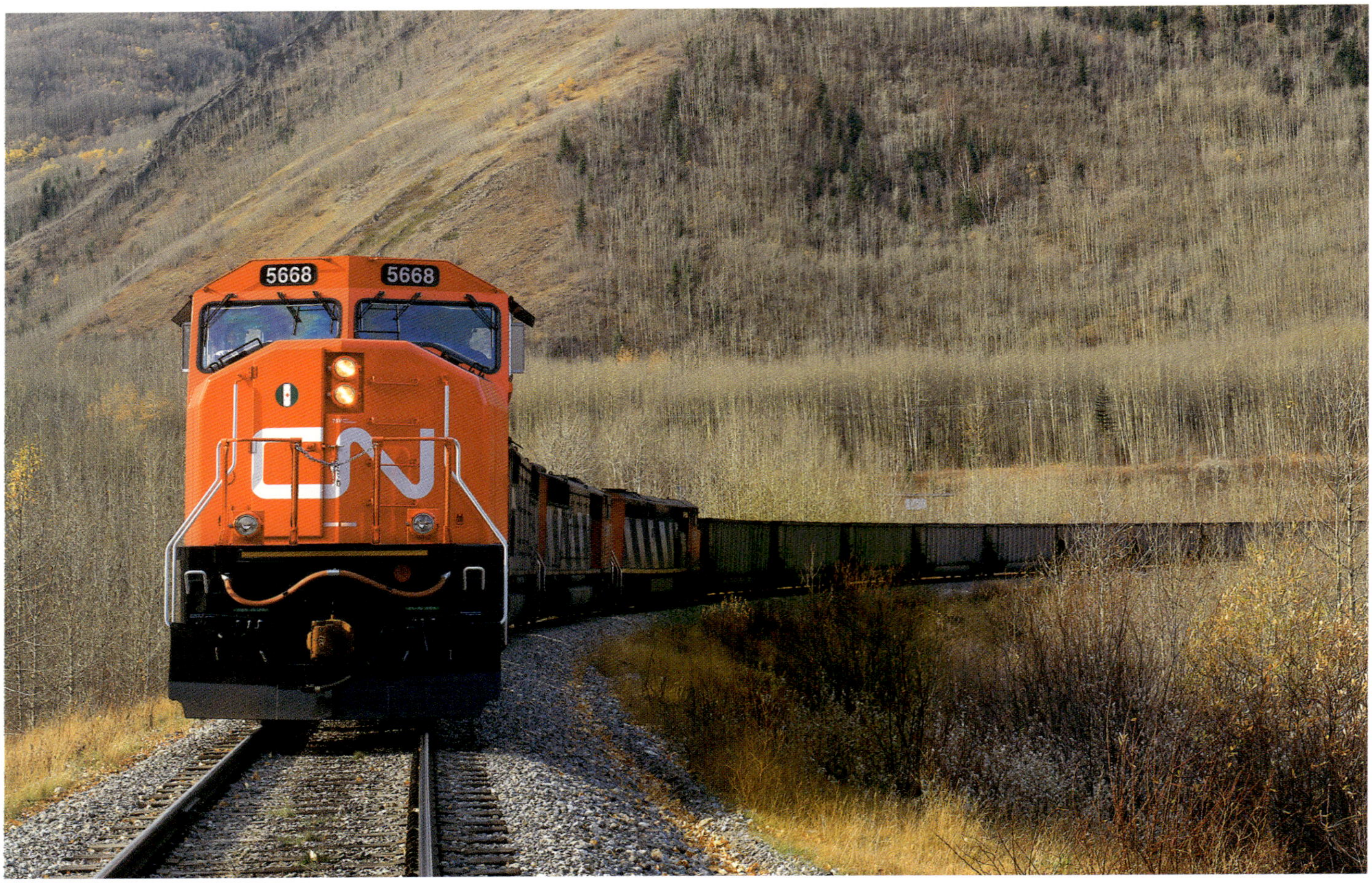
5668
5668

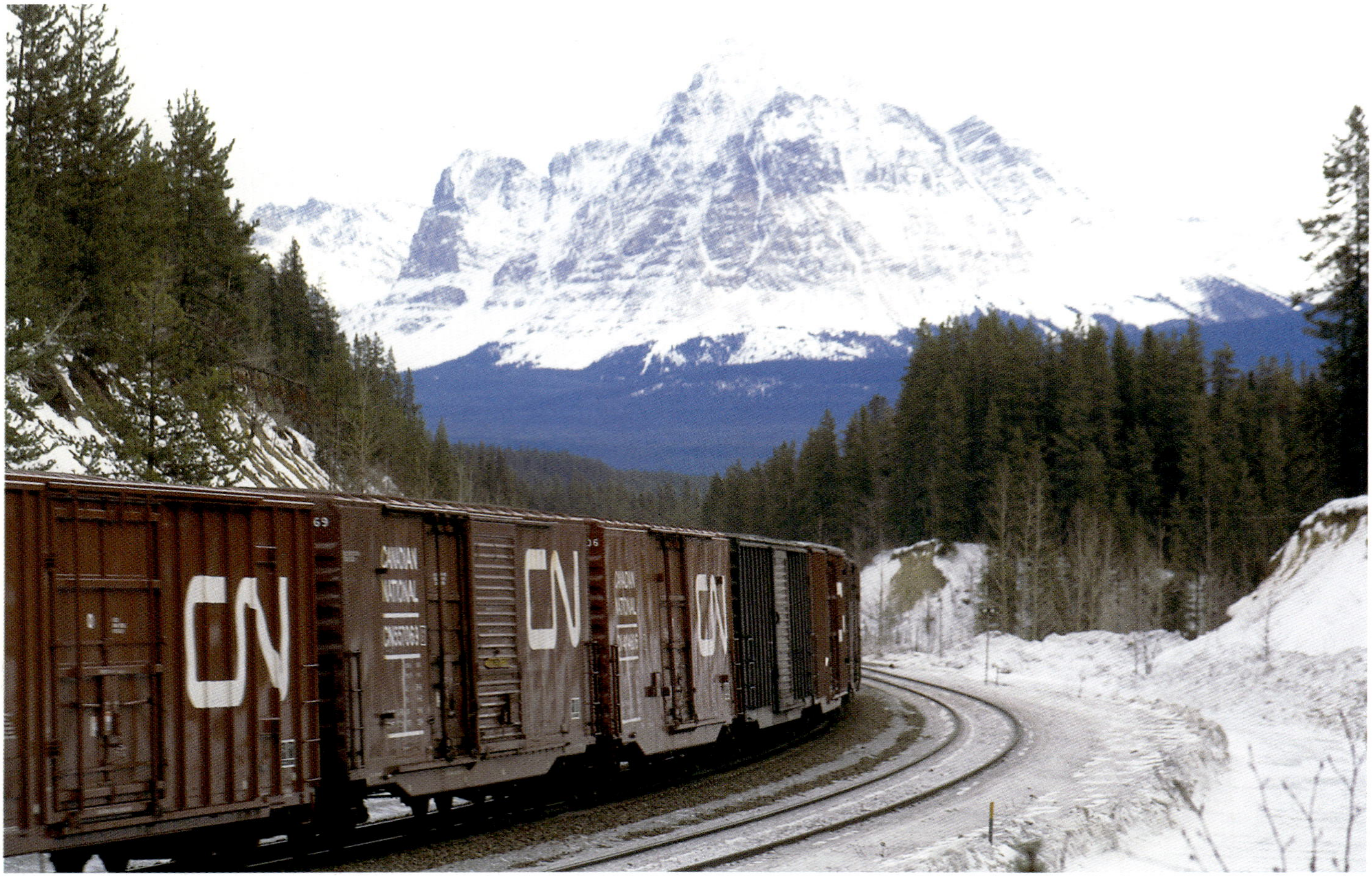
CN
CANADIAN NATIONAL
CN
CN

Oben links/rechts:
Vorbereitende Skizzen für das CN-Logo von Allan Fleming.
—
Zwei von Fleming vorgeschlagene Designentwürfe.
—
Unten links/rechts:
Weihnachtskarte mit dem CN-Logo in Form einer Zuckerstange.
—
Das Logo in kleinem Maßstab für eine Modelleisenbahn.
—
Linke Seite:
Das CN-Logo in Weiß auf Rot vorne auf einer Lokomotive der Canadian National in New Orleans und auf Güterwaggons in Fitzwilliam, British Columbia.

Nachdem Fleming das Motiv mit dem Pfeil verworfen hatte, entwickelte er eine ununterbrochen fortlaufende Linie. Diese symbolisiere »die Bewegung von Menschen, Gütern und Informationen von einem Punkt zu einem anderen«, erläuterte er seinen Entwurf. Diese Linie legte er in einer gleichmäßigen Stärke an: »Alles andere ließe Unmittelbarkeit und Kraft vermissen.« Durch das Weglassen des Buchstaben R (für: »Railways«) eignete sich das Logo auch besser zum Einsatz in den vielen schienenunabhängigen Geschäftszweigen (Hotels, Telekommunikation, Fährverbindungen), die CN damals betrieb.

Mit seiner fließenden Linie unterschied sich das neue Logo signifikant von den traditionellen Eisenbahnsymbolen, was durchaus als Risiko empfunden wurde: »Es gab eine Menge Kontroversen über diesen kühnen neuen Look und das CN-Rot«, erläutert Manager Lorne Perry. Aber letztlich ging das Unternehmen mit diesem Design und seinen kraftvollen Merkmalen einen Schritt voran. Es war vielseitig einsetzbar und erwies sich als leistungsfähiges fahrendes Aushängeschild für die leistungsfähigen Züge der CN.«

Im Januar 1961 präsentierte man die neue Gestaltung in einer hauseigenen Zeitschrift und machte noch einmal unmissverständlich deutlich, worum es dabei ging: »Unser größter Bedarf liegt darin, die Meinung zu widerlegen, dass wir nicht mit der Zeit Schritt gehalten hätten. Keine Branche kann es sich erlauben, eine Milliarde Dollar in die Produktentwicklung zu investieren, ohne auch der Verpackung Aufmerksamkeit zu schenken, in der die Produkte vermarktet werden sollen. Die visuelle Neugestaltung läuft ganz einfach darauf hinaus, unsere Verpackung so neu zu gestalten, dass sie zum Inhalt passt und diesem gerecht wird.« Dass noch im selben Jahr die letzte fahrplangemäß in Winnipeg ankommende Dampflokomotive ihren Dienst einstellte und Flemings Design perfekt zum neu anbrechenden Zeitalter der Bahnreisen passte, erwies sich als glückliche Fügung.

»Ich glaube, dieses Symbol wird mindestens 50 Jahre aktuell bleiben«, sagte Fleming über seine Arbeit. »Ich denke nicht, dass es eine Überarbeitung benötigen wird, da es mit Blick in die Zukunft gestaltet wurde. Seine absolute Einfachheit garantiert seine Beständigkeit.« Fleming behielt recht: Das Logo funktioniert bereits seit mehr als einem halben Jahrhundert, und es erwies sich nach den Worten des Industriedesigners Jasper Morrison als »perfekte Mischung aus Symbol, Schrift und Bedeutung«.

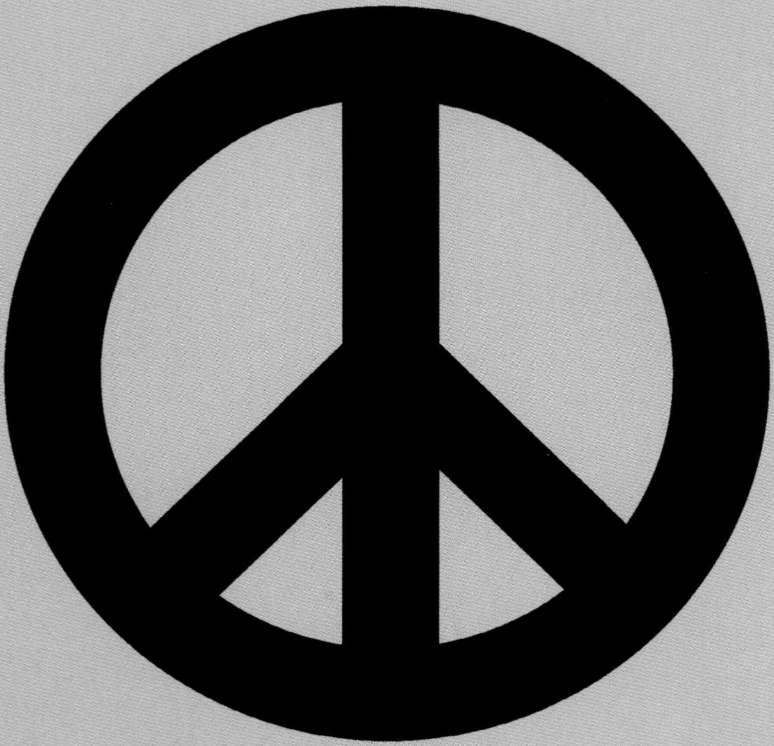

Gerald Holtom
1958

Das wohl bekannteste Friedenssymbol der Welt, das sogenannte Peacezeichen, wurde im Jahr 1958 von dem britischen Künstler Gerald Holtom (1914–1985) entworfen. Auftraggeber waren Atomkriegsgegner, die nach einem markanten Symbol für ihren Widerstand suchten. Einer breiteren Öffentlichkeit bekannt wurde das Zeichen erstmals während des noch im selben Jahr 1958 stattfindenden Friedensmarsches von London zum Atomwaffenforschungszentrum nach Aldermaston in Berkshire. Dieser erste groß angelegte Anti-Atom-Protest seiner Art, aus dem sich später die auch in Deutschland aktive Ostermarschbewegung entwickelte, wurde vom Direct Action Committee Against Nuclear War (DAC) organisiert. Dabei handelte es sich um eine von mehreren kleineren Gruppen im Vereinigten Königreich, die sich später zur Kampagne für Nukleare Abrüstung (Campaign for Nuclear Disarmament, CND) zusammenschlossen. Rund 500 dieser neuen Peacezeichen wurden damals von den am Londoner Trafalgar Square losziehenden Demonstranten hochgehalten, was für einen enormen Aufmerksamkeitswert sorgte. Einer der führenden Köpfe des CND war übrigens Bertrand Russell, ein bedeutender britischer Philosoph, Mathematiker und Logiker, der zu einer weltweiten Leitfigur des Pazifismus wurde.

Dass die Atomkriegsgegner mit Gerald Holtom einen professionellen Grafikdesigner und Absolventen des Royal College of Art beauftragten, erklärt vielleicht den Erfolg, den das von ihm entworfene neue Friedenszeichen schon bald weltweit hatte. Für Holtom war dieser Auftrag aber mehr als ein Job – er war ihm auch ein eigenes Anliegen. Im Zweiten Weltkrieg hatte er als Kriegsdienstverweigerer auf einer Farm an der Küste von Norfolk gearbeitet, auch in den Jahren danach blieb er seiner pazifistischen Einstellung treu. Mit seinem Entwurf für die Atomkriegsgegner wollte er ein einfaches visuelles Zeichen schaffen, das zum einen für die nukleare Abrüstung stehen und zum anderen vermitteln sollte, dass es auch in der Verantwortung jedes Einzelnen liegt, sich gegen einen drohenden Atomkrieg zu engagieren.

Zuerst spielte Holtom mit dem Gedanken, das christliche Kreuz als dominierendes Element in einem Kreis zu verwenden und dann das Ganze auf den Kopf zu stellen. Doch nach einigen Skizzen, die bis heute in der University of Bradford in West Yorkshire aufbewahrt werden, entschied er sich für eine stilisierte Kombination zweier Semaphoren – zweier Buchstaben aus dem in der internationalen Seefahrt verwendeten Winkeralphabet, das er womöglich während seiner Zeit auf dem küstennahen Bauernhof im Zweiten Weltenkrieg kennengelernt hatte. Dabei werden die einzelnen Buchstaben des lateinischen Alphabets durch die Stellung beschrieben, in welcher der Winker zwei Flaggen hält. Holtom wählte das »N« für »Nuclear« und das »D« für »Disarmament« (»Nuclear Disarmement« = nukleare Abrüstung). Beim »N« zeigen die beiden Flaggen schräg nach unten, beim »D« zeigt eine nach oben und die andere nach unten. Um diese Darstellung zog Holtom wieder einen (den Erdball symbolisierenden) Kreis.

Verwendet wird das Winkeralphabet auch nach der Einführung des Sprechfunks vor allem von Seestreitkräf-

Keramik-Anstecker von Eric Austin aus Kensington mit Gerald Holtoms neuem Friedenssymbol. Der Button wurde aus weißem Ton angefertigt, das Zeichen in Negativ-Malweise realisiert.

ten – bis heute ist es das offizielle Kommunikationsmittel der US-Navy. Bei der japanischen Marine ist es ebenfalls nach wie vor in Gebrauch. Dass dieses Friedenszeichen seinen Ursprung in einer militärischen Zeichensprache hat, entbehrt nicht einer gewissen Ironie, was vielleicht ein Grund dafür ist, warum Holtom später in einem Brief an Hugh Brock, den Herausgeber der Zeitschrift »Peace News«, eine andere, sehr viel persönlichere Entstehungsgeschichte seines Logos formulieren wollte. Er sei damals zutiefst verzweifelt gewesen, und so habe er letztlich sich selbst gezeichnet: ein wehrloser Mensch mit nach unten gestreckten Armen und nach außen zeigenden Handflächen, ähnlich dem Bauer, der auf Goyas berühmtem Gemälde »Die Erschießung der Aufständischen« (1814) vor den Gewehrläufen der Soldaten stehe. Aber mindestens in einem entscheidenden Detail muss Holtom die Erinnerung einen Streich gespielt haben: Goyas Bauer reckt die Arme nach oben, nicht nach unten. Sollte er also wirklich ein Vorbild für Holtom gewesen sein, hätte er ihn wie das christliche Kreuz in einer kopfüber dargestellten Variante stilisiert.

Vielleicht orientierte sich Holtom aber auch gar nicht an dem Bauern, der auf Goyas Bild aufrecht vor den Soldaten steht, sondern an jenem anderen Bauern, der unterhalb der Erschießungsszene tot mit zum unteren Bildrand gestreckten Armen auf dem Boden liegt, was man als besonders drastisches Symbol für die Notwendigkeit antikriegerischen Engagements deuten könnte.

Für Holtoms nachgereichte Entstehungsgeschichte spricht jedenfalls, dass man sich bei seinen ersten Entwürfen ein solches verzweifeltes, auf dem Kopf stehendes Individuum durchaus vorstellen kann. Denn seine Linien sind nicht etwa gleichmäßig gerade, sondern verbreitern sich dort, wo sie auf den umgebenden Kreis treffen und wo sich Kopf, Füße sowie die ausgestreckten Arme befinden könnten. Erst in der Weiterentwicklung des Logos wurden dessen Linien dünner

Oben:
Zum 50. Jahrestag des Atombombenabwurfs auf Hiroshima stellte man Kerzen in Form des Friedenszeichens auf.

Unten links:
Studenten im Jahr 1958 beim Aldermaston-Marsch, dem ersten Vorläufer späterer Ostermärsche auf der ganzen Welt.

Unten rechts:
Die Originalform des Symbols mit sich verbreiternden ausgestreckten »Armen« nach Gerald Holtoms Entwurf.

Rechte Seite:
Kundgebung auf dem Trafalgar Square, 1963.

THE BRITISH PEOPLE ARE
PREPARED TO BE BLOWN TO
ATOMIC DUST IF NECESSARY
Lord Home 1961

Oben:
Wandbild mit dem Friedenszeichen im Faslane Peace Camp. Dieses Camp wurde an der Basis der Royal Navy eingerichtet, dem Heimathafen der britischen, mit Trident-Atomwaffen ausgerüsteten U-Boot-flotte.
—
Unten:
In Wales schmückte die Campaign for Nuclear Disarmament das Friedenszeichen mit einer Osterglocke, dem Nationalsymbol des Landes.
—
Rechte Seite:
Unter dem Friedenszeichen vereinen sich bis heute die verschiedensten Gruppen und Gruppierungen. Zuletzt erlebte es in den Protesten gegen den Irakkrieg eine neue Konjunktur.

und gerade. Designer wie Ken Garland, der in den Jahren 1962 bis 1968 für CND arbeitete, konzentrierten sich mehr auf grafisch abstrahierte Strukturen des Symbols, um etwa eine Reihe auffälliger Plakate zu entwerfen, bei denen er mit schwarzen und weißen Formen spielte. Garland gestaltete auch einen Entwurf für einen Handzettel, auf dem »SAY NO« stand, wobei er statt des O das Friedenszeichen einsetzte.

Holtom schildert in seinen persönlichen Notizen, wie er seinen Entwurf erstmals in Form eines Buttons umsetzte: »Ich zeichnete das Symbol auf ein kleines Stück Papier in der Größe eines Sixpence-Stücks, steckte es mir an den Jackenaufschlag und vergaß es. Abends ging ich zum Postamt. Das Mädchen am Schalter schaute mich an und fragte: ›Was tragen Sie denn da für einen Button?‹ Überrascht schaute ich hinunter, sah das Zeichen an meinem Jackenaufschlag stecken und antwortete: ›Ach, das ist das neue Friedenszeichen.‹ ›Interessant‹, meinte sie, ›gibt es mehrere davon?‹ ›Nein‹, erwiderte ich, »bisher nur dieses eine, aber ich gehe davon aus, dass es schon bald sehr viele davon geben wird.‹«

Die erste offizielle Serie von Buttons, hergestellt von Eric Austin, einem Mitglied der CND-Gruppe in Kensington, wurde aus weißem Ton gefertigt, in dem man das Zeichen mit schwarzer Farbe in Negativtechnik herausarbeitete. Auch diese Anfertigung war eine symbolische Geste, denn im Fall eines Atomkrieges, so erklärte die Gruppe beim Verteilen der Buttons, würden diese tönernen Symbole zu den wenigen vom Menschen gemachten Gegenständen gehören, die das Atominferno überdauerten.

Für den ersten Protestzug der Friedensaktivisten am Osterwochenende 1958 von London nach Aldermaston fertigte man 500 im Durchmesser etwa einen Meter große Friedenszeichen aus Pappkarton an, passend zu den Farben der Lithurgie und des Frühlingsbeginns in Schwarz-Weiß (Karfreitag) und Grün-Weiß (Ostersonntag). Im Vereinigten Königreich ist Holtoms Entwurf bis heute das Symbol der CND, international hat es als Friedenszeichen einen so enormen Wiedererkennungswert erlangt, dass beispielsweise die Regierung Südafrikas in den 1970er-Jahren ernsthaft darüber nachdachte, es zu verbieten. Aber zu diesem Zeitpunkt hatte das Zeichen im Gefolge der Ostermärsche, der Anti-Atomwaffen-Demonstrationen und der Proteste gegen den Vietnamkrieg längst seinen weltweiten Siegeszug angetreten.

Coca-Cola

Frank Mason Robinson
1886

Nicht immer wird ein erfolgreiches Logo von einem Grafiker entworfen. Ausgerechnet im Fall des wohl bekanntesten Markenzeichens der Welt, Coca-Cola, war es der Angehörige eines Berufsstands, den man eher mit Ärmelschonern und nüchtern-kaufmännischem Denken in Verbindung bringt, der das Logo entwarf: Frank Mason Robinson, Buchhalter und Geschäftsführer des Kriegsveterans und experimentierfreudigen Apothekers John Stith Pemberton. Die erste Fassung des weltberühmten Schriftzugs entstand bereits im Jahr 1886; im selben Jahr also, in dem Pemberton erstmals einen mit Soda verdünnten Sirup zusammenmixte, der unter anderem einen Extrakt aus Kokablättern und Kolanuss enthielt und zunächst als Medizin, als Mittel gegen Müdigkeit, Kopfschmerzen und Depressionen, verkauft wurde. Offiziell als Warenzeichen registriert wurde es erst sieben Jahre später, im Januar 1893. Und selbst nach seiner Anerkennung durch das US-Patentamt ging man mit der Gestaltung des Schriftzugs noch recht locker um – erst weitere zehn Jahre später, 1903, nahm dieser jene Form an, die bis heute das Erscheinungsbild von Coca-Cola prägt.

Ende 1885 war Robinson ursprünglich in einer anderen Angelegenheit nach Atlanta gekommen, wo er Pemberton kennenlernte, der zu diesem Zeitpunkt morphiumsüchtig war und nach einer Mixtur suchte, bei der er das in der Kokapflanze enthaltene Kokain als Ersatz für das damals durchaus beliebte, aber mit unangenehmen Nebenwirkungen behaftete Morphium einsetzen wollte. (Über die vom Kokain ausgehenden Gefahren wusste man damals noch nichts.) Am 8. Mai 1886 war es dann so weit: Mit Wein, Kolanüssen, Damiana (einer zur Gattung der Safranmalven gehörenden Pflanzenart) und einem Exttrakt aus den Blättern der Colapflanze braute er einen Sirup zusammen, den er mit Sodawasser verdünnte. Im ersten Jahr sollen davon 3000 Portionen verkauft worden sein, das Glas zu einem Verkaufspreis von einem Nickel (fünf Cent). Zunächst wurde das Gedränk nur in einem Drugstore namens »Jacob's Pharmacy« verkauft. Später vertrieb man es auch über weitere Apotheken und einige der damals beliebten Sodabars.

Anfangs nannte man das Getränk »Pemberton's French Wine Coca«, doch nachdem am 1. Juli 1886 in Atlanta die Prohibition eingeführt wurde, musste der »Wein« aus dem Namen verschwinden. Robinson kam schließlich auf den Namen »Coca-Cola«, den er aus den Zutaten Kokablatt (engl. »coca leaves«) und Kolanuss (engl. »cola nut«). Er zeichnet auch gleich einen ersten Schriftzug im fließend-verschnörkelten Schönschreibstil der Spencerian Script, einer damals bei Buchhaltern beliebten Schrift. Zur roten Farbe, die er dabei verwendete, inspirierte ihn angeblich die Farbe der Fässer, die Pemberton damals zum Abfüllen genutzt haben soll.

Pemberton experimentierte noch eine Weile mit den Zutaten für seine Mixtur, bis er das Getränk am 6. Juni 1887 patentrechtlich schützen ließ. Der weitere Verlauf der Firmengeschichte ist etwas undurchsichtig, da Pemberton, wohl um seine Sucht zu finanzieren, das Rezept wie die Rechte an Coca-Cola mehrfach verkauft haben dürfte. Gesichert ist allein, dass sich der ebenfalls in Atlanta ansässige Apothekengroßhändler Asa Griggs Candler am 30. August 1888, 14 Tage nach dem

Umschlag mit der Adresse des Apothekengroßhändler Asa Griggs Candler, dem Pemberton kurz vor seinem Tod die Rechte an seinem Getränkemix verkaufte, und dem Coca-Cola-Logo auf der Rückseite, 1889.

Delightful Summer and Winter Beverage.
THE IDEAL BRAIN TONIC.

Coca-Cola
TRADE MARK

For Headache and Exhaustion.
AT SODA FOUNTAINS.

TETTERINE The Only Known Antidote for TETTER, ECZEMA, RING-WORM, GROUND-ITCH, and all Itching Skin Diseases. It matters not how long it has existed. Fragrant. Harmless and Painless. If not kept by your Druggist, will be sent to any address on receipt of 50 Cents in cash or stamps. Address
J. T. SHUPTRINE, Sole M'f'r,
SAVANNAH, GA.

THE LARGEST LINE OF
Watches, Diamonds and Jewelry,
In the South, AT LOWEST PRICES,
is to be found at the

A. L. DELKIN COMPANY,
POPULAR JEWELERS,
69 WHITEHALL STREET, - ATLANTA, GEORGIA.

N. B.—We make a specialty of the manufacture of Badges, Rings and Diamond Jewelry.

A. L. DELKIN COMPANY, ATLANTA, GA.

DRINK CARBONATED Coca-Cola
TRADE MARK REGISTERED

This will cure you if you feel generally miserable or suffer with a thousand and one indescribable bad feelings, both mental and physical, among them low spirits, nervousness, weariness, lifelessness, weakness, dizziness, feeling of fullness, like bloating after eating, or sense of goneness, or blurring of the eyesight, specks floating before the eyes, nervous irritability, gurgling or rumbling sensations in bowels, with heat and nipping pains occasionally, palpitation of heart, short breath on exertion, slow circulation of blood, cold feet, pain and oppression in chest and back, pain around the loins, aching and weariness of the lower limbs, drowsiness after meals, but nervous wakefulness at night, languor in the morning, and a constant feeling of dread, as if something awful was going to happen.

IN BOTTLES 5¢

DO NOT LOSE OR DESTROY THIS BOOK

COPY FOR
Coca-Cola
TRADE MARK REGISTERED

ADVERTISING

FROM

The D'Arcy Advertising Co.

Fullerton Building, St. Louis, Mo.

INSTRUCTIONS: Save this book of copy as it will be referred to in our monthly orders, and no other book will be sent unless this is unavoidably lost or destroyed. We will refer to all copy in our monthy order and schedules by **number** only.

Oben:
Coca-Cola-Flasche, 1910. Erst fünf Jahre später entwarf Alexander Samuelson nach dem Vorbild einer Tiffany-Vase die ungleich berühmtere, bis heute verwendete geschwungene Konturflasche. Letztere wird auch »Humpelrock« genannt, nach dem besonders engen bodenlangen Kleidungsstück, das im 19. Jahrhundert in Mode kam.
—
Unten:
Warenzeichenblatt mit dem Slogan »Drink Coca-Cola«, 1970.
—
Linke Seite (im Uhrzeigersinn von oben links):
Zeitschriftenwerbung für Coca-Cola, 1900.

Werbung für in Flaschen abgefülltes Coca-Cola, 1904.

Richtlinien für Werbetexter der Werbeagentur D'Arcy Advertising Co.

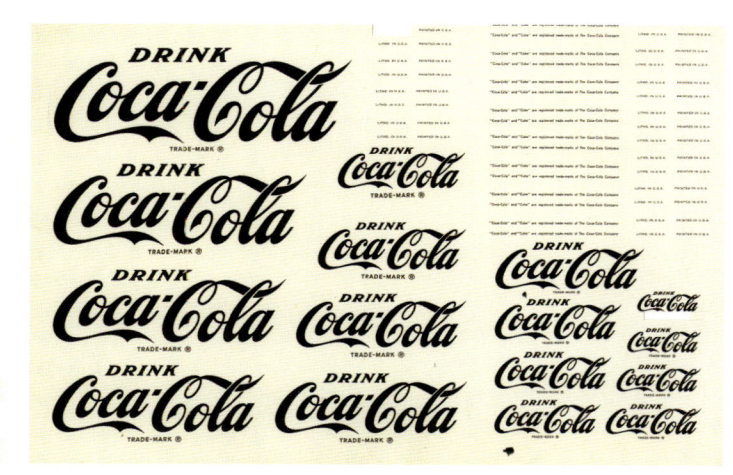

Tod Pembertons, die Rechte an Coca-Cola verschaffte. Insgesamt soll er 2300 US-Dollar dafür bezahlt haben – eine lohnende Investition, denn ab da ging es stetig aufwärts: 1892 gründete Candler »The Coca-Cola-Company«, im Jahr darauf ließ er Coca-Cola als Marke schützen, ab 1895 vermarktete er das Getränk bereits landesweit und ab 1896 auch im benachbarten Ausland. Einer seiner Geschäftspartner war Pembertons ehemaliger Buchhalter Robinson. Von ihm heißt es, dass er Candler aus Enttäuschung darüber, bei der Rechtevergabe übergangen worden zu sein, das Rezept zukommen ließ. In seiner neuen Position war Robinson nun für die Organisation der Produktion und vor allem für die Werbung von Coca-Cola zuständig.

Wie gut die Geschäfte schon bald liefen, erkennt man u.a. daran, dass Candler, der Coca-Cola noch vor der Jahrhundertwende zum beliebtesten Getränk in den USA machte, sich bereits im Jahr 1904 einen Turm in Atlanta als Firmensitz bauen ließ, der als erster in der Geschichte der Stadt selbst den Kirchturm überragte. Verantwortlich für den Erfolg war zum einen ein cleveres Vermarktungskonzept, zu dem auch Vertreter gehörten, die durchs ganze Land zogen, um Coca-Cola als Wundermittel anzupreisen. Einen nicht weniger großen Anteil daran hatte zum anderen der Mythos um die genaue Rezeptur des Getränks. Nur wenige Mitarbeiter kannten Details, die exakte Zutatenliste wurde wie ein Staatsgeheimnis gehütet. Und weder Robinson noch Candler dürften sich daran gestört haben, dass allein schon die bald geläufige Kurzbezeichnung »Coke« für Coca-Cola darauf hinzudeuten schien, dass es bei dem neuen Mix weniger um eine Medizin als vielmehr um eine legale und in Zeiten der Prohibition umso begehrtere Ersatzdroge handeln könnte.

Heute sind auf dem Etikett die folgenden offiziellen Zutaten angegeben: Wasser, Zucker, Kohlensäure, Lebensmittelfarbstoff E 150d, Phosphorsäure (E 338), Aroma und Koffein – wobei vor allem der Zucker und das Säuerungsmittel E 338 geschmacksbestimmend sind. Für die aufputschende Wirkung sorgt das Koffein aus der Kolanuss. Dass das Getränk jemals auch Kokain enthalten habe, wird von der Firma bestritten. Es kursieren allerdings Rezepte, von denen eines wohl Robinson verfasst hat, bei denen geringe Mengen Kokain zugesetzt werden sollten. Nachdem die süchtigmachende Wirkung von Kokain bekannt geworden war, soll Coca-Cola ab 1902 nur noch solche Extrakte aus den Kokablättern als Aroma hinzugefügt haben, denen zuvor die berauschenden Substanzen entzogen wurden. Offiziell verbot man den Zusatz von Kokain in Getränken in den USA erst im Jahr 1914. Als weitere wichtige Zutaten des Originalrezepts werden noch folgende genannt: Karamell, Limonellensaft, Glycerin, Vanilleextrakt und geringe Mengen ätherischer Öle, Orange, Limone, Muskat, Kassia (chinesischer Zimt), Koriander und Neroli (Orangenblüte).

Die erste Zeitungsanzeige mit dem von Robinson entworfenen roten Coca-Cola-Logo erschien bereits am 29. Mai 1886 im »Atlanta Journal«. Unter Candlers Führung stieg der Werbeaufwand dann schnell in schwindelerregende, für die damalige Zeit völlig ungewöhnliche Höhen: 85 000 US-Dollar gab Coca-Cola im Jahr

NO UNAUTHORISED
PERSON IS
ALLOWED TO
ALK THROUGH
THIS DEPT

IOUS
Cola
TRADE MARK REG
REFRESHING
SIGN UNDER
ERECTION
CLAUDGEN
SGB

Oben:
Die fertige »Have a Coke«-Reklametafel am Londoner Piccadilly Circus, 1954.

—

Unten:
Technische Zeichnung der berühmten Reklametafel am Piccadilly Circus.

—

Linke Seite:
Diese Abbildungen zeigen die Herstellung und das Anbringen der Coca-Cola-Reklametafel am Piccadilly Circus in London, 1954. Die Tafel wurde von Claude-General Neon Lights Ltd. in Wembley, Middlesex, angefertigt.

COMPONENT ELEMENTS....

① TRADE-MARK IDENTIFICATION

Two forms for showing the product name are essential parts of the designs shown in this Manual:

1. The familiar script trade-mark, famous world-wide and of high recognition value everywhere, is always shown in white on a red background and must appear at least once in every advertisement for Coca-Cola. The basic shape of the background surrounding the script trade-mark is the well-known disc, which is used in nearly all cases where space permits the inclusion of a dominant (reproduction of the) script. An alternate background shape used for the trade-mark in our sign advertising is the squared-oval, or barrel, shape. This shape is used less frequently than the disc, and usually only in instances where it permits a larger, more dominant and more easily recognized script than could be shown in a disc of comparable depth. For this reason, for instance, the barrel shape is used extensively in our stock metal signs.

2. The product name in crisp, contemporary type-style lettering is used in captions and other product lines, similar to the way it is being used in newspaper and magazine advertising to connote modernity. When so shown on painted signs, the product name always appears in red on the white sign background. Coca-Cola in this style lettering must, however, never be used as the sole product identification in a sign. It must always be used in conjunction with the script trade-mark.

COMPONENT ELEMENTS....

② ALPHABETS FOR HAND-LETTERING

Two new alphabets are being furnished for the lettering of product and dealer (privilege) copy. These alphabets are based on type styles selected especially for readability, simplicity of design and modern appearance. They are very easy to reproduce by hand and should be executed exactly as shown here. Product and dealer alphabets should not be used interchangeably but only as shown in the layouts provided.

ALPHABET FOR PRODUCT COPY

ABCDEFGHIJKLM
NOPQRSTUVWXYZ
abcdefghijklm
nopqrstuvwxyz
.." '' ! / / ^ ~ - : . , ; $ ¢ *
1234567890 &?!

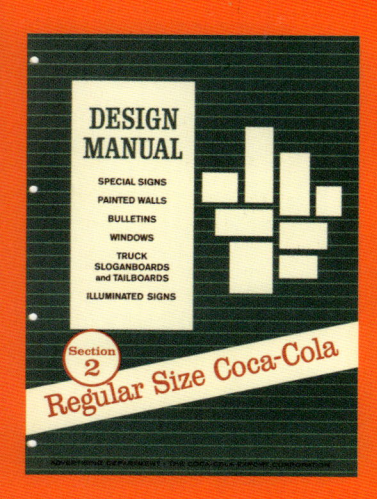

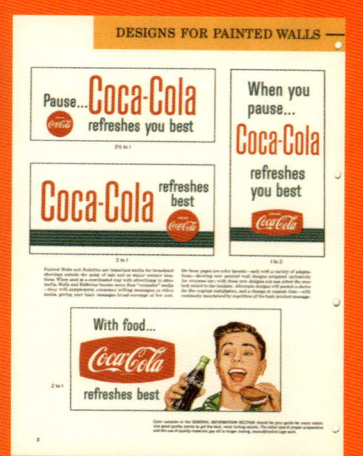

Oben:
Das 1970 vorgestellte Coca-Cola-Logo mit dynamischem Streifen.

Unten:
Dieses Dokument zeigt die offiziellen Coca-Cola-Logos für 18 verschiedene Länder, darunter Japan, Taiwan, Israel, Türkei, Russland und China, 1982.

Linke Seite:
Seiten aus dem Übersee-Werbekatalog von 1961, wie ihn die Coca-Cola Export Corporation verwendete. Darin wird genau erläutert, welche Standards für die Nutzung des Logos und Handletterings vorausgesetzt werden (oben) und wie anhand des Styleguides der Firma Wandmalereien und beleuchtete Kunststoffschilder installiert werden sollten (unten).

1900 für Werbung aus, in den nächsten zwölf Jahren stieg der Jahresetat bis auf eine Million US-Dollar. Robinson war noch bis zum Jahr 1906 für die Werbung von Coca-Cola verantwortlich, dann übernahm ein Neffe Candlers, Sam Dobbs, diese Position. Im Jahr zuvor leitete Robinson aber noch eine entscheidende Imagewende ein, nach der Coca-Cola nicht mehr als medizinisches Allheilmittel beworben und verkauft wurde, sondern als Erfrischungsgetränk mit dem einprägsamen Slogan »Delicious and Refreshing«. Zu diesem Imagewechsel bewegt hatte Robinson die Erkenntnis, dass immer mehr Menschen auf den Geschmack gekommen waren und Coca-Cola auch dann trinken wollten, wenn sie nicht krank waren.

Im Januar 1916 übergab Candler die Geschäftsführung an seinen Sohn Howard, an Weihnachten desselben Jahres vermachte er seinen Verwandten seine 90 Prozent der stimmberechtigten Aktien bis auf sieben Stück. Drei Jahre später verkaufte Howard hinter dem Rücken seines Vaters die Firma für 25 Millionen US-Dollar an ein Konsortium weiter. Seitdem ist Coca-Cola längst zur weltumspannenden Marke geworden, deren Erscheinungsbild bis heute untrennbar mit dem legendären roten Schriftzug des ehemaligen Buchhalters Robinson verbunden blieb. Bis auf eine Ausnahme blieb Robinsons Entwurf in seinen wesentlichen Zügen bis heute unverändert: Im Jahr 1969 führte man einen dynamischen Streifen unter dem Schriftzug ein – als wolle man damit unterstreichen, dass Robinsons Logo selbst keiner Verbesserung bedürfe.

Anton Stankowski, Stankowski + Duschek 1974

Das Logo der Deutschen Bank – ein markanter »Schrägstrich« im Quadrat – gehört zu den bekanntesten Markenzeichen im globalen Finanzsektor. Erstmals der Öffentlichkeit vorgestellt wurde es in einer Zeitungsanzeige am 25. April 1974. Deren Überschrift lautete »Ihr Wegweiser zum modernen Geld- und Kreditverkehr«, und im Fließtext darunter hieß es mit unüberhörbarem Stolz: »Dies ist das neue Markenzeichen der Deutschen Bank: ein geschlossenes, festgefügtes Quadrat, das für Stabilität und Solidität steht. Eine aufstrebende Linie, die Wachstum und Dynamik symbolisiert.« Und genau diese Eigenschaften, heißt es weiter unten im Text, erwarte der Kunde von seiner Bank: »Solidität, verbunden mit dynamischer Anpassung an die wirtschafts- und gesellschaftspolitischen Entwicklungen.« Darum sei dieses Markenzeichen auch »mehr als ein optisches Erkennungsmerkmal«, nämlich »Ausdruck einer zukunftsorientierten Geschäftspolitik«.

Dem vorausgegangen war ein Beschluss des Vorstands im Jahr 1972, ein neues, unverwechselbares Erscheinungsbild für die Deutsche Bank entwickeln zu lassen. Acht namhafte Grafiker wurden beauftragt, ein zeitgemäßes Logo zu entwerfen, das dem wachsenden Produktangebot und der zunehmenden internationalen Präsenz der Deutschen Bank gerecht werden sollte. Das Logo sollte unabhängig von Schrift und Sprache global eingesetzt werden können und nicht zuletzt eine Reihe bereits bestehender Firmenzeichen ersetzen, welche die Bank bis dahin verwendet hatte.

Aus den eingereichten Entwürfen ließ man eine Fachjury eine Auswahl treffen, die dem Vorstand vorgelegt wurde, der sich am 6. Februar 1973 für jenen »Schrägstrich im Quadrat« entschied, dessen weltweite Einführung noch im selben Jahr beschlossen wurde und 1974, beginnend mit der oben erwähnten Zeitungsanzeige, auch erfolgte.

Entworfen wurde dieses neue Logo von dem Grafiker, Fotografen und Maler Anton Stankowski (1906–1998). Wer war dieser Mann, dessen Entwurf seit nun mehr als 40 Jahren praktisch unverändert das globale Erscheinungsbild der Deutschen Bank prägt?

Stankowski, 1906 in Gelsenkirchen geboren, studierte nach einer Malerlehre und Gesellenjahren als Dekorations- und Kirchenmaler ab 1926 an der Essener Folkwangschule. Sein wichtigster Lehrer dort war der Grafiker, Typograf und Maler Max Burchartz. Drei Jahre später siedelte er nach Zürich über und arbeitete dort in dem renommierten Werbeatelier von Max Dalang. Hier konnte Stankowski seine eigenen Vorstellungen frei umsetzen: Er bezog die Fotografie in seine grafische Gestaltung mit ein, stellte ihr eine neue Typografie zur Seite und fügte gern ein dynamisches Element hinzu, indem er etwa Schriftzeilen schräg stellte oder geometrische Formen, oft im Anschnitt, verwendete. Im Mittelpunkt seiner grafischen Arbeiten stand stets die klare Information. Das wird auch in seiner berühmten, in dieser Zeit entstandenen Gestaltungsfibel »60 Arbeiten auf Papier« deutlich: Stankowski ging es um eine klare Ordnung der Inhalte, um eine unmittelbar erfassbare Information und um eine ausgewogene Balance zwischen der bildlichen Harmonie und der Wirkkraft

Das Deutsche-Bank-Symbol mit einem Gitternetz, das die Ausrichtung der minimalistischen schrägen Linie verdeutlicht.

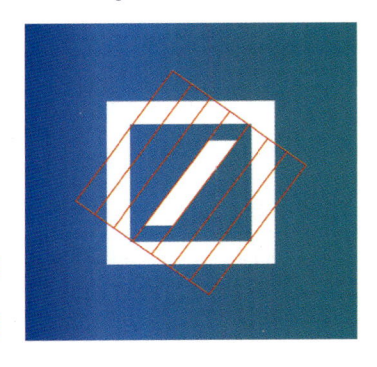

seiner Arbeiten. Zusammengefasst wurde sein individueller Stil später mit dem Begriff »konstruktive Grafik«.

1939 gründete Stankowski sein eigenes grafisches Atelier in Stuttgart, das sich nach dem Zweiten Weltkrieg zu einer »Hochburg« des Grafikdesigns entwickelte. 1964 wurden Arbeiten von ihm auf der documenta III in Kassel in der Abteilung Grafik gezeigt, 1969 bis 1972 war er Vorsitzender des Ausschusses für Visuelle Gestaltung der Olympischen Spiele in München. Bereits ab Mitte der 1970er-Jahre wandte er sich vermehrt der Malerei zu. Viele seiner künstlerischen Arbeiten flossen auch in seine gebrauchsgrafischen Aufträge ein. Das entsprach seinem Credo, dass es keine Trennung zwischen freier und angewandter Kunst und Gestaltung geben sollte: Auch um in diesem Sinne »vermittelnd« tätige Personen und Institutionen auszeichnen zu können, gründete er im Jahr 1983 eine nach ihm benannte gemeinnützige Stiftung

Zum Zeitpunkt des Auftrags der Deutschen Bank war Anton Stankowski einer der renommiertesten Grafiker Deutschlands. Karl Duschek, der 1972 als Partner in Stankowskis grafisches Atelier einstieg und dieses ab 1975 bis zu seinem Tod 2011 leitete, berichtete, dass jedem Teilnehmer am Logo-Wettbewerb 3000 D-Mark bezahlt wurden. Der Sieger erhielt 20 000 Mark. Stankowskis Atelier reichte neun Entwürfe ein, die von der Fachjury unter dem Vorsitz des Designers Jupp Ernst neben konkurrierenden Entwürfen von Designern wie Armin Hofmann und Coordt von Mannstein geprüft wurden.

Am Ende setzte sich der radikalste Vorschlag durch. Stankowski bezeichnet ihn vereinfacht als »Sinnbild für Wachstum in einem stabilen Umfeld« und etwas ausführlicher als »Polarität zwischen gesicherter Basis und zukunftsorientierter Dynamik«. Die Wirkkraft seines Logos erklärte er mit den folgenden Worten: »Die versetzte Diagonale wirkt symmetrisch, ist aber asymmetrisch. Der Balken der Schräge ist so angelegt, dass er einem diagonal geteilten Quadrat nicht entspricht. Das macht seine Charakteristik aus. Der Aufmerksamkeitswert der grafischen Anordnung besteht in einer nicht erwarteten Verschiebung.«

Damit wird zugleich klar, dass sich ein Grafikkünstler wie Anton Stankowski in seiner Arbeit sicher nicht vom Zufall leiten ließ, sondern genau wusste, was er tat. Dennoch erschien damals in der »Bild-Zeitung« ein Artikel, der fälschlicherweise behauptete, »Ein Maler verdiente mit fünf Strichen 100 000 Mark«. Dazu veröffentlichte man unter dem neuen Logo der Deutschen Bank ein Foto des Designers und zitierte den damals 68-jährigen Stankowski mit dem Satz: »Manchmal brauche ich für einen Entwurf nur eine Sekunde.«

Abgesehen von dieser Falschmeldung war das Echo auf Stankowskis »fünf Striche« überwiegend positiv. Nachdem man das Logo zunächst den Mitarbeitern in einem hauseigenen Magazin präsentiert hatte, wurde es im April 1974 auf der Jahrespressekonferenz der Öffentlichkeit vorgestellt. Die Einführung des neuen Markenzeichens begleitete eine Werbekampagne, zu der die eingangs erwähnte Zeitungsanzeige gehört.

Oben:
Der junge Anton Stankowski 1931.
—
Unten:
Bericht in der »Bild-Zeitung« vom April 1974.
—
Rechte Seite oben:
Das Deutsche-Bank-Symbol ist heute, verglichen mit Stankowskis Originalentwurf, praktisch unverändert.
—
Rechte Seite unten:
Erste Skizzen für den Logowettbewerb.

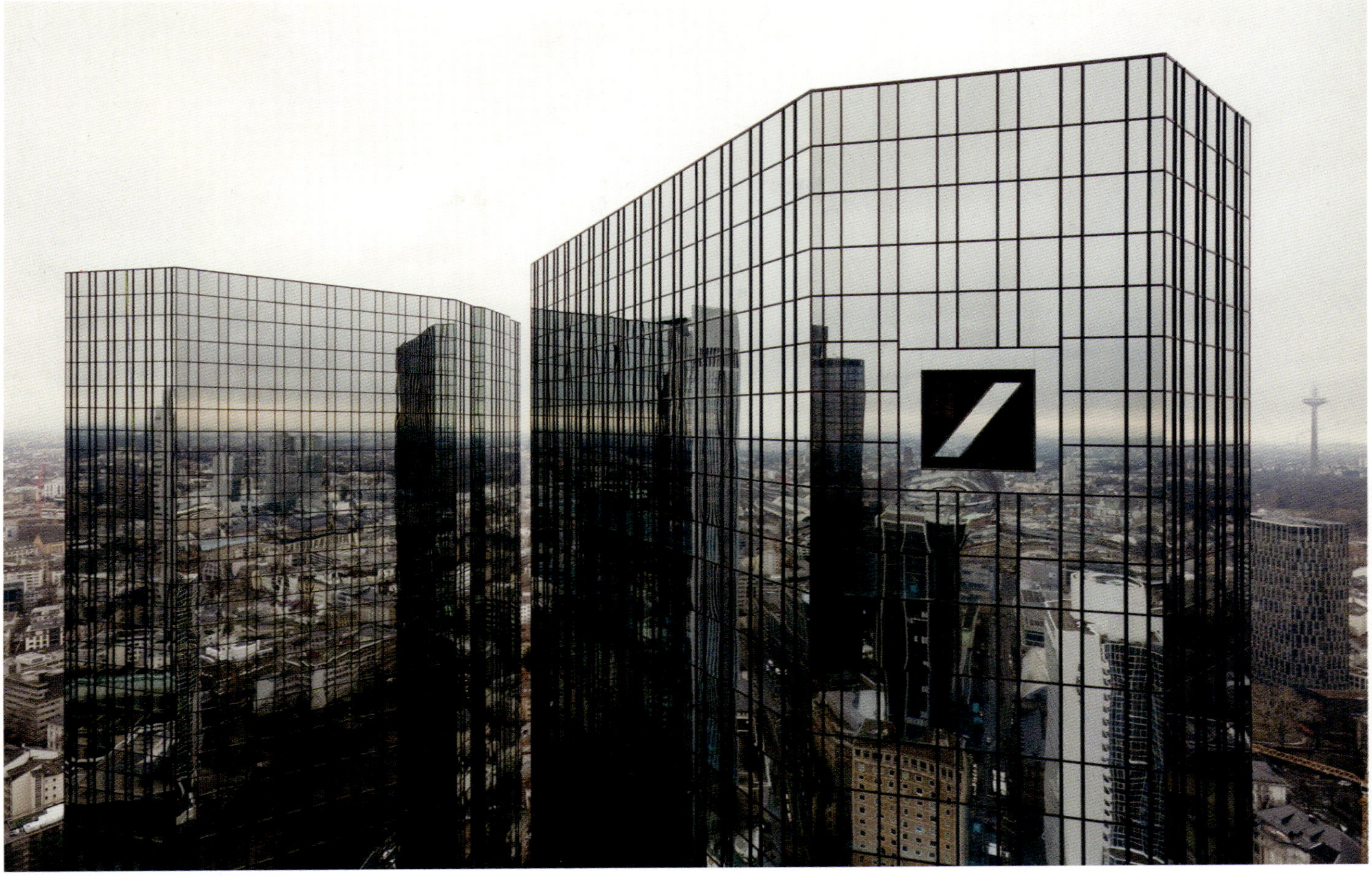

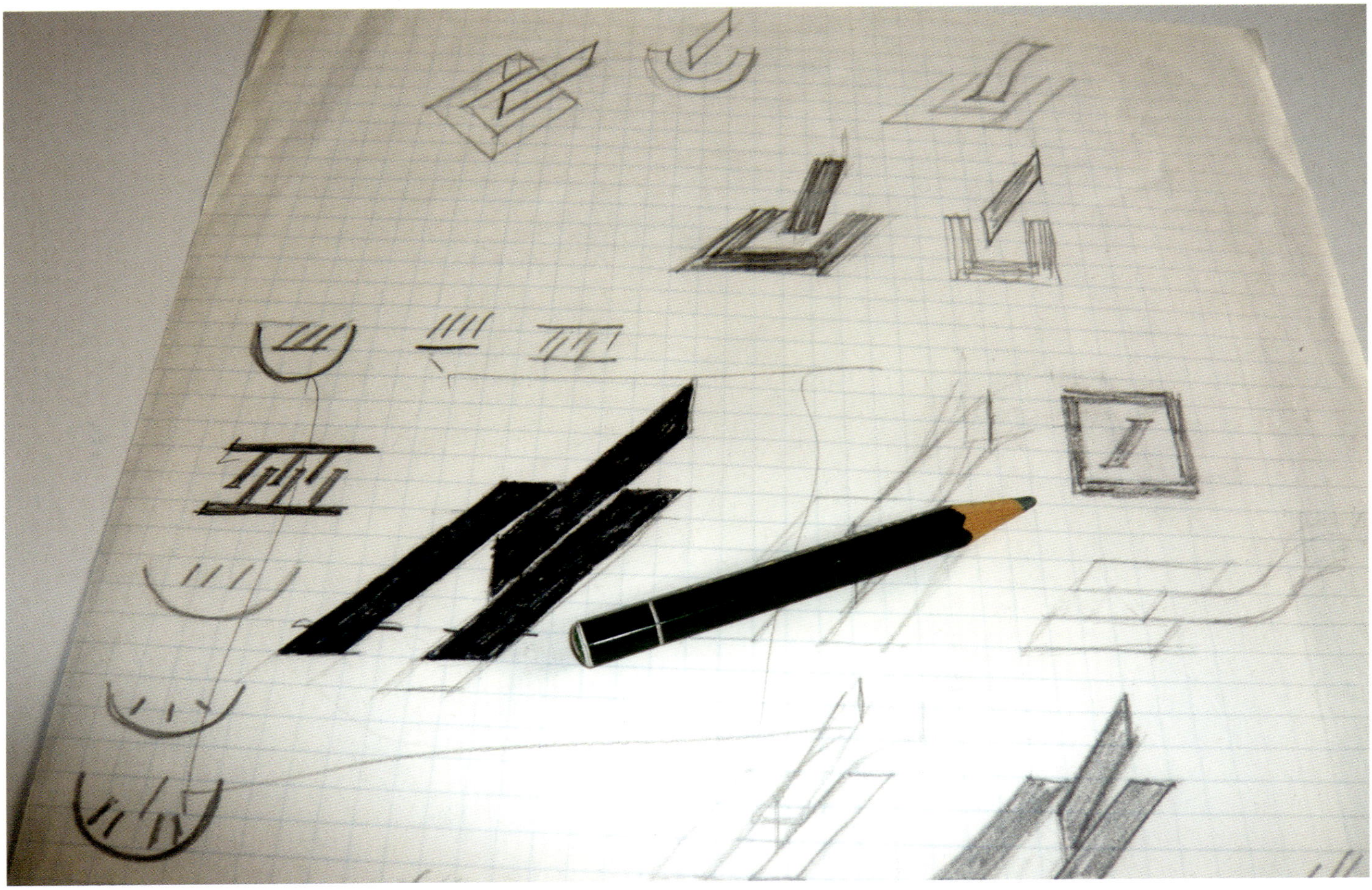

Oben links:
Deckblatt für Stankowskis Layoutschema für Berlin, die erste visuelle Identität, die für eine Stadt entwickelt wurde, 1968.
—
Oben rechts:
Zeitlebens experimentierte Stankowski, der neben seinen grafischen Arbeiten auch als Fotograf und Maler künstlerisch kreativ war, mit schrägen Linien in seinen Bildern. Hier sieht man sein Gemälde »Schräges Band, zentral angeordnet« aus dem Jahr 1960.
—
Rechte Seite oben:
Die ursprünglichen Vorschläge aus dem Atelier Stankowskis für den Logo-Wettbewerb boten sehr unterschiedliche Ansätze.
—
Rechte Seite unten:
Vorschläge für die Anfügung des Namens »Deutsche Bank« an Stankowskis Symbol.

Bis heute, mehr als 40 Jahre danach, entspricht das Logo immer noch Stankowskis ursprünglichem Design. Seit 2005 steht es auch in dreidimensionaler Form im Mittelpunkt weltweiter Marketingkampagnen der Bank, seit Anfang 2010 fokussiert sich das visuelle Erscheinungsbild noch stärker als bisher auf das Bildsymbol allein (bis dahin hatte man, anders als von Stankowski gewünscht, neben das Logo meist noch die in der Univers gesetzte Wortmarke »Deutsche Bank« gesetzt).

Tatsächlich entspricht das Logo auch heute allen Qualitätskriterien einer erfolgreichen Marke: Durch seine einfache, plakative, markant-unverwechselbare und zeitlose Gestalt hat es einen hohen Aufmerksamkeitswert, es unterstützt symbolisch die Identität des Auftraggebers (»Wachstum in einem stabilen Umfeld«), es ist nahezu unbegrenzt anzuwenden und medienübergreifend einsetzbar sowie nicht zuletzt auch in der Verkleinerung oder auf große Distanzen deutlich lesbar.

Kritisiert wurde das Logo beispielsweise von Coordt von Mannstein (siehe S. 110 f. in diesem Buch), der das Werk von Anton Stankowski ansonsten sehr schätzt: »Ein Zeichen aus einer Zeit, in der Tresordenken und Sicherheit gefragt waren. Es bringt zum Ausdruck, was eine Bank heute nicht sein soll, nämlich eingemauert, geschlossen, nicht kommunikativ.«

Auch Erik Spiekermann, heute seinerseits einer der bekanntesten deutschen Grafikdesigner, hatte anfangs »Probleme« mit dem neuen Logo, weil er »es so gar nicht emotional« fand und es für ihn ein eher unnahbares, arrogantes Image der Deutschen Bank beförderte. Doch heute liebt er es »genau deshalb, weil es keine Bedeutung hat. Es ist einfach ein großartiges Bild. Aber nur eine Marke mit so viel Durchschlagkraft wie die Deutsche Bank konnte das durchziehen. Es braucht ständige Wiederholung, und es dauerte mindestens zehn Jahre, bis es ins öffentliche Bewusstsein eingedrungen war. Ich wette, inzwischen entspricht sein Bekanntheitsgrad dem des Mercedes-Sterns«.

EN
O

Mike Dempsey, Carroll, Dempsey & Thirkell 1991

Das nun auch schon rund ein Vierteljahrhundert alte Logo für die English National Opera (ENO) wirkt immer noch zeitlos schön. Seine Entstehungsgeschichte geht zurück auf eine Arbeit, die Mike Dempsey, einer der Gründer des Studios Carroll, Dempsey & Thirkell (CDT), bereits im Jahr 1987 für das London Chamber Orchestra (LCO) angefertigt hatte. Zuvor hatte Dempsey den Geiger und künftigen Dirigenten des Orchesters bei den Aufnahmen für einige von ihm gestaltete Filmtitelsequenzen kennengelernt. Als man ihn fragte, ob er beim Aufbau eines modernen Images für das LCO behilflich sein könnte, schaute er sich erst einmal an, wie klassische Musik damals präsentiert wurde, und kam zu dem Ergebnis: »Das war alles der gleiche Einheitsbrei, Frack und Abendkleid – die üblichen Standards. Ich dachte mir, es käme wohl darauf an, ein paar Dinge zu verändern.«

Das ursprünglich im Jahr 1921 gegründete LCO ist das traditionsreichste professionell arbeitende Kammerorchester im Vereinigten Königreich – und eines der besten Ensembles seiner Art auf der Welt. Die Liste der von ihm in London aufgeführten Premieren liest sich wie ein Who is who der berühmtesten Komponisten des 20. Jahrhunderts: Malcolm Arnold, Manuel de Falla, Gabriel Fauré, Leoš Janáček, Maurice Ravel, Igor Strawinski, Ralph Vaughan Williams ... Am 29. April 2011 spielte das Orchester zur Hochzeit von Prinz William und Catherine Middleton in der Westminster Abbey.

Mit Beginn der Taktstockübergabe an Christopher Warren-Green war Dempsey in alle Aspekte des Erscheinungsbildes des Orchesters eingebunden, »welche Kleidung [die Musiker] trugen, wie die Beleuchtung war, die Programme, die Fotos und, ganz wichtig, der grafische Auftritt«. Nicht zuletzt gestaltete Dempsey die Cover für zehn bei Virgin Classics veröffentlichte Alben des LCO.

Dempseys – 1989 auch mit einem Preis des britischen D&AD gewürdigte – Arbeit für das LCO blieb in der Musikindustrie nicht unbemerkt. Als man dann auch bei der English National Opera an eine Auffrischung von Image und Erscheinungsbild dachte, lud Keith Cooper, der Marketingdirektor der Oper, Dempseys Studio CDT zu einem Gespräch darüber ein – und am folgenden Tag hatten sie den Auftrag in der Tasche.

»Damals hatte die ENO intern eine eigene kleine Abteilung, die für alle Plakate und die sonstige Werbung zuständig war«, erinnert sich Dempsey. »Auf mich wirkte deren Arbeit relativ ziellos und unkoordiniert. In der Anfangszeit des Projekts musste ich erst einmal analysieren, welche Verantwortlichkeiten es gab und welche Genehmigungsverfahren zu berücksichtigen waren.«

Der damalige Generaldirektor der ENO und spätere Intendant (1993–2006) der Bayerischen Staatsoper, Sir Peter Jonas, zeigte sich offen für neue Ideen: »Bei unserem Treffen sagte ich Jonas, um erfolgreich arbeiten zu können, müsste sich einiges dramatisch ändern. Das bisherige Genehmigungsverfahren war viel zu mühsam und langwierig – jeder schien eine eigene Meinung zu haben, und zudem hatten die jeweiligen Produktionsleiter auch noch ein Vetorecht bei den Plakatentwürfen. Ich erklärte Jonas, dass diese in der Regel

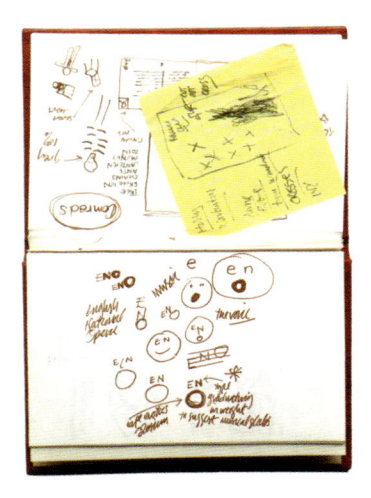

Mike Dempseys ursprüngliche Skizzen für ENO, das Logo der English National Opera, das er 1991 auf seiner Busfahrt zur Arbeit nach London ausarbeitete.

ENO
New Production
Eugene Onegin
Tchaikovsky
Box Office 071 836 3161
English National Opera
at the London Coliseum

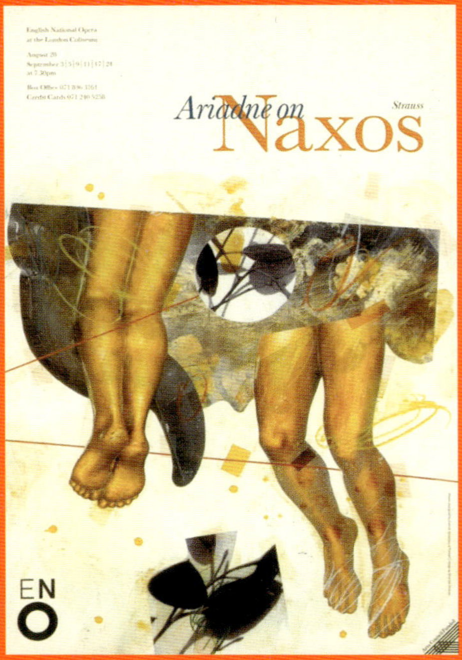
English National Opera
at the London Coliseum
Ariadne on Naxos
Strauss
ENO

ENO
Don Carlos
Verdi
English National
Opera Trust

ENO
Der Rosenkavalier
Richard Strauss
English National Opera at the
London Coliseum St Martin's Lane London WC2

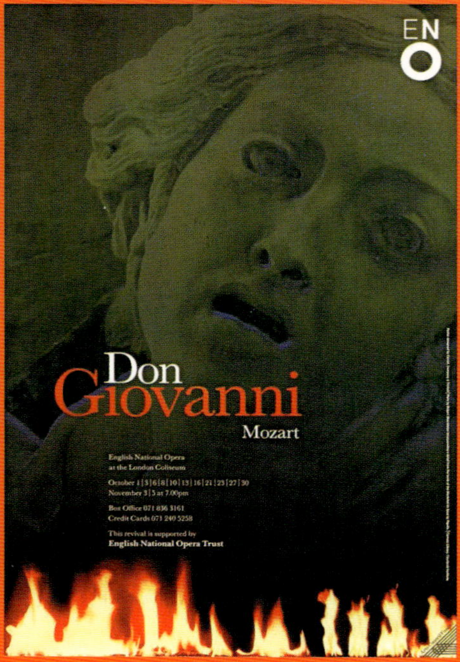
ENO
Don Giovanni
Mozart
English National Opera
at the London Coliseum
October 1|3|6|8|10|13|16|21|23|27|30
November 3|5 at 7.00pm
Box Office 071 836 3161
Credit Cards 071 240 5258
This revival is supported by
English National Opera Trust

ENO
Verdi
macbeth
English National Opera
London Coliseum
St Martin's Lane
THE MERCERS' COMPANY

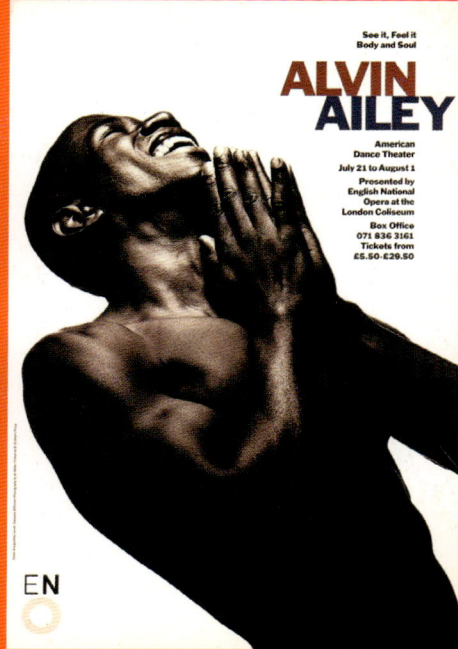

Oben und linke Seite:
ENO-Plakate für die Saison 1992 (einschließlich eines Plakats für Xerxes von 1993), gestaltet von Mike Dempsey vom Studio Carroll Dempsey & Thirkell.

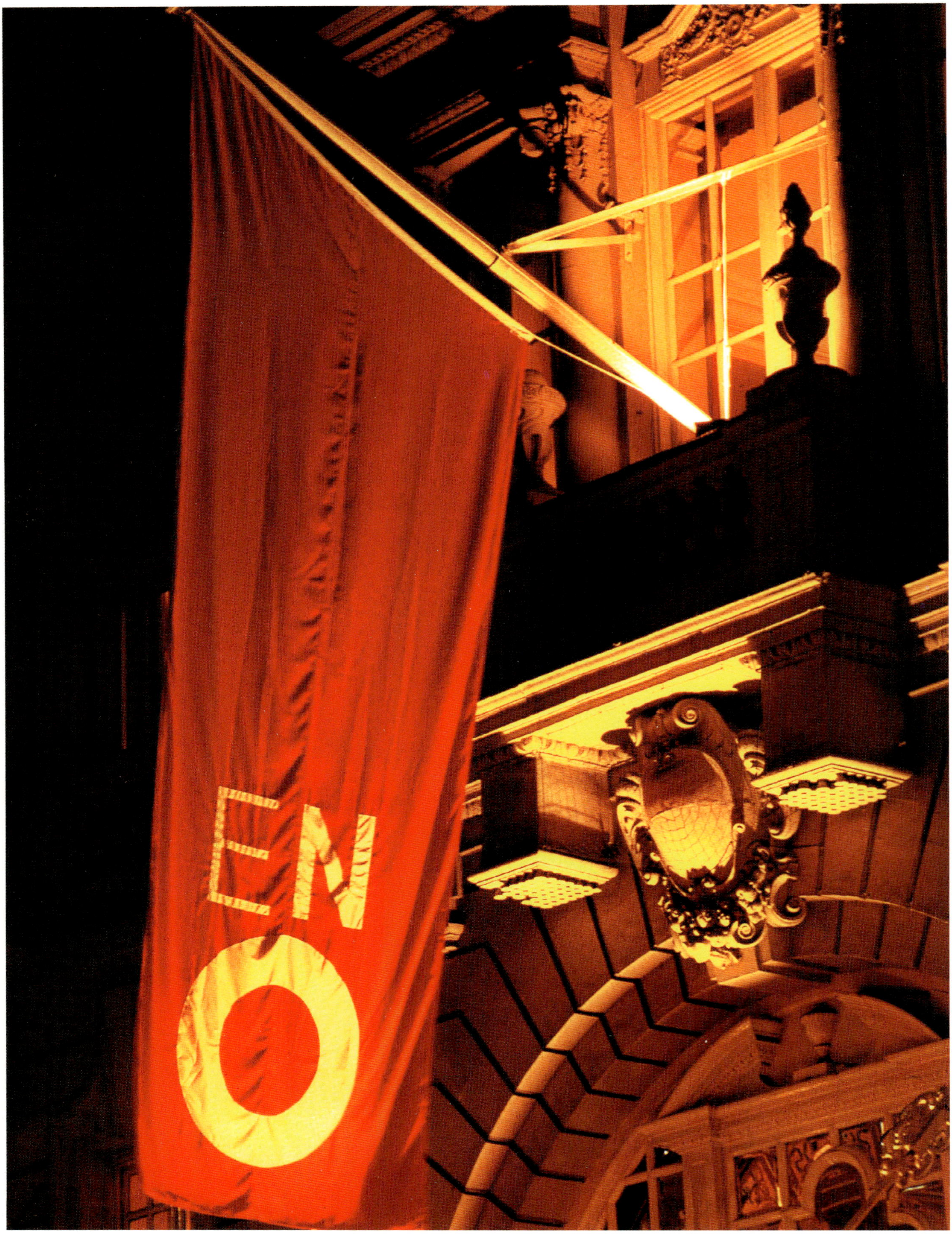
ENO

Linke Seite:
Das ENO-Logo hängt außen an der Spielstätte des Ensembles (London Coliseum).

Unten:
Von Mike Dempsey entworfenes Briefpapier.

Ganz unten:
Prospekte und Broschüren, künstlerisch gestaltet von Dempsey und entworfen von Fernando Gutiérrez von Carroll, Dempsey & Thirkell (CDT), 1991–1995.

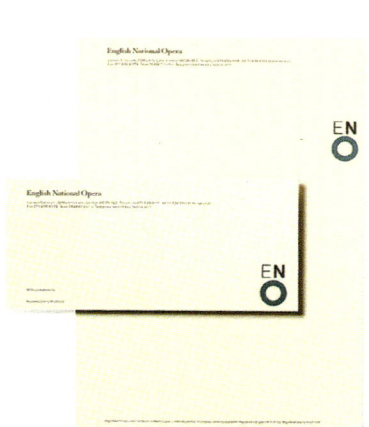

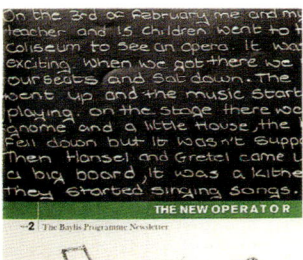

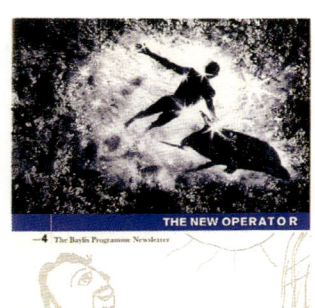

Oben und rechts:
Ganzseitige Anzeigen und Cover der ENO-Erfolgsgeschichte »Sharing in Success«, 1993, entworfen von Mike Dempsey.

Rechte Seite:
Werbung auf einem LKW-Dach für die ENO, 1991, entworfen und getextet von Dempsey.
—
Zwei von Dempsey entworfene Plakate, 1993.

als Freelancer agierten, also keine große Verbundenheit mit dem Label ENO hatten – und vermutlich mehr daran interessiert waren, wie das Plakat bei ihnen zu Hause an der Wand wirken würde, als bei der Gestaltung an das generelle Erscheinungsbild der ENO zu denken.«

Jonas konnte mit dieser Kritik gut umgehen und reagierte darauf seinerseits mit einer kreativen Herausforderung: Sollte Dempseys Studio ein Erscheinungsbild entwickeln, das so gut wäre wie das von VW, würde er alle Probleme, die der Designer angesprochen hatte, beseitigen. Das ließ sich Dempsey nicht zweimal sagen. Er begann sofort mit der Arbeit. Die entscheidende Idee hatte er schließlich bei einer Fahrt in sein Studio.

Er saß im Oberdeck eines Busses der Linie 38 zur Arbeit und brütete über verschiedenen Entwürfen. »Das ENO-Projekt trieb mich um«, erinnert sich Dempsey, »vor allem wegen Jonas' Herausforderung in Sachen VW.« Er kritzelte an verschiedenen Ideen herum, war aber nicht zufrieden. Der Präsentationstermin rückte bedrohlich nahe, und er hatte noch immer keine zündende Idee. Doch als er an diesem Morgen die Essex Road hinunterfuhr, fing er auf einmal an, darüber nachzudenken, was eigentlich das Wesentliche einer Oper sei. Dann fiel es ihm ein: »Die Stimme.« Er begann, ein Gesicht mit offenem Mund zu zeichnen, und plötzlich sah er es auf seinem Skizzenblock: »Zwei Augen (E, N) und ein weit geöffneter Mund (O).«

Dempsey gestaltete das O so, als würde es gerade weit geöffnet einen hohen Ton singen. Das E und N für die darüber gesetzten Augen gestaltete er unterschiedlich (das E mager, das N fett), was den Eindruck konzentriert zusammengekniffener Augen erweckte. Und nicht nur das: Damit deutete er auch eine sich verstärkende Lautstärke an, vom E zum N, wie bei einem effektvoll eingesetzten Crescendo. Als Schrift wählte Dempsey die Baskerville: »Ursprünglich wurde das O auf allem, was zum Briefpapier gehörte, in Blau gedruckt, auf Plakaten und in der Pressewerbung war es jedoch immer weiß oder schwarz. Ich habe kürzlich auf Plakaten eine bunte Version gesehen. Abgesehen davon hat es sich nicht verändert.«

Und was sagte nun der Generaldirektor zu seinem Entwurf? »Sehr beklommen zeigte ich es Peter Jonas«, erinnert sich Dempsey. »Er schaute sich zunächst das Logo an, dann mich und meinte schließlich mit einem Lächeln: »Sie haben es geschafft, das ist unser VW.«

Über ein Jahrzehnt lang betreute CDT die ENO, aber nach Jonas' Wechsel an die Bayerische Staatsoper in München wurde es ein Kampf: »Keiner seiner Nachfolger hatte ein ähnliches Verständnis für Design, was meine Überzeugung bestärkt, dass ein guter Kunde der Schlüssel ist, um eine tolle Arbeit leisten zu können.«

Dempsey erklärt sich die Langlebigkeit seines Logos mit der Einfachheit des Designs: »Äußerste Einfachheit ist oft am schwierigsten zu erreichen, aber in diesem Fall habe ich das Gefühl, es genau richtig gemacht zu haben und nichts daran verbessern zu können.«

ERCO

Otl Aicher
1974

Die in der Industriestadt Lüdenscheid ansässige Firma ERCO – heute eines der führenden Unternehmen der Leuchtenindustrie mit mehr als 60 Tochtergesellschaften, Niederlassungen und Vertretungen auf allen großen Märkten weltweit – wird seit ihren Anfängen im Jahr 1934 als Familienbetrieb geführt. Gegründet wurde sie von Arnold Reininghaus, Paul Buschaus und Karl Reeber; der Eintrag als »Reininghaus & Co.« ins Handelsregister erfolgte am 1. Juli 1934. Aus dessen Kurzform, »R. Co.«, entwickelt sich der Markenname ERCO.

ERCO entstand in einem Klima schwerer wirtschaftlicher Depression und hoher Arbeitslosenzahlen. Fünf Jahre später brach der Zweite Weltkrieg aus. Kurz vor dem Ende des Kriegs wurde die Fabrik bei einem Luftangriff zerstört.

Nach dem Neuaufbau der Firma entwickelte sich diese zunächst zum größten Hersteller federgestützter Beleuchtungskörper (Zugleuchten) in Europa, dann verschob sich der Fokus nach und nach auf Architektur-Beleuchtungssysteme. Heute versteht sich ERCO laut Eigendarstellung »als Lichtfabrik, deren Produkte hochwertige Lichtlösungen für alle Aufgaben der Architekturbeleuchtung sind«.

Mitte der 1960er-Jahre kam Klaus Jürgen Maack, der Schwiegersohn des Firmengründers Reininghaus, in die Geschäftsleitung von ERCO. Zuständig für Produktentwicklung, Marktforschung und Kommunikation, war Maack davon überzeugt, dass sich der Lebensstil in Deutschland und Europa in den folgenden Jahren beträchtlich verändern und in Kombination mit höheren Einkommen einen anspruchsvolleren Markt entstehen lassen werde. Um darauf angemessen zu reagieren, entwickelte Maack eine neue Unternehmensphilosophie, die sich heute mit den Worten »Licht statt Leuchten« zusammenfassen lässt. Besonderen Wert legte Maack auf die Zusammenarbeit mit namhaften Designern und auf die Entwicklung langlebiger, mindestens auf zehn Jahre angelegter Gestaltungsformen.

Auch das Erscheinungsbild der Firma sollte auf einen zeitgemäßen Stand gebracht werden. Maacks Interesse an den berühmten Piktogrammen, die Otl Aicher (1922 bis 1991) für die Olympischen Spiele 1972 in München gestaltet hatte, führte im Herbst 1974 zu einer ersten Begegnung mit dem Designer. Dabei ging es zunächst um die Urheberrechte an diesem Piktogrammsystem, die ERCO heute besitzt. Da Otl Aicher hauptsächlich Corporate Identities entwarf, lag es nahe, mit ihm auch gleich über das Erscheinungsbild von ERCO zu sprechen. Dabei brachte Aicher in wenigen Worten genau auf den Punkt, wofür die Firma laut Maack fünf Jahre gebraucht hätte, um es zu erkennen: Es gab ein »typografisches Problem«, und man brauchte eine dauerhafte Lösung dafür.

Der in Ulm geborene Otl Aicher studierte in den Jahren 1946 bis 1947 an der Akademie der Bildenden Künste in München Bildhauerei, ehe er 1949 in Ulm sein (1967 nach München und 1972 nach Rotis im Allgäu verlegtes) eigenes Grafikbüro gründete. Sein für ERCO entwickeltes Design wurde von Anfang an viel beachtet und blieb in seinen wesentlichen Zügen, wenn

tune the light

Die auf die Möglichkeit der Beleuchtungskontrolle anspielende Phrase »tune the light« wurde 2006 zum Leitsatz von ERCO.

Diese Seite:
Das hier zu sehende Printmaterial aus dem Jahr 1976 zeigt die Entwicklung der Buchstabengrößen im ERCO-Logo und den fließenden Verlauf vom starken »E« zum leichten »O«. Für die vier Buchstaben wählte Aicher die Univers in vier verschiedenen Schriftstärken. Das »O« wurde per Hand gezeichnet.

—

Rechte Seite (im Uhrzeigersinn von oben links):
ERCO-Broschüren »Beleuchtung mit LED« (2013) und »Die Lichtfabrik« (2011). Gezeigt wird außerdem ein Katalog von 2013. Diese neueren Broschüren belegen, dass die von Otl Aicher begründete grafische Tradition noch immer eine starke Wirkung hat.

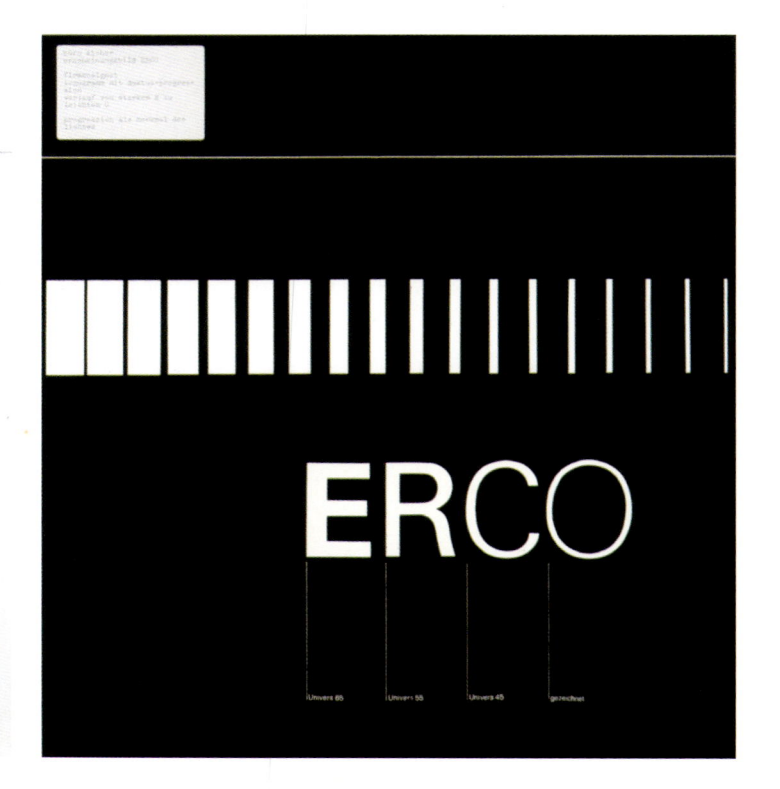

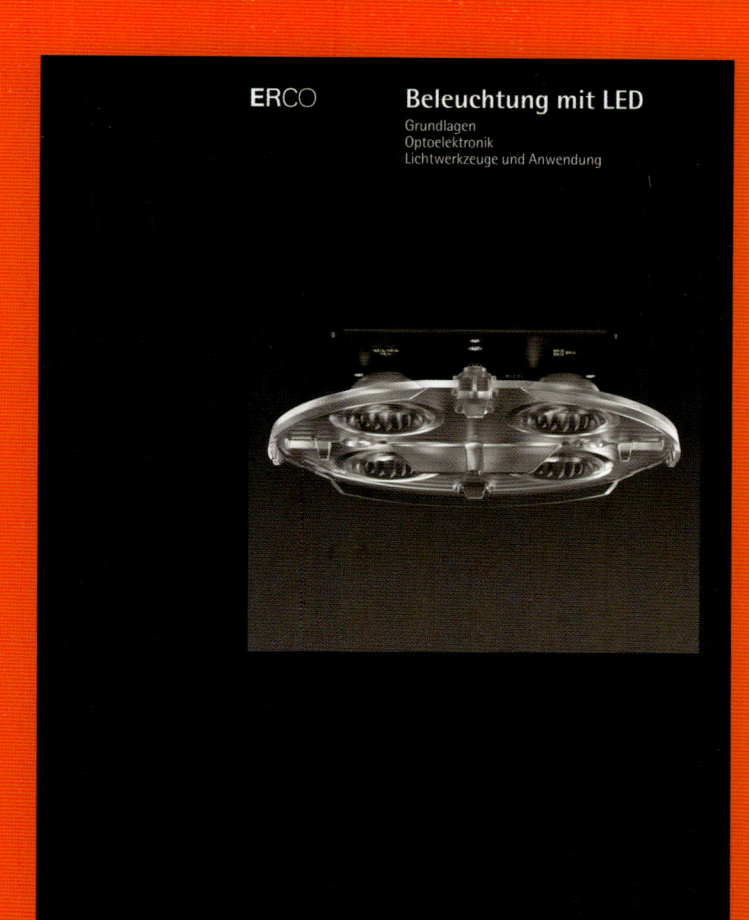

ERCO Beleuchtung mit LED
Grundlagen
Optoelektronik
Lichtwerkzeuge und Anwendung

ERCO Die Lichtfabrik

„tune the light": Die Möglichkeiten, Architektur durch Licht zu gestalten, sind grenzenlos. ERCO entwickelt Wege und Werkzeuge, um Licht zu erzeugen, zu lenken und zu steuern. So wird Licht zur vierten Dimension der Architektur. Unser Produkt ist das Licht – darum nennen wir uns ERCO, die Lichtfabrik.

ERCO Programm
Lichtsteuerung
Innenraum
Außenraum

Ausgabe 2013

100% LED Innovationen
Hochentwickelte LED-Technologie ist die Basis. Daraus produziert ERCO mit der ganzen Erfahrung der „Lichtfabrik" einfache, funktionale und praxisgerechte Lichtwerkzeuge. Sie erschließen effizienten Sehkomfort für jeden Lichtanwender. 100% LED gilt nicht nur für die Produktneuheiten in diesem Katalog. 100% LED beschreibt auch das Potential, das ERCO allen Planern und Nutzern von Licht in der Architektur eröffnen möchte: Für kreative, nachhaltige und wirtschaftliche Lichtkonzepte.

84 — 85

Oben und rechte Seite:
Klaus Jürgen Maack und Otl Aicher bei der
Arbeit an Printpublikationen von ERCO, 1989.

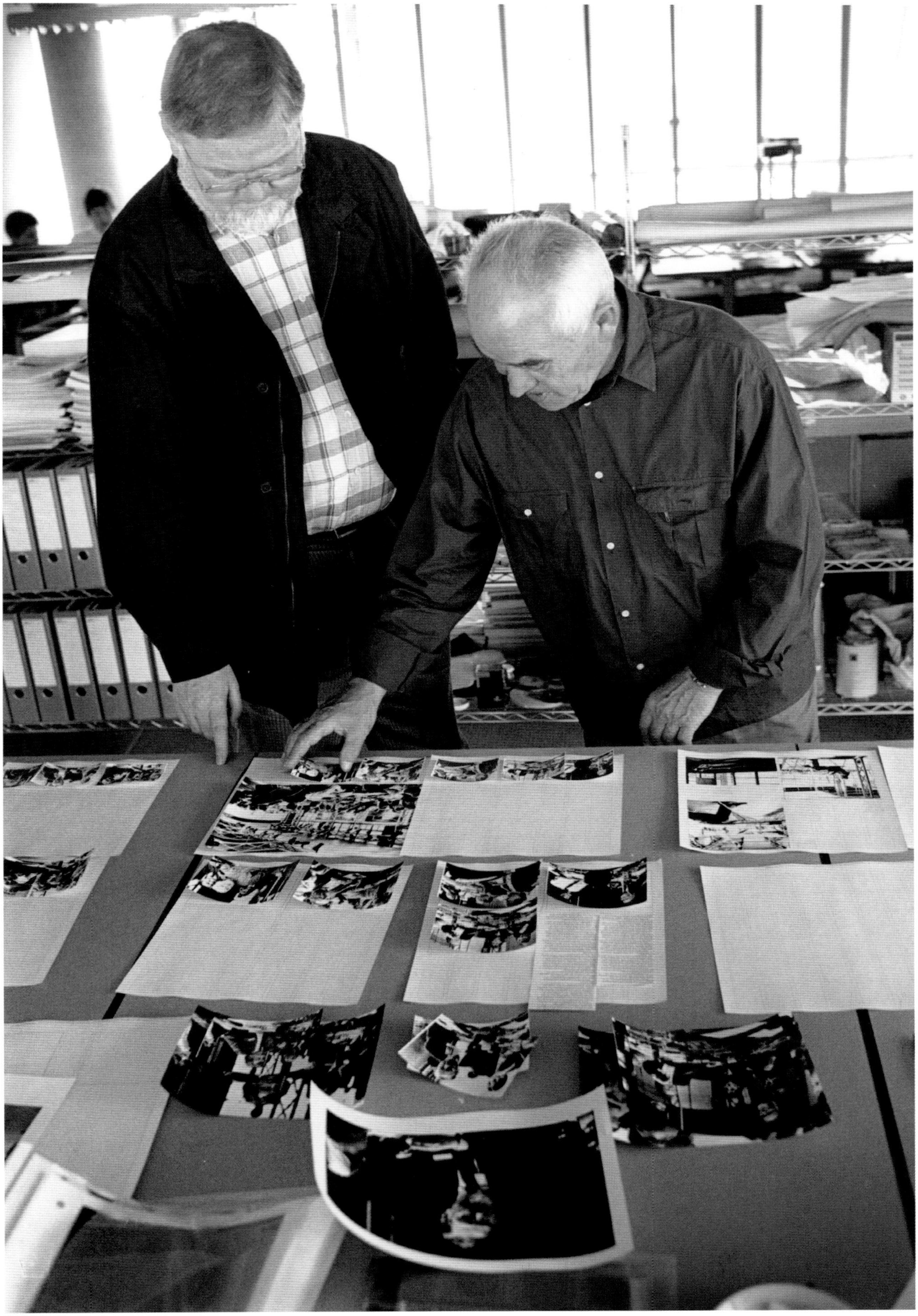

auch behutsam weiterentwickelt, bis heute erhalten. Für das Firmenlogo wählte er die Univers, eine in den 1950er-Jahren von Adrian Frutiger entworfene serifenlose Linear-Antiqua-Schrift, die sich durch gute Lesbarkeit auch aus größerer Entfernung auszeichnet und in ihrer sachlich-kühlen Eleganz gut zum gewünschten modern-zeitlosen Erscheinungsbild der Lichtfabrik passte. Aichers entscheidender Kniff dabei: Um einen – vom Dunklen ins Helle führenden – »Es-werde-Licht«-Effekt anzudeuten, wählte er für jeden der vier Buchstaben des Firmennamens ERCO eine andere, sukzessive dünner werdende Schriftstärke.

1976 wurde die erste Firmenbroschüre in Aichers Gestaltung produziert; man erstellte auch gleich einen Stilguide für alle Grafiker, die damit in Zukunft zu tun haben würden. Von Anfang an arbeitete Aicher auch mit exzellenten Fotografen zusammen, um die Produktpalette in den verschiedenen Werbematerialien optimal zu präsentieren – kein ganz einfaches Unterfangen bei einem Unternehmen, dessen Erzeugnisse zwar für Licht sorgen, selbst aber diskret im Verborgenen gehalten werden. In diesem Zusammenhang sollen sogar bestimmte Blumen vorgeschrieben worden sein, die das Licht am besten reflektierten: gelbe Chrysanthemen.

Für ERCO bedeutet Licht »die vierte Dimension der Architektur«: Mit Licht Räume zu interpretieren, wahrnehmbar und erlebbar zu machen, ist bis heute die Vision der nach wie vor mit ihrem Hauptsitz in Lüdenscheid ansässigen Firma, die insbesondere in der LED-Optoelektronik Technologiekompetenz bewies und deren Lichtwerkzeuge so herausragende Bauwerke wie den Berliner Reichstag oder die National Portrait Gallery in London ebenso effektvoll beleuchten wie die Flughäfen in Malaga, Dubai, Montevideo und London-Stansted oder die Flagship-Stores etwa von Diesel Jeans, Dolce & Gabbana oder National Geographic.

Aichers Lösung des »typografischen Problems« aber gibt der Lichtfabrik bis heute ein ebenso geniales wie genial einfaches Erscheinungsbild – mit nicht mehr als den vier Buchstaben des Firmennamens (und einer zündenden Idee).

Rechte Seite:
ERCO Print-Werbung für Produkte wie: Zenit – »Flügel lenken Licht«, 1995/1996 (oben); Quinta – »Strahler für exakte Lichtplanung«, 1992 (unten links) und Lucy – »Erleuchtung für Ihre grauen Zellen« 1995/1996 (unten rechts).
—
Unten:
Die Entwicklung des ERCO-Logos bis 1976.

ERCO Leuchten GmbH, Brockhauser Weg, 58507 Lüdenscheid

**Flügel lenken Licht.
Zenit.**

Indirekte Allgemeinbeleuchtung steigert das Wohlbefinden. Das allein wäre allerdings noch kein Grund, ein komplett neues Programm aus Stand-, Wand- und Pendelleuchten zu entwickeln.

Mit Zenit gehen wir das Thema indirekte und direkte Beleuchtung differenzierter an. Mit Hilfe von Reflektorflügeln kann ein Teil des Lichtstroms direkt auf Arbeitsflächen gelenkt werden.

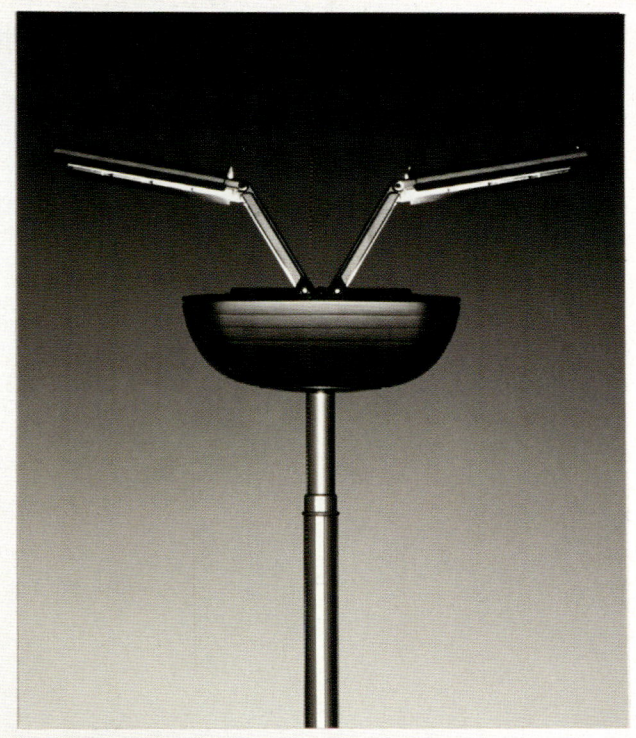

Während der andere Teil des Lichts zur Decke geht und dem Raum eine angenehme Indirektbeleuchtung gibt.

Zwei willkommene Effekte der reduzierten Allgemeinbeleuchtung: Die Arbeit am Bildschirm wird nicht durch Reflektionen gestört. Und zur Ergonomie dieser Beleuchtung kommt ihre Wirtschaftlichkeit.

Übrigens, natürlich macht Zenit (Design Knud Holscher) auch in den eigenen vier Wänden Sinn.

Zenit beflügelt Räume.

ERCO

ERCO Lighting Ltd, 38 Dover Street, London W1X 3RB

A new angle on aiming spotlights.

A spotlight which can be aimed in various directions is in itself nothing special. A spotlight, however that you can turn in almost any direction, and be sure it will remain there, is rather more interesting. It means that a carefully arranged lighting scene cannot be accidentally or unintentionally changed. The unique means of eliminating such accidents is with the Quinta spotlight range. Two goniometers enable the selected angle to be set with absolute precision.

In form and design, Quinta is significantly reminiscent of the precision and engineering of a sextant. Created by Danish designer Knud Holscher, Quinta is a synthesis of mechanical function and simplicity of form — a combination which gives Quinta the reliability to remain exactly as set.

Lucy. The new light for your grey matter. **ERCO**

ERCO Lighting Ltd, 38 Dover Street, London W1X 3RB

What use is a lamp if it either dazzles you or leaves you in the dark when you are working at your computer? Where it comes to workplace lighting, new ideas are required. Lucy, a Franco Clivio design, is not just a new desk lamp, but a precision lighting instrument. It is available for energy-saving compact fluorescent lamps (500 lux), low-voltage tungsten halogen lamps (1000 lux), and incandescent lamps. Special reflectors and lenses enable you to adjust Lucy precisely to your needs. Whether you are working on computer-generated graphics or simply reading the paper, Lucy is the light for your grey matter.

I ♥ NY®

Milton Glaser, Milton Glaser, Inc. 1975

Das »I Love New York«-Logo ist heute in der Stadt an der Ostküste der USA so allgegenwärtig, dass man sich kaum noch vorstellen kann, dass es wie jedes Logo irgendwann erst einmal entworfen werden musste, um so allgegenwärtig zu werden. Fast könnte man meinen, es habe das Logo schon immer gegeben – so wie es vermutlich für immer und ewig mit der Metropole verbunden bleiben wird. Tatsächlich entstand das Symbol während der sozialen Turbulenzen im New York der 1970er-Jahre, und sein Gestalter dachte zunächst, diesem sei nur die Dauer einer dreimonatigen Kampagne beschieden.

Von den Verantwortlichen des Bundesstaates in Auftrag gegeben wurde das Logo in einer Zeit, als die Kriminalitätsrate in New York City immer neue Rekordhöhen erreichte und der Bundesstaat selbst fast pleite war. Beide Malaisen würde man nicht von heute auf morgen ändern können, aber man wollte zumindest kurzfristig etwas unternehmen, damit die Stimmung bei Einheimischen wie Touristen nicht noch schlechter als die Lage wurde. Daraufhin entwickelte die Werbeagentur Wells, Rich und Greene eine Marketingkampagne, in deren Zentrum der Slogan »I Love New York« stand. Um dieser Kampagne auch ein Gesicht zu geben, kontaktierte William S. Doyle, damals stellvertretender Wirtschaftskommissar für den Bundesstaat New York, einen im Jahr 1929 in New York City geborenen Grafikdesigner, Illustrator und Typografen: Milton Glaser, der in seiner Heimatstadt an der High School of Music & Art und im italienischen Bologna als Fulbright-Stipendiat an der Accademia di belle arti studiert hatte, war im Jahr 1954 nach New York City zurückgekehrt, wo er mit Seymour Chwast, Reynold Ruffins und Edward Sorel das Push Pin Studio gründete. Mit diesem erwarb er sich ein solches Renommee, dass er 1969 sogar auf der Titelseite des »Time Magazine« zu sehen war.

Berühmt wurden Glasers von psychedelischer Kunst inspirierte Poster »Dylan« (1967), »Rainbow Palette« (1966) und »From Poppy with Love« (1969), seine Arbeit für Zeitschriften wie »Paris Match« (1973), »Village Voice« und »Esquire« (jeweils 1977). 1968 entwickelte er zudem mit Clay Felker das »New York«-Magazine.

Gerühmt wird Glaser, dessen Arbeiten weltweit gezeigt werden und dem sowohl das Pariser Centre Georges Pompidou als auch das New Yorker Museum of Modern Art Einzelausstellungen widmeten, für seine Abkehr vom strengen Formalismus der Schweizer Schule und seine Hinwendung zu einem eigenen, lebendig-humorvollen grafischen Vokabular, das sich aus der Gegenwartskultur gleichermaßen speiste wie aus der profunden Kenntnis historischer Stile.

Mit den Push Pin Studios, deren Vorsitzender er bis 1970 war, hatte Glaser vornehmlich Corporate Identities entwickelt. Nach ihrer Schließung baute er im Jahr 1974 sein eigenes Grafikatelier auf, Milton Glaser Inc. 1983 gründete er mit Walter Bernard das auf Zeitungs- und Zeitschriftenlayouts spezialisierte Büro WBMG.

An seinem ersten Entwurf für die Marketingkampagne arbeitete Glaser etwa eine Woche lang. »Ich gestaltete eine typografische Lösung, legte sie vor, und sie wurde

Milton Glasers Originalskizze, auf die Rückseite eines Umschlags gezeichnet, ist heute Teil der ständigen Sammlung des Museum of Modern Art (MoMA) in New York City.

Oben:
Das Logo schmückt viele Souvenirs.

Oben:
Ein Originallayout von Glaser, ebenfalls Teil der Sammlung des MoMA.

—

Unten:
Eine abgewandelte Version des Logos kam 2011 als Teil der »Save the Date«-Kampagne des Staates New York heraus, mit der auf einen wichtigen Termin hingewiesen werden sollte: die Unterzeichnung des am 24. Juli dieses Jahres in Kraft getretenen Ehegleichstellungsgesetzes. Damit warb der Bundesstaat für sich als Ort gleichgeschlechtlicher Eheschließungen.

—

Im Jahr 2010 wurde das Logo erstmals mit einem anderen kombiniert – dem der in New York ansässigen Fluggesellschaft Jet Blue.

angenommen. Eine Woche später kam ich während einer Taxifahrt auf eine andere Idee. Ich rief Doyle an, erzählte ihm davon, und er meinte: ›Vergessen Sie das – wissen Sie, wie schwierig es wäre, wieder alle zusammenzutrommeln, um erneut ein Okay zu bekommen?‹ ›Lassen Sie es mich Ihnen wenigstens zeigen‹, bat ich ihn, und er gab nach. Doyle kam ins Büro, nickte, nahm den neuen Entwurf mit, berief ein Meeting ein – und bekam ihn sofort genehmigt.«

Dieser zweite Entwurf, den Glaser bei der Taxifahrt »in zehn Sekunden« skizziert hatte, war der mit dem knallroten Herzen, der seitdem untrennbar mit dem Image von New York verbunden zu sein scheint. Vermutlich dachte er dabei an die üblichen Schnitzereien in Baumstämmen, mit denen Verliebte ihren Gefühlen einen bildhaften Ausdruck geben. Neben den Initialen findet man in diesem Zusammenhang häufig ein von einem Pfeil durchbohrtes Herz – den Pfeil beschloss Glaser wegzulassen.

Als Schrift verwendete er eine Variante der American Typewriter. Diese Wahl erfolgte rein intuitiv – ihm gefiel der literarische Bezug (als Schreibmaschinenschrift) und das zwanglos-nüchterne Erscheinungsbild im Kontrast zum »sinnlichen« Herzen. Heute erinnert die Schrift vor allem an den Stil der 1970er-Jahre – Glasers Originalentwurf blieb bis in unsere Tage unverändert.

Dass das – übrigens *pro bono*, also kostenlos – gestaltete Logo sich als derart langlebig erweisen sollte, überraschte auch seinen Erfinder: »Niemand hätte ahnen können, wie bedeutsam das Logo werden würde, ich am allerwenigsten«, meint er und fügt hinzu: »Es erstaunt mich, dass es nicht verschwunden ist, dass es noch immer Wirkung zeigt, dass es bei den Leuten immer noch eine Reaktion auslöst und somit seine entscheidende Aufgabe immer noch erfüllt. Am bemerkenswertesten ist vielleicht nicht, wie das Logo entstand, sondern seine Beständigkeit.«

I ♥ NY MORE THAN EVER

BE GENEROUS. YOUR CITY NEEDS YOU. THIS POSTER IS NOT FOR SALE.

I Love New York More Than Ever

Nur ein einziges Mal wollte Glaser sein Logo verändern – als Reaktion auf den Terroranschlag von 9/11. »Uns allen wurde dadurch klar, dass die Stadt verwundbar ist«, meinte er in einem Interview mit dem US-Designer Chip Kidd, das in der Zeitschrift »The Believer« zwei Jahre nach den Angriffen abgedruckt wurde. Das Gefühl tiefster Verbundenheit mit dieser in ihrem Innersten, ihrem bis dahin als unumstößlich empfundenen Selbstverständnis attackierten Stadt konnte jedem New Yorker das Herz brechen. »Und für mich wurde ein Bild daraus, verstehen Sie, ein schwarzer Fleck auf dem Herzen. Im Ergebnis machte meine Sorge um die Stadt meine Liebe zu ihr aber sogar noch intensiver.«

Um seine Gedanken mit möglichst vielen New Yorkern zu teilen, wandte sich Glaser an Silas Rhodes, den Gründer der New Yorker School of Visual Arts, und teilte ihm mit, er plane ein neues Plakat für die U-Bahn zu entwerfen, wenn die Studenten bereit wären, dieses überall in New York zu verteilen. Auf diese Weise tauchten über Nacht 5000 kleine, kostenlos gedruckte Plakate mit Glasers symbolischem Sinnbild einer zwar verletzten, aber umso mehr geliebten Stadt auf.

»Dann rief ich Pete Hammill bei der ›Daily News‹ an, einen alten Freund, und meinte: ›Pete, ich habe da etwas und würde gerne wissen, ob du das irgendwie brauchen oder in der Zeitung abdrucken kannst ...‹ ›Großartig‹, erwiderte er, ›schick es rüber‹, und als ich das getan hatte, rief er mich an, um mir zu sagen, dass sie schon eine Verwendungsmöglichkeit dafür finden würden. Am Tag darauf druckten sie meinen Entwurf auf eine breite Banderole, in der die aktuelle Ausgabe der Zeitung verpackt wurde – auf diese Weise kamen eine Million Kopien davon in Umlauf.«

Unten und linke Seite:
Glasers persönliche Reaktion auf den Terrorangriff in New York am 11. September 2001 in Form eines Plakats (linke Seite) und als Hülle der Daily News vom 8. Oktober 2001 (unten). Alle Erlöse spendete Glaser für wohltätige Zwecke.

Edward Johnston 1916

In der Regel gilt Edward Johnston (1872–1974) als Erfinder des im Englischen »roundel« (Reigen) genannten runden Hinweisschildes, das aus dem Erscheinungsbild der ältesten U-Bahn der Welt, London Underground, nicht mehr wegzudenken ist. Tatsächlich entwickelte er dieses signifikante Zeichen anhand verschiedener Vorläufer, von denen eine im Jahr 1908 entstandene rote Signalscheibe mit blauem Balken die älteste ist. Johnstons in den Jahren 1916 bis 1919 in seine grundlegende Form gebrachte Weiterentwicklung des Hinweisschildes zum unverkennbaren Markenzeichen geht zurück auf einen Auftrag des damaligen Werbeverantwortlichen Frank Pick, der das äußere Erscheinungsbild des Verkehrssystems vereinheitlichen wollte.

Im Jahr 1908 wurden in der britischen Hauptstadt erstmals Olympische Sommerspiele ausgerichtet, und im Vorfeld dazu suchte die Underground Electric Railways Company of London (UERL) nach Möglichkeiten, die Beschilderung des Verkehrsnetzes zu verbessern. Inspirieren ließ man sich von den Hinweisschildern der Pariser Metro, für die damals eine weiße Schrift auf blauem Grund verwendet wurde. Erste Versuche mit einem blauen Balken an der Haltestelle St James's Park ergaben, dass sich dessen Auffälligkeit noch erhöhte, wenn man ihn auf eine rote Scheibe setzte. Von Holzleisten gerahmt, wurden die neuen Hinweisschilder anschließend in jeder U-Bahnstation eingesetzt. Inmitten der Plakatfülle an den Wänden der Stationen wirkte das auch vom Inneren der Waggons aus gut lesbare neue Symbol wie ein Bullauge, weshalb man es auch »Bullaugen«-Design nennt. In seiner ursprünglichen Form ist dieses Design noch heute an den Haltestellen Covent Garden, Caledonian Road und Ealing Broadway zu betrachten. Im Jahr der Olympischen Sommerspiele in London ging man dann auch offiziell dazu über, das Wort »Underground« für die Londoner U-Bahn zu verwenden.

Die Vorläufergesellschaft von London Underground, die am am 10. Januar 1863 den ersten, vom Bahnhof Paddington zur Farringdon Street in der Nähe der City of London mit Dampflokomotiven unterirdisch befahrbaren Streckenabschnitt eröffnet hatte, hieß Metropolitan Railway (Met). Aus diesem Namen leitet sich die Bezeichnung »Metro« ab, die im englischen Sprachraum aber kaum gebräuchlich ist – inoffiziell sprach man in London schon früh vom »Underground«. Dieses Wort im Balken auf ein rundes Hinweisschild zu setzen, war die Ursprungsidee für das bis heute allgegenwärtige London-Underground-Design.

Nachforschungen des Verkehrshistorikers Mark Ovenden zufolge könnte ein Plakat des Künstlers Charles Sharland eine wichtige Rolle gespielt haben, als ein weiteres wichtiges Element der Logogestaltung entwickelt wurde: der breite Ring, zu dem man die ursprüngliche rote Signalscheibe später reduzierte. Anlässlich der Sonnenfinsternis im Jahr 1912 hatte man den Künstler mit einem Plakatentwurf beauftragt, auf dem hervorgehoben werden sollte, dass alle Aussichtspunkte der britischen Hauptstadt, von denen das Naturschauspiel zu betrachten war, mit der U-Bahn erreicht werden konnten. Sharlands Entwurf ordnete den Schriftzug »Underground« auf einer roten Scheibe an, die er über

LONDON UNDERGROUND

Am Bahnsteig der Station Dover Street (heute Green Park) der Piccadilly-Line sieht man den den Namen der Haltestelle auf einem runden Hinweisschild (auch: »Bullaugen«-Design), ca. 1920.

Oben und rechts:
Schon für diese beiden Plakate aus dem Jahr 1912 wurde der »UNDERGROUND«-Schriftzug dem Logo hinzugefügt. Auf dem von Alfred Frances entworfenen Motiv (oben) setzt man Gottheiten wie Hermes als »Werbeträger« für den Londoner Underground ein, auf dem von Charles Sharland gestalteten Plakat (rechts) bedient man sich eines anstehenden Naturschauspiels. Sharlands Arbeit lässt sich relativ genau datieren: Sie wurde wohl vor der Sonnenfinsternis vom 17. April 1912 entworfen und gedruckt, deshalb gilt sie als die erste Nutzung des Symbols in dieser Form.

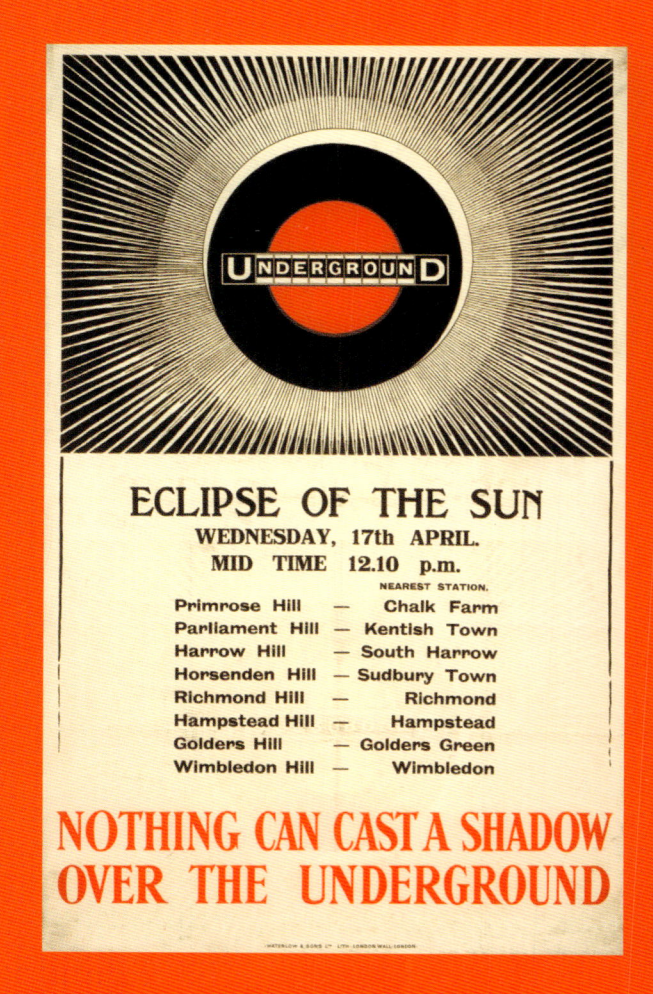

Oben:
Ein Doppeldecker-Autobus der London General Omnibus Company (LGOC), fotografiert im Jahr 1906. Er trägt das 1905 als Werbemotiv eingesetzte »Flügelrad«.
—
Unten links/rechts:
Edward Johnstons Darstellung der Größenverhältnisse für sein »Bullaugen«-Design, 1919, und der U-Bahnhof Temple Station von außen mit dem überdachten Eingang und einem runden Hinweisschild noch im ursprünglichen Stil, 1980.

einem Bild des Mondes platzierte, sodass die dahinter liegende Sonne einen Ring um das rote Innere bildete. Ab Mitte der 1920er-Jahre entwickelte Charles Holden als Architekt der U-Bahn-Haltestellen eine dreidimensionale Form des Logos, um diese in die Gestaltung der Eingänge zu integrieren.

Bis zum Jahr 1933 gab es in London keine übergeordnete Koordination der verschiedenen öffentlichen Londoner Verkehrsmittel. Erst dann entstand nach einem entsprechenden, vom britischen Parlament verabschiedeten Gesetz eine öffentlich-rechtliche Verkehrsbehörde namens London Passenger Transport Board (LPTB), die für den öffentlichen Personennahverkehr via U-Bahn, Bus und Tram in London und Umgebung zuständig war und nur kurz als »London Transport« in Erscheinung trat.

In die Zeit des damit verbundenen Zusammenschlusses der verschiedenen Londoner Verkehrsbetriebe – von denen damals die auch kurz »Underground Group« genannte Underground Electric Railways Company of London (UERL) als Holding die drei Londoner U-Bahnlinien betrieb – fällt auch ein Versuch, Johnstons Logo durch ein neues Motiv zu ersetzen. Man entwickelte eine mit Flügeln versehene Variante des runden Hinweisschildes, für die man die Initialen des London Passenger Transport Board nutzte. Doch diese konnte sich nur wenige Monate lang halten, dann empfahl Frank Pick die Rückkehr zu Johnstons Version, in die nun der Name London Transport integriert wurde.

Jenseits seiner Verwendbarkeit als so schlichtes wie einprägsames und stets gut lesbares Erkennungsmerkmal der Londoner U-Bahn inspirierte Johnstons Logo auch viele Künstler zu eigenen Werken. So präsentiert Edward McKnight Kauffers im Jahr 1931 gestaltetes Plakat »Power – The Nerve Centre of London's Underground« das runde Hinweisschild wie eine (Strom-)Kraftquelle, aus der heraus ein ausgestreckter Arm seine Energie bezieht. Vielleicht die berühmteste künstlerische Umsetzung ist Man Rays als Diptychon gestaltetes Plakat »London Transport – Keeps London Going« (1938), bei dem das Symbol nicht bloß dreidimensional dargestellt wird, sondern in der Gegenüberstellung mit dem Saturn quasi »überirdische« Qualitäten anzunehmen scheint.

An solche kreativen Umsetzungen anknüpfend, beauftragte die Organisation Art on the Underground im Jahr 2008 hundert Künstler mit einer Neuinterpretation des Symbols in einem eigenen Kunstwerk. Es folgten eine Ausstellung, eine Auktion und ein Buch mit den vorgelegten Ergebnissen.

Es dürfte nicht häufig vorkommen, dass ein im Grunde so einfaches Motiv (das in Form eines Balkens samt um ihn herumführenden Rings eine Fahrt durch und um London symbolisiert) so viele Künstler zu so vielen unterschiedlichen Werken anregt. Seine enorme Beständigkeit im visuellen Erscheinungsbild der Stadt dürfte aber gerade mit dieser schlichten, reduzierten Form der Darstellung zu erklären sein. Und so ist es sicher auch kein Zufall, dass das Londoner Symbol Schule machte: So verwenden beispielsweise die Metro Shanghai und die Utah Transit Authority ähnliche, an einen (Verkehrs-)Kreis erinnernde Trademarks für ihr visuelles Erscheinungsbild.

Wie eingangs erwähnt, konnte auch Edward Johnston für sein Logo auf frühere Vorläufer mit Balken und Ring zurückgreifen. Gänzlich neu an seinem Entwurf war die von ihm eigens dafür entworfene Schrift, die Railway Sans (heute auch: Johnston Sans), eine serifenlose Linear-Antiqua. In Kombination mit dieser Schrift wurde das im Jahr 1917 als Trademark registrierte Logo zu dem bis heute im Kern unveränderten Erkennungszeichen der Londoner U-Bahn.

Für die Entwicklung dieser Schrift gab es Vorgaben des Werbemanagers (und späteren Direktors von London Transport) Frank Pick: Wie das Zeichen selbst sollte sich auch die Schrift von der in ihrem Umfeld an den U-Bahnhöfen allgegenwärtigen Werbung unterscheiden, gut lesbar und natürlich schön anzusehen sein. Für einen solchen Auftrag war Johnston genau der richtige Mann: Als Sohn eines schottischen Offiziers in Uruguay geboren, hatte er zunächst Medizin studiert, ehe er in der Handschriftenabteilung des British Museum sein Interesse an Typografie und Kalligrafie entdeckte. Nach autodidaktischen Studien und umfangreichen Experimenten mit der Breitfeder wurde er im Jahr 1899 Lehrer der neu eingerichteten Kalligrafieklasse an der Central School of Arts and Crafts. Sieben Jahre später, 1906, veröffentlichte er, der die Schriftgestaltung als ein von jedem erlernbares Handwerk betrachtete, seine

Unten links:
Treppeneingang zur Haltestelle Trafalgar Square, heute Charing Cross, mit dem »Underground«-Logo in Form einer ausgefüllten Scheibe, 1914.
—
Unten rechts:
Eingang zur im Jahr 1926 erbauten U-Bahnstation Clapham South, 1933. Hier wurde das »Underground«-Logo nach einem Entwurf von Charles Holden auf das Fenster und an die Steinfassade gesetzt.
—
Rechte Seite:
Auf tausenden von Plakaten verwendete man das Rondell auch gern kunstvoll verfremdet. Zu den besten Beispielen gehören: »Power – The Nerve Centre of London's Underground« von Edward McKnight Kauffer, 1931; »London Transport at London's Service« von Misha Black und Kraber, 1947; »Zoo« von Abram Games, 1976. Eine der berühmtesten Adaptionen gelang Man Ray in seinem Diptychon »London Transport – Keeps London Going« von 1938.

POWER
THE
NERVE CENTRE
OF LONDON'S
UNDERGROUND

LONDON TRANSPORT AT LONDONS SERVICE

LONDON
REGENT'S PARK
Underground to Baker Street, then Bus 74

LONDON TRANSPORT-

-KEEPS LONDON GOING

Unten:
Auch diese beiden Kunstwerke setzen das Hinweisschild als dominierendes Stilelement ein: Peter McDonalds »London Underground Party«, 2008 (links) und Lothar Götz' »Vision of a Roundel«, ebenfalls 2008.
—
Rechte Seite:
Die U-Bahnstation Brixton der Victoria Line zeigt in ihrem beleuchteten Fenster ein großes Rondell, 2008.

An der Haltestelle Canary Wharf der Jubilee Line wurde das Logo in die Gestaltung der Sitzbänke mit eingebunden.
—
Auf anstehende Modernisierungsarbeiten macht das von der Agentur M&C Saatchi entworfende Plakat »Upgrade Underway« aufmerksam.

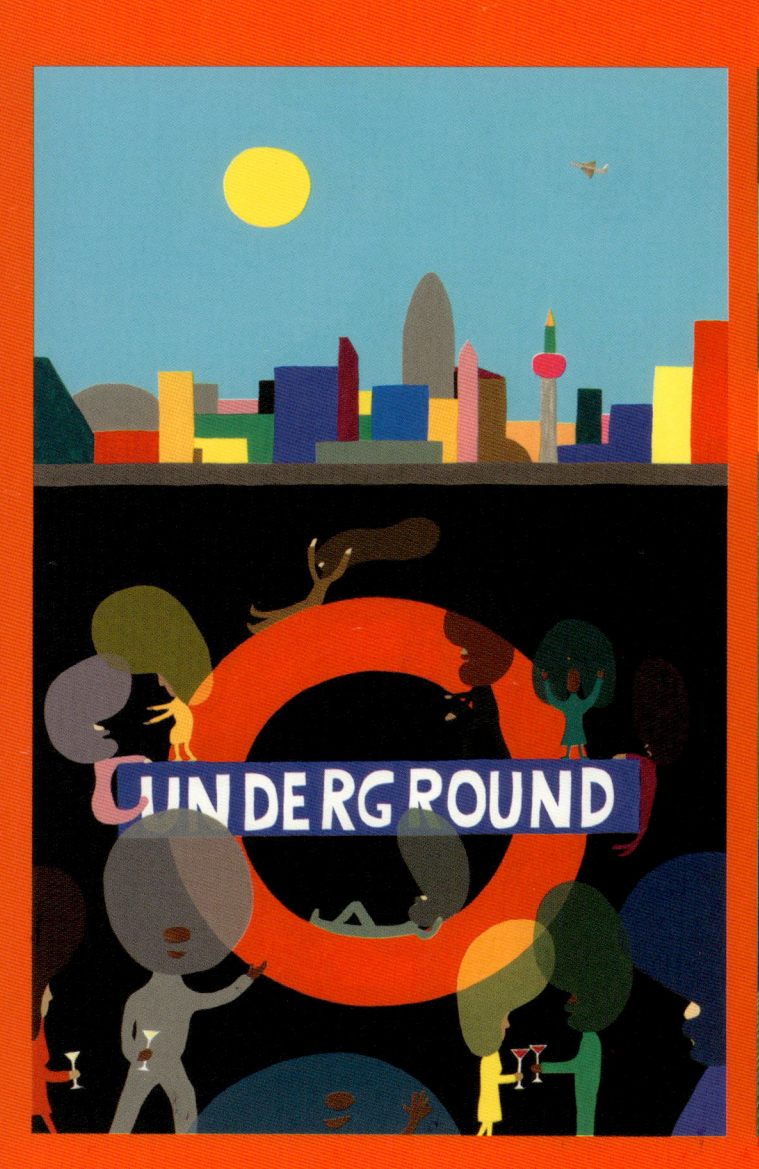

Studie »Writing, Illuminating and Lettering«, die heute als typografischer Klassiker gilt. Sein Credo lautete: »Wir streben nach Lesbarkeit – danach, dass sich die geschriebenen Wörter schön und angenehm lesen lassen. Das ist die oberste Aufgabe des Schriftsetzers: Nutzbares schön lesbar zu machen.«

Ab 1913 war Johnston Herausgeber der Zeitschrift »The Imprint«. Über eine Empfehlung aus deren redaktionellem Umfeld kam schließlich auch der Kontakt mit Frank Pick von der Underground Group als damaligem Betreiber der Londoner U-Bahn zustande.

An der Entwicklung der Schrift war auch Johnstons früherer Schüler Eric Gill (1882–1940) beteiligt, seinerseits ein erfolgreicher Bildhauer und Typograf, der heute vor allem für die von ihm gestalteten Schriften Perpetua (1929–1930), Gill Sans (1927–1930) sowie Joanna (1930 bis 1931) bekannt ist.

Charakteristisch für Johnstons Railway Type sind beispielsweise das kreisrunde »O« und die diagonal verlaufenden rechteckigen Punkte über Kleinbuchstaben wie dem »i« und dem »j«. Wie sein Logo als Ganzes erwies sich auch die von ihm gestaltete Schrift als erstaunlich langlebig: So wurde sie etwa im Jahr 2012 als Wegweiser zu den Olympischen und Paralympischen Sommerspielen in London genutzt. Zudem verwendete man sie für Texteinblendungen der erfolgreichen BBC-Fernsehserie »Sherlock« (seit 2010).

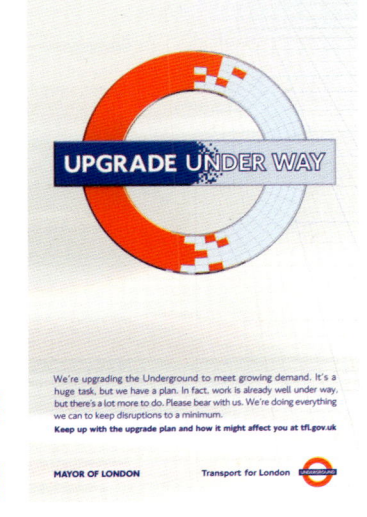

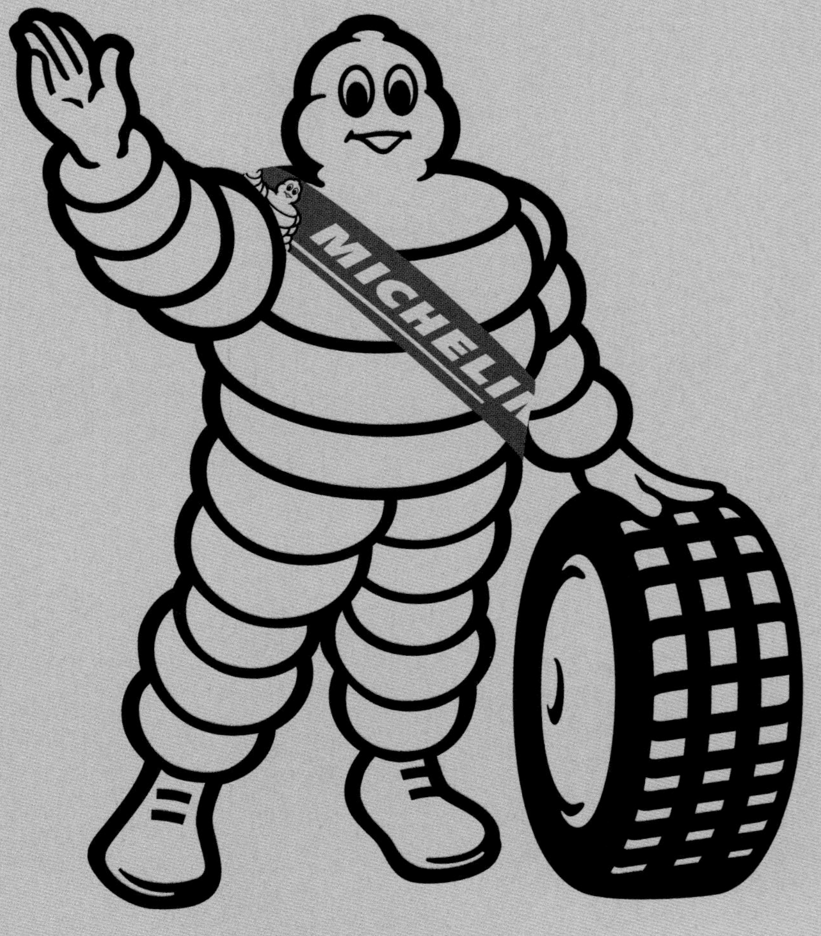
MICHELI

**O'Galop
1898**

Vorrangiges Ziel jeder Werbemaßnahme ist es, einen möglichst hohen Wiedererkennungswert für eine Marke zu erreichen und, idealerweise, Zuneigung und Loyalität dafür zu gewinnen. Das kann auf die verschiedenste Weise geschehen – eines der besten Beispiele ist das Michelin-Männchen oder »Bibendum«, wie es in Frankreich, dem Land seiner Erfinder, offiziell heißt.

Heutzutage kommt es eher selten vor, dass eine Comicfigur zur Visualisierung einer Markenidentität verwendet wird. Noch seltener ist es, dass sich eine solche Figur so lange halten kann wie das Michelin-Männchen: 2015 feierte die Figur des Reifenherstellers bereits ihren 117. Geburtstag! Ihr »Vater« war der Firmengründer André Michelin höchstpersönlich. Bereits im Jahr 1891 hatte er den Luftreifen erfunden, und um dessen Vorteile anschaulich zu machen, formulierte er zwei Jahre später auf einer Ingenieurskonferenz in Paris den Satz: »Der Luftreifen schluckt die Hindernisse.«

Ein weiteres Jahr später, 1894, besuchte er zusammen mit seinem Bruder Edouard die Weltausstellung in Lyon, und der Legende nach soll dieser beim Anblick eines Stapels unterschiedlich großer Reifen zu ihm gesagt haben: »Wenn er Arme hätte, sähe er fast aus wie ein Mensch.«

Von dieser Idee inspiriert, gab André Michelin ein Plakat in Auftrag, auf dem ein solcher »Reifen-Mensch« als eine Art Maskottchen und Werbeträger für die Firma dargestellt werden sollte. Gezeichnet wurde dieser im Jahr 1898 von dem Plakatkünstler Marius Rossillon (1867–1946), der seine Arbeiten unter dem Pseudonym »O'Galop« veröffentlichte. Offenbar zeigte dieser seinem Auftraggeber zunächst einen abgelehnten Plakatentwurf, den er für eine Münchner Brauerei gemacht hatte. Darauf sah man Gambrinus, einen legendären König, der das Bierbrauen erfunden haben soll, unter dem lateinischen Trinkspruch »Nunc est bibendum!« (»Lasst uns trinken!«). Für die Präsentation ließ O'Galop den Trinkspruch stehen und ersetzte die Figur des Königs durch das gewünschte Reifenmännchen. André gefiel das, und so entstand im April 1898 ein erstes Plakat, auf dem dieses Männchen unter dem beibehaltenen lateinischen Trinkspruch ein mit Glasscherben und Nägeln gefülltes Champagnerglas hochhält; darunter die Worte: »A Vortre Santé. Le pneu Michelin boit l'obstacle!« (»Auf Ihr Wohl. Michelin schluckt alle Hindernisse!«)

Als dann im Juli desselben Jahres der Fahrer Léon Théry beim Rennen Paris–Amsterdam–Paris dem Reifenboss »Voilà Bibendum, vive Bibendum« zurief, bekam das Männchen auch noch seinen offiziellen Namen, der insofern bezeichnend ist, als »Bibendum« im Französischen schlicht »Dicker« heißt.

Dick war das Michelin-Männchen anfangs in der Tat. Zunächst bestand es aus 40 Reifen, heute reichen 26 Reifenwülste, um ihn darzustellen, sagen seine Designer. Mit seiner übertriebenen Korpulenz verlor der Werbeträger im Lauf der Zeit auch weitere Merkmale, die ihn als genussvollen »Lebemann« darstellten, etwa die rauchende Zigarre, die er auf frühen Darstellungen im Mund hat. Auch die Lesehilfe, die er anfangs getra-

Das Michelin-Männchen hat sich von der eher bizarren, etwas unheimlich wirkenden Figur, wie sie der Plakatkünstler O'Galop 1898 erstmals malte, zur heute deutlich jovialer erscheinenden Gestalt entwickelt. Auf der linken Seite sieht man eine aktuelle zweidimensionale Version, oben das Männchen neben dem Schriftzug des Reifenherstellers.

Oben:
Ein (in seinen frühesten Versionen noch Zigarre rauchendes) Michelin-Männchen präsentiert sich auf diesem im Jahr 1914 von René Vincent gestalteten Plakat als Engel der Landstraße.

—

Rechte Seite:
O'Galops erstes Plakat vom April 1898 mit dem in Frankreich »Bibendum« oder kurz »Bib« genannten Michelin-Männchen. Das Champagnerglas ist mit Glasscherben gefüllt, um die gewünschte Werbebotschaft zu übermitteln, dass Michelin-Reifen jegliches Hindernis »schlucken« könnten.

—

Zwei frühe Versionen der Werbefigur mit Entwürfen für den Michelin-Schriftzug.

AFFICHE D'INTÉRIEUR
NUNC est bibendum!!...
c'est-à-dire:
PNEU X
"À VOTRE SANTÉ
O'GALOP
LE PNEU Michelin
BOIT L'OBSTACLE!."
IMP. L. REVON & Cie, 98, RUE OBERKAMPF, PARIS

Michelin

B.31

Michelin

T.556b

I'm clinging in the rain.

SWITCH TO MICHELIN

Switch to Michelin for longer life.

Linke Seite:
Diese beiden Plakate zeigen den Übergang zum »fröhlichen« Michelin-Männchen. »I'm Clinging in the Rain« (»Ich hafte auch bei Regen«), 1975; »Switch to Michelin« (»Wechseln Sie zu Michelin-Reifen«), 1978.
—
Unten:
Dieses Plakat von 1999 zeigt die Werbefigur in ihrer modernsten, digitalisierten Form.

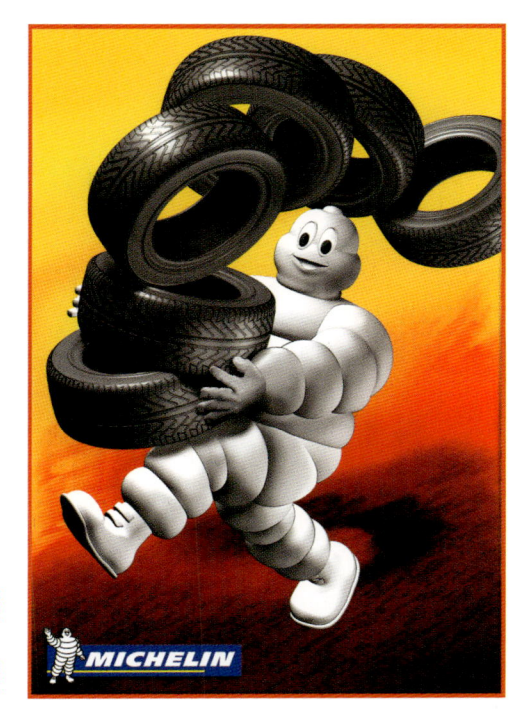

gen hatte, verlor sich im Lauf der Zeit, und aus der eher etwas finster wirkenden Figur der Anfänge, die schon mal auf einem Werbeplakat als Gladiator die Reifen der Konkurrenz gnadenlos zerlegt hatte, entwickelte sich das knuddelige Maskottchen, das wir heute kennen. Erhalten blieben bei seiner Darstellung über all die Jahre die weißen Reifen – eine Reminiszenz an die ursprünglich beigen oder hellgrauen Luftreifen seiner Entstehungsjahre. (Erst ab 1912 tauchten auch schwarze Reifen auf, als begonnen wurde, bei ihrer Produktion schützenden Ruß zu verwenden.)

Bereits ab den 1950er-Jahren wurde das Männchen deutlich heiterer dargestellt. So sah man es beispielsweise vergnügt einen Reifen über die Straße rollend, später auch im Regen tanzend und singend, als »Engel der Landstraße«, der Autofahrern bei einer Panne selbstlos einen Reifen aus seinem eigenen Körper spendet, sowie als eindeutig positiv besetzten Werbeträger (»Daumen hoch«).

So populär wurde das Michelin-Männchen, dass es jenseits der Werbung schon diverse Gastauftritte hatte – etwa in »Asterix bei den Schweizern« als Händler für Wagenräder oder in dem mit einem Oscar ausgezeichneten animierten Kurzfilm »Logorama«, in dem zwei Michelin-Männchen als Polizisten den Schurken Ronald McDonald jagen.

Ob Werbeträger oder Maskottchen: Dass die Reifenfirma dem Michelin-Männchen so lange treu blieb, zahlte sich letztlich aus. So wurde es im Jahr 2000 von einer Jury der »Financial Times« zum »Greatest Logo in history« gekürt – vor dem Logo der Londoner U-Bahn.

Auch die Zukunft des Michelin-Männchens scheint gesichert: Im Jahr 2010 erneut überarbeitet (und digitalisiert), »beschützt« es in weltweit ausgestrahlten 3-D-Werbespots die Autofahrer vor fiesen Winterdämonen, tückischen Regentropfen und schlechten Straßenbelägen: ein echter Freund in allen (Straßen-)Lagen also.

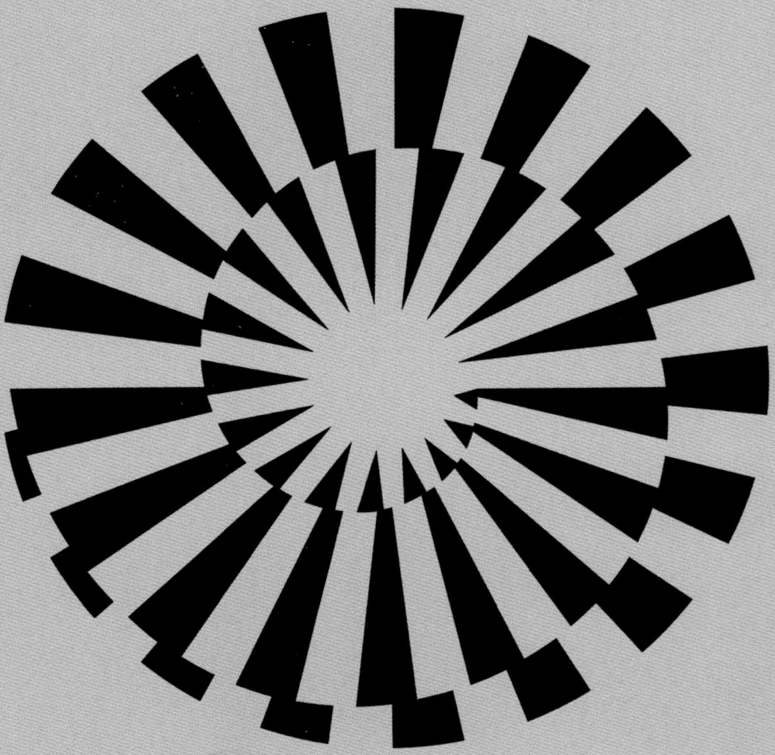

Coordt von Mannstein, Graphicteam Köln 1968

Linke Seite:
»Es geht um die Welt: Offen und durchlässig symbolisiert die Strahlenspirale die Einbindung aller Nationen zentriert auf das Ereignis. Als Kennzeichen der GlücksSpirale steht sie bis heute für Chancen und Glück.« (Agentur von Mannstein).
—
Unten:
Coordt von Mannsteins Skizze stellt dar, wie der Weg im Olympiastadion in München in einer dreidimensionalen Strahlenspirale zur olympischen Flamme führen könnte.

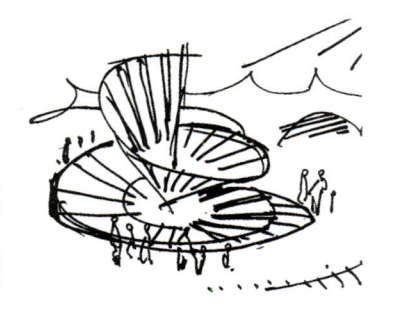

MÜNCHEN 1972

Die Gestaltung einer visuellen Identität für eine Olympiade ist ein langwieriges Verfahren, da machten die Sommerspiele in München 1972 keine Ausnahme. Schon sechs Jahre zuvor nahm das zuständige Organisationskomitee mit der von Otl Aicher gegründeten Hochschule für Gestaltung in Ulm Kontakt auf. Im April 1966 war München zum Gastgeber der Olympiade 1972 gekürt worden, im Oktober erhielt Aicher offiziell den Auftrag, das Erscheinungsbild der Spiele zu gestalten. Ein Jahr später begann Aicher mit seinem Studio an der Umsetzung dieses Auftrags zu arbeiten und stellte dafür einen Ulmer Studenten als Assistenten ein, Rolf Müller, heute ebenfalls einer der führenden deutschen Designer. Im November 1967 wurden dann die ersten Entwürfe vorgelegt.

In bewusster Abgrenzung von jeglichem nationalstaatlichem Pomp – unvergessen waren schließlich die von Hitler zur nationalsozialistischen Propaganda missbrauchten Olympischen Spiele in Berlin 1936 – arbeitete Aicher mit einfachen, aber universal einsetzbaren Elementen. Als Grundfarben wählte er das Weißblau der bayerischen Flagge sowie die hellgrünen und gelben Töne der München so üppig umgebenden Natur.

Zudem galt es, neben den berühmten fünf Ringen als Symbol der Olympischen Spiele auch ein eigenes Symbol für die Spiele in München zu entwerfen. In solchen Fällen bedienen sich Designer gern der Heraldik. So experimentierte man zunächst mit dem Münchner Kindl aus dem Stadtwappen (ein nach rechts blickender Mönch mit goldgeränderter schwarzer Kutte und roten Schuhen, in der Linken ein rotes Eidbuch haltend, die Rechte zum Schwur erhoben), verwarf diese Idee aber wieder und entschied sich für die Ausschreibung eines offenen Wettbewerbs. 2332 Vorschläge wurden eingereicht – aber nicht einer für gut genug befunden. Stattdessen dachte Aicher nun daran, das »strahlende« München in einem Bildsymbol darzustellen, das Literaturliebhaber aus Thomas Manns Novelle »Gladius Dei« kennen. Darin heißt es: »Der Himmel ist von blauer Seide, die Kunst blüht, die Kunst ist an der Herrschaft, die Kunst streckt ihr rosenumwundenes Zepter über die Stadt hin und lächelt, kurz: München leuchtete.«

Aicher entwarf einen Kranz aus sechzehn Lichtstrahlen, der an eine Sonne, eine Blume oder den Lorbeerkranz erinnerte, mit dem siegreiche Athleten in der Antike ausgezeichnet wurden. Dem Organisationskomitee war dieser Entwurf zu streng, zu technisch und zu wenig emotional; vor allem aber zweifelte man an der nötigen formalen Originalität, um das Bildsymbol rechtlich schützen zu können. Also lehnte man seinen Vorschlag ab und beauftragte vier weitere renommierte deutsche Designer mit der Logo-Entwicklung, darunter Coordt von Mannstein.

Der im Jahr 1937 in Freiburg geborene Grafikdesigner, Agenturchef und inzwischen emeritierter Professor für Kommunikationsdesign mit dem Schwerpunkt »visuelle Kommunikation, Öffentlichkeitsarbeit und Werbung« an der Universität Essen hatte an der Staatlichen Akademie der Bildenden Künste Stuttgart sowie an der Rheinisch-Westfälischen Werbeakademie studiert und danach u. a. bei Anton Stankowski (siehe S. 68 f. in diesem Buch) gearbeitet, der ihn sehr prägte. Im Jahr 1965 war er Mitbegründer sowie geschäftsführender Gesellschafter der Designagentur Graphicteam in Köln, 1968 machte er sich mit einer nach ihm benannten Fullservice-Werbeagentur selbstständig, die in Köln gegründet wurde und heute ihren Sitz in Solingen hat.

Über seinen schließlich in München vorgestellten Logoentwurf sagt von Mannstein: »Natürlich hätte ich Aichers Design völlig beiseitelassen können. Ich entdeckte aber die Option, aus Aichers Kranz eine Strahlenspirale zu machen. Daraus entwickelte sich eine neue Gestaltung mit allen Elementen, die ein olympisches Emblem benötigt: Konzentration, Charisma und Emotion.« Zudem hatte von Mannsteins Design auch die erforderliche formale Originalität, um rechtlich geschützt werden zu können. »Um das Risiko zu vermeiden, dass die Struktur dieses nicht ganz einfachen Emblems in irgendeiner Weise verändert werden könnte, hatte ich dessen Form mathematisch berechnet und exakt geometrisch konstruiert. Diese Vorgehensweise erwies sich als äußerst positiv, da es so auch für eine Realisierung in Form elektronischer Übertragungstechniken geeignet war, also beispielsweise auf Stadionbildschirme übertragen werden konnte.«

Zudem arbeitete von Mannstein auch an einem Entwurf für ein dreidimensionales Modell seiner Strahlenspirale – eine zum Olympischen Feuer hoch führende Skulptur für das Olympiastadion. Rückblickend findet er, dass sein Logo oft zu zurückhaltend eingesetzt wurde, weil man dessen dreidimensionales Potenzial nicht erkannte. Auch was dessen Animationsmöglichkeiten angeht, war es seiner Zeit vielleicht etwas voraus. Dabei ist die Strahlenspirale – hier ebenfalls ihrer Zeit voraus – bereits kinetisch angelegt. Sie lädt also schon optisch zu bewegten Formen der Darstellung ein, während ein statisches Logo bei Großveranstaltungen wie den Olympischen Spielen schnell kitschig

Unten von links nach rechts:
Konstruktionszeichnung der olympischen Spirale.
—
Coordt von Mannstein mit der von ihm entworfenen Spirale und den olympischen Ringen, 1968: »Wenn die olympischen Spiele von 1972 in München ein modernes, weltoffenes und heiteres Bild von Deutschland erzeugt haben«, sagte er später, »wurde das Ziel, das Aicher mit seinem visuellen Erscheinungsbild der Spiele und ich mit meiner olympischen Spirale verfolgten, erreicht.«
—
Rechte Seite:
Fahne, Plakat und Broschüre zu den Olympischen Sommerspielen 1972 in München. Neben dem bayerischen Weiß-Blau wurden auch natürliche Grüntöne aus Otl Aichers Farbpalette eingesetzt.

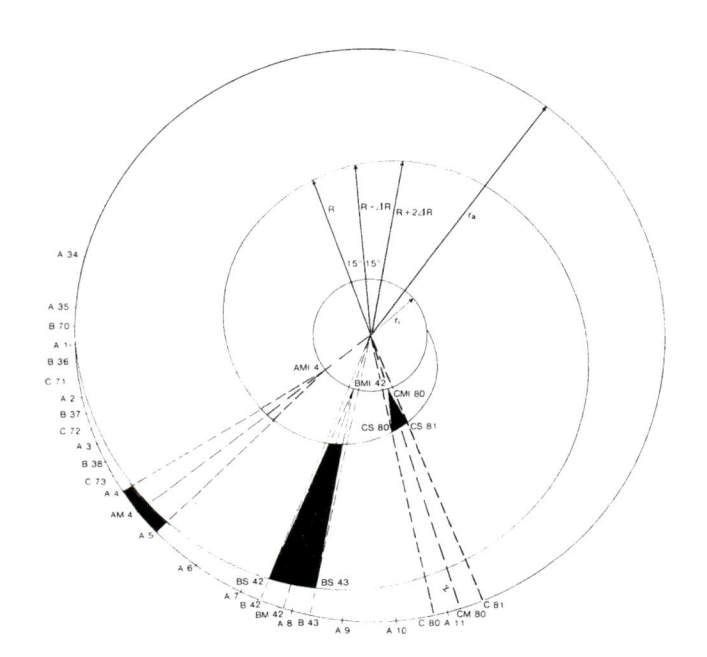

München
1972

München
1972
26.8.–10.9.

Spiele
der XX.
Olympiade
1972

XX.Olympiade
München 1972

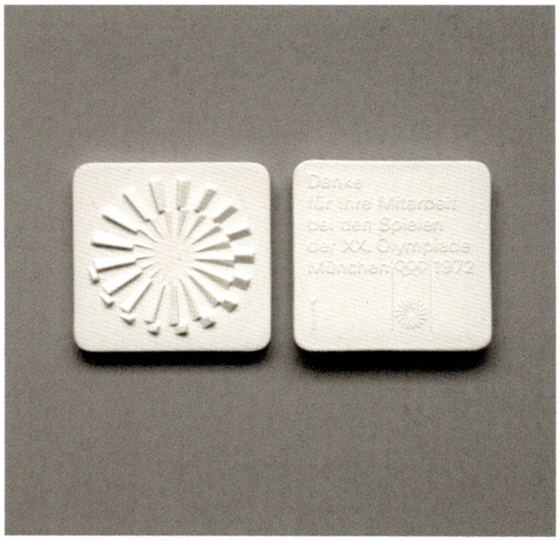
Danke
für Ihre Mitarbeit
bei den Spielen
der XX. Olympiade
München 1972

Folklore der Welt
und Facio Santillan
Eine Auswahl aus
dem offiziellen
Folklore-Programm
der Olympischen Spiele
München 1972

OLYMPIA 72

Kiel

München

Linke Seite:
Für die Olympiade in München 1972 wurde eine bis dahin bei solchen Spielen unbekannte Vielzahl von Merchandising-Objekten entwickelt. Einen Großteil davon produzierte die Hamburger Firma FahnenFleck, ein traditionsreiches, im Jahr 1882 gegründetes Familienunternehmen. Unverwechselbar wurden diese Objekte durch Coordt von Mannsteins Strahlenspirale.

Unten:
Die Strahlenspirale wurde auch als computeranimierte 3-D-Illustration entwickelt.

---

wirken kann. »Das gehört dazu«, meint von Mannstein, »selbst das Plakat, das der Künstler Victor Vasarely gestaltet hat und bei dem er meinen Entwurf aufgriff, bildet da keine Ausnahme.«

In einem Gespräch mit dem von Achim Schaffrinna geführten Fachblog Design Tagebuch (www.designtagebuch.de) skizzierte Coordt von Mannstein seine grundlegenden Ansichten zum Thema Logodesign. Demnach muss ein Logo vor allem »emotional bewegen«, um als identitätsstiftendes visuelles Zeichen wahrgenommen zu werden. »Es muss eigenständig, merkfähig sein, es braucht Ausstrahlungskraft, es muss Orientierungswert haben … , ein Signal sein, … differenzieren, und es muss anders sein. Die Formen sind ja weitestgehend vergeben. Je puristischer, umso eher stößt man an Vorhandenes.«

Ein Beispiel für eine gelungene Logogestaltung ist für Coordt von Mannstein »der Mercedes-Stern, ein Klassiker, der heute noch modern ist«. Er findet »Zeichen gut, die sich öffnen, menschlich sind, zugänglich sind, zum Beispiel der Schriftzug von E.ON. Sicher nicht im Sinne von ›gutem Design‹, aber es hat sehr viel Emotion, obwohl es ein Unternehmen der Energieversorgung ist«. Auch das neue Logo von IBM mit der kleinen, strahlenden Weltkugel findet er »interessant, weil es ein Konzept in sich trägt«.

Auf die Frage, ob der dem Architekten Louis Sullivan zugeschriebene Merksatz »form follows function«, der zum Leitbild der Bauhaus-Gestalter wurde, heute noch gültig sei, antwortet er: »Ich denke, da hat sich doch einiges sehr geändert. Es gibt heute ein kunterbuntes Miteinander formaler Auffassungen. Design ist heute beeinflusst vom Computer, von Pixeln, von Street Art und vielem mehr. Eine Identifikation ist … immer schwerer zu erreichen. Es geht um den gelebten, kultivierten Dialog zwischen einem Unternehmen, seinen Produkten und dem Verbraucher. Ich glaube, dass die Gesetzmäßigkeiten von früher hier nicht mehr gelten.« Gegenwärtig sei eben vieles im Wandel, jede Veränderung werde sofort aufgegriffen und hinterlasse auch Spuren, »aber sie ersetzt letztendlich nicht die Substanz, die Kraft einer Idee.«

Im Fall seiner 1968 entworfenen Strahlenspirale war seine Idee so gut, dass sie bald ein halbes Jahrhundert später immer noch in Gebrauch ist, wenn auch für einen anderen Zweck: als Logo für die GlücksSpirale. »Damals wusste ich nicht, dass meine Olympiaspirale in Deutschland als Symbol für ein Glücksspiel weiter genutzt werden würde«, sagt von Mannstein. »Ursprünglich war der Gedanke, die Olympischen Spiele 1972 in München mit der GlücksSpirale als Lotterie zu finanzieren, daraus entwickelte sich eine der größten Förderquellen für den Sport, für Sozialverbände und den Denkmalschutz. Über 1,5 Milliarden Euro gingen über die Jahre bereits an wohltätige Zwecke. Das Emblem hat also eine Suggestivkraft, die auch heute noch die Menschen bewegt.«

M
’O

Bruno Monguzzi
1983

Das in einem früheren Bahnhof am linken Seine-Ufer in Paris untergebrachte Musée d'Orsay besitzt die weltweit schönste Sammlung an Werken des Impressionismus; darunter viele Gemälde von Courbet, Cézanne, Degas, Monet, Renoir und Vuillard. An die alten Zeiten als Bahnhof erinnert noch heute eine riesige Bahnhofsuhr in der Haupthalle. Präsentiert werden Gemälde, Skulpturen, kunstgewerbliche Objekte, Zeichnungen und Fotografien von Künstlern wie Millet, Pisarro, Monet, Manet, Renoir, Toulouse-Lautrec, Cézanne und van Gogh. Abgedeckt wird die Zeit zwischen den Jahren 1848 bis 1949, was die in diesem Museum präsentierte Kunstsammlung zu einem Bindeglied zwischen den Sammlungen des Louvre und dem Musée National d'Art contemporain (Centre Pompidou) macht.

Für die Umgestaltung im Inneren des ehemaligen Kopfbahnhofs, aus dem fast 40 Jahre lang täglich um die 200 Züge in den Südwesten Frankreichs gefahren waren, wurde ein Spezialistenteam unter der Leitung des italienischen Architekten Gae Aulenti verpflichtet. Das visuelle Erscheinungsbild wie das Beschilderungssystem für das im Jahr 1986 eröffnete Museum gestaltete der Schweizer Grafikdesigner Bruno Monguzzi in Zusammenarbeit mit dem Pariser Büro Visuel Design seines Schweizer Fachkollegen Jean Widmer.

Monguzzi, 1941 in Mendrisio im Schweizer Kanton Tessin geboren, hatte sich an der Genfer École des Arts Décoratifs zum Grafikdesigner ausbilden lassen und Kurse in Typografie, Fotografie und Wahrnehmungspsychologie an Londoner Schulen wie der St Martin School of Art, der Central School of Art & Design und dem London College of Printing (heute: London College of Communication) belegt, ehe er seine berufliche Laufbahn begann. 1983, als er den international ausgeschriebenen Wettbewerb für das Visuelle Design im Musée d'Orsay gewann, hatte er sich längst einen Namen als Grafiker und international gefragter Lehrer für Design, Typografie und Grafische Umsetzung gemacht.

Seine Teilnahme an dem Wettbewerb initiierte Gae Aulenti, der auch Monguzzis britischen Grafikerkollegen Alan Fletcher (1931–2006) dazu einlud. Parallel dazu trat der Leiter des Museums, Jean Jenger, auch noch an einige lokale Designer heran.

»Ich wollte eigentlich nicht nach Paris«, erinnert sich Monguzzi, »denn es wäre eine gewaltige Aufgabe gewesen.« Doch Aulenti ließ nicht locker, »sodass ich schließlich eine Kiste mit Katalogen und eine Rolle Plakate für Kunstausstellungen vorlegte, wie dies für die Vorauswahl verlangt worden war.«

Danach geschah erst einmal nichts, denn das Auswahlverfahren wurde ausgesetzt, und ein Jahr später erfuhr Monguzzi dann, dass der damalige französische Präsident François Mitterrand auf der Ausschreibung eines offenen Wettbewerbs bestanden hatte, um zu entscheiden, welcher Designer das Erscheinungsbild entwerfen solle. Erneut kam Aulenti auf Monguzzi zu, aber nun ging es um ein Gesamtkonzept für die Corporate Identity mit genauem Finanzierungsplan. Monguzzi erklärte Aulenti, er werde nur dann an dem Wettbewerb teilnehmen, wenn er in Paris einen Partner dafür fände.

Bruno Monguzzi wurde bei seinem Beschilderungssystem von Roberto Ostinelli und Gérard Plénacoste (Visuel Design Jean Widmer) unterstützt. Die grafischen Darstellungen entwickelte er zusammen mit Georgiana Goodwin, Gérard Plénacoste und Laurent Ungerer. Zur Museumseröffnung stieg Monguzzi aus dem Projekt aus und überließ Widmers Büro die Fortführung mit dem Designer des Musée d'Orsay, Philippe Apeloig.

Wenige Tage später hielt Monguzzi einen Vortrag in Paris: Danach kam Jean Widmer auf ihn zu, um ihm zu gratulieren, und bald darauf war ihre Partnerschaft beschlossene Sache. Den visuellen Auftritt und das Beschilderungssystem würde Monguzzi an seinem Wohnort in der Schweiz entwerfen, der Finanzplan dazu sollte in Paris erstellt werden.

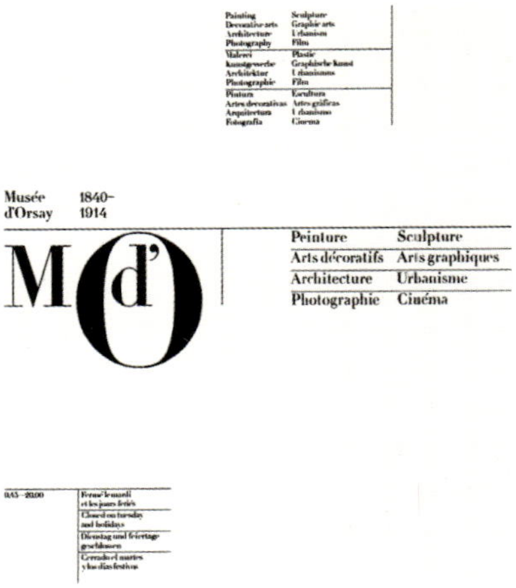

Monguzzi gewann schließlich den Wettbewerb mit einem ursprünglich die Initialen »Md'O« verwendenden Entwurf, der aber in der vorgelegten Form nie umgesetzt wurde. Stattdessen gestaltete man das Logo mit zwei übereinander angeordneten Buchstaben, »M« und »O«, einer dazwischen gezogenen Linie und dem vor das »O« gesetzten Apostroph. Dieser Sinneswandel rührte daher, dass der Museumsleiter Monguzzi gegenüber beiläufig erwähnte, eine Kollegin habe das Logo an das Titelblatt des 1954 erschienenen Romans »Die Geschichte der O« erinnert: Anne Desclos' unter dem dem Pseudonym »Pauline Réage« veröffentlichte Darstellung einer sexuellen Unterwerfung hatte einen Skandal ausgelöst, und Monguzzi schlug sofort vor, das Logo fallen zu lassen. Aber der Direktor war damit nicht einverstanden.

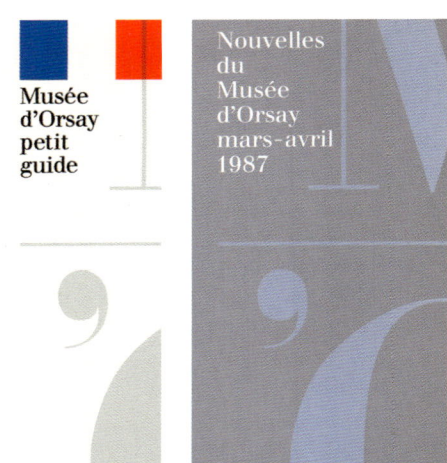

Als Jean Jenger fünf Wochen später, nach Abschluss der ersten Projektphase, das vorgelegte Material durchsah, entdeckte er, dass Monguzzi ein neues Logo entworfen hatte. »Als Jenger das neue Logo erstmals sah«, erinnert sich Monguzzi, war er zuerst wirklich böse auf mich. Denn ich war seiner Anweisung nicht gefolgt, und er fand das zweite Logo schrecklich, während er das erste geliebt hatte.«

Doch Bruno Monguzzi hatte für das neue Logo schon die unterschiedlichsten Versionen entwickelt, »groß und klein, auf einem Umschlag, als Briefkopf, auf einer Denkschrift und auf verschiedenen Titelblättern«, um zu zeigen, dass es sich nicht um ein starr festgelegtes Symbol handelte, sondern um ein flexibel anwendbares System. Als sich der Museumsdirektor auch dieses weitere, auf Kartons aufgeklebte Anschauungsmaterial angesehen hatte, legte er erst einmal alles wieder zurück. Dann nahm er sich den Packen erneut, betrachtete ein zweites Mal jede einzelne Variante, ziemlich lange, und – auf einmal mochte er es: »Ohne es von irgendjemandem erklärt zu bekommen, stellte er fest, dass das zweite Logo stärker war als das erste«, erzählt Monguzzi.

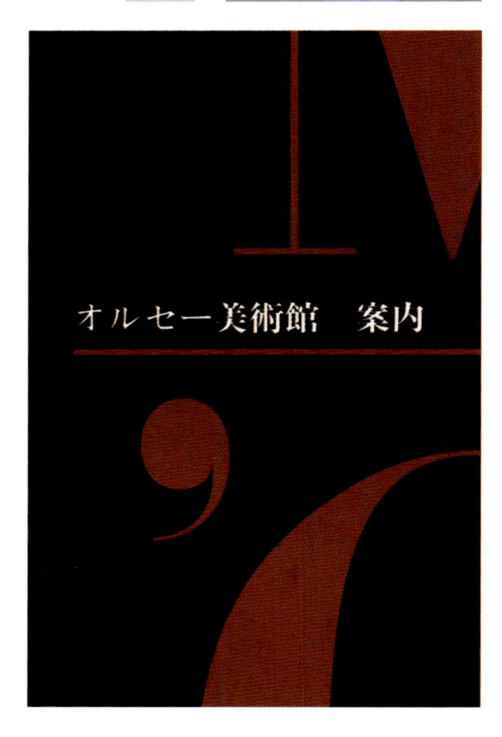

Als Schrift wählte Monguzzi zunächst die Didot, eine typische klassizistische Antiqua, deren erste Entwürfe von dem aus einer Druckerdynastie stammenden französischen Typografen und Schriftsteller François Didot gestaltet wurden – dessen Enkel Firmin und sein Bruder Pierre Didot entwickelten dann die im Jahr 1788 erstmals gegossene Schrift weiter.

Weil es aber keine Didot-Schrift für den damals modernen Fotosatz gab, hatte Monguzzi vor, eine neue Didot in zwei Versionen als Schrift für das Museum zu entwerfen: eine für Fließtexte, eine für Titel und Beschilderungen. Als ihm dafür kein Budget genehmigt wurde, entschied er sich für die nach dem deutschen Typografen Justus Erich Walbaum benannte Walbaum, neben der Didot und der Bodoni eine der bedeutendsten klassizistischen Antiquaschriftarten. Diese hat kürzere

Linke Seite von oben nach unten:
Das erste Logo für das Musée d'Orsay von Bruno Monguzzi. Es wurde durch eine senkrecht übereinander gesetzte Version ersetzt, weil das »d'O« an das Titelblatt des Romans »Die Geschichte der O« erinnern konnte.

—

Titelseiten des Museums-Kurzführers und der zweimonatlich erscheinenden Nachrichten, 1986. Beide nutzten eine stark beschnittene Version des Logos.

—

Titelseite der japanischen Version des Museumsführers.

Diese Seite oben:
Museumsplakat mit einer beschnittenen Version von Monguzzis Logo und einem für den »Start« passenden Bild, einem Detail aus einem Foto von Jacques Henri Lartigue von 1908.

—

Nächste Doppelseite:
Senkrechte Version des Plakats mit Monguzzis Logo und dem von Lartigue fotografierten Segelflieger.

Ober- und Unterlängen als die Didot; ein Merkmal, das Monguzzi ohnehin für seinen Entwurf einer neuen Didot hätte übernehmen wollen. Die Besonderheit dieser Schriftfamilie basiert in Monguzzis Worten auf einem dialektischen Dialog zwischen der dünnen flachen Serife und der dicken vertikalen oder diagonalen Betonung des Buchstabens. Als er noch nicht wusste, dass ihm für die Umsetzung im Fotosatz kein Budget genehmigt werden sollte, zeichnete er, noch inspiriert von der Didot, beide Buchstaben per Hand mit geringfügig unterschiedlichen Proportionen nach. Auch den Apostroph zeichnete er nach, »weil der Didot-Apostroph in zwei Teile zerfällt. Mein Apostroph ist organischer, seine Rundung ist enger, als deutlicher Gegensatz zur Außenrundung des Großbuchstabens O; der ovale Punkt ist schmaler und größer, der Übergang von dick nach dünn sanfter. Es ist ein stärkeres, besser integriertes und provokatives Element. Ein ›Hingucker‹, wie [der niederländische Typograf] Piet Zwart gesagt hätte, der stark dazu beiträgt, in Erinnerung zu bleiben«.

Aber auch mit der Walbaum ließ sich ein starker Effekt erzielen: »Ich wünschte mir das Logo äußerst elegant, aber nicht schwach«, sagt Monguzzi. »Es musste stark sein. Ich erinnere mich, dass ich es einer Journalistin provokant beschrieb: ›Es ist ein Klaps – und ein Kuss.‹«

Die starke Wirkung hat auch damit zu tun, dass die Formen der beiden Buchstaben nicht unterschiedlicher sein könnten: »Der Großbuchstabe M enthält ein nach unten zeigendes Dreieck«, erläutert Monguzzi, »ein einfaches, allgemeines Gebilde, das in unserem Fall – wegen der abwechselnden Dicke der vier Striche – eher raffiniert wirkt: zwei spiegelbildlich asymmetrische Anordnungen mit derselben Mittelachse, was sie mit dem darunter stehenden Buchstaben O gemeinsam haben, der jedoch perfekt symmetrisch ist. Diese strukturelle Verwandtschaft legt es nahe, das Logo senkrecht anzuordnen. Die Platzierung eines Buchstaben unter dem anderen betont zudem die Einzigartigkeit jedes Buchstaben und bestimmt den klaren Dialog der Gegensätze zwischen eckig und rund.«

Dass zwischen den beiden Buchstaben eine waagrechte dünne Linie gezogen wurde, war Monguzzi zufolge »unvermeidlich; paradoxerweise wirkt sie wie ein verbindendes Element – sie bindet die drei unterschiedlichen Elemente in eine gemeinsame Form ein –, während sie außerdem dazu beiträgt, die gegensätzlichen Besonderheiten erkennbar zu machen.« Zudem wies Monguzzi darauf hin, dass diese Linie Assoziationen an die Trennlinie zwischen den Einzelbildern auf einem Filmstreifen weckt, sodass sein Logo quasi »eine kinematografische Gestalt ist«.

Interessant ist auch der hohe Wiedererkennungswert seines Logos selbst in extremen Anschnitten, wie sie etwa auf dem Cover des zur Eröffnung des Museums 1986 erschienenen Kurzführers vollzogen wurden. Darauf »ist nur der linke äußere Mittelteil des Logos zu sehen«, erläutert Monguzzi, »von den vier Elementen ist lediglich der Apostroph vollständig, vom Rest sieht man nur drei kleine Fragmente«. Dennoch entsteht im Kopf des Betrachters ein komplettes Bild des Logos – ein faszinierendes optisches Phänomen, das allerdings

M'Q
9 décembre 1986

Accueil des visiteurs
Adhésions

Visitors'
members

Besucher
Mitgliedsc

Recepción
Adhesione

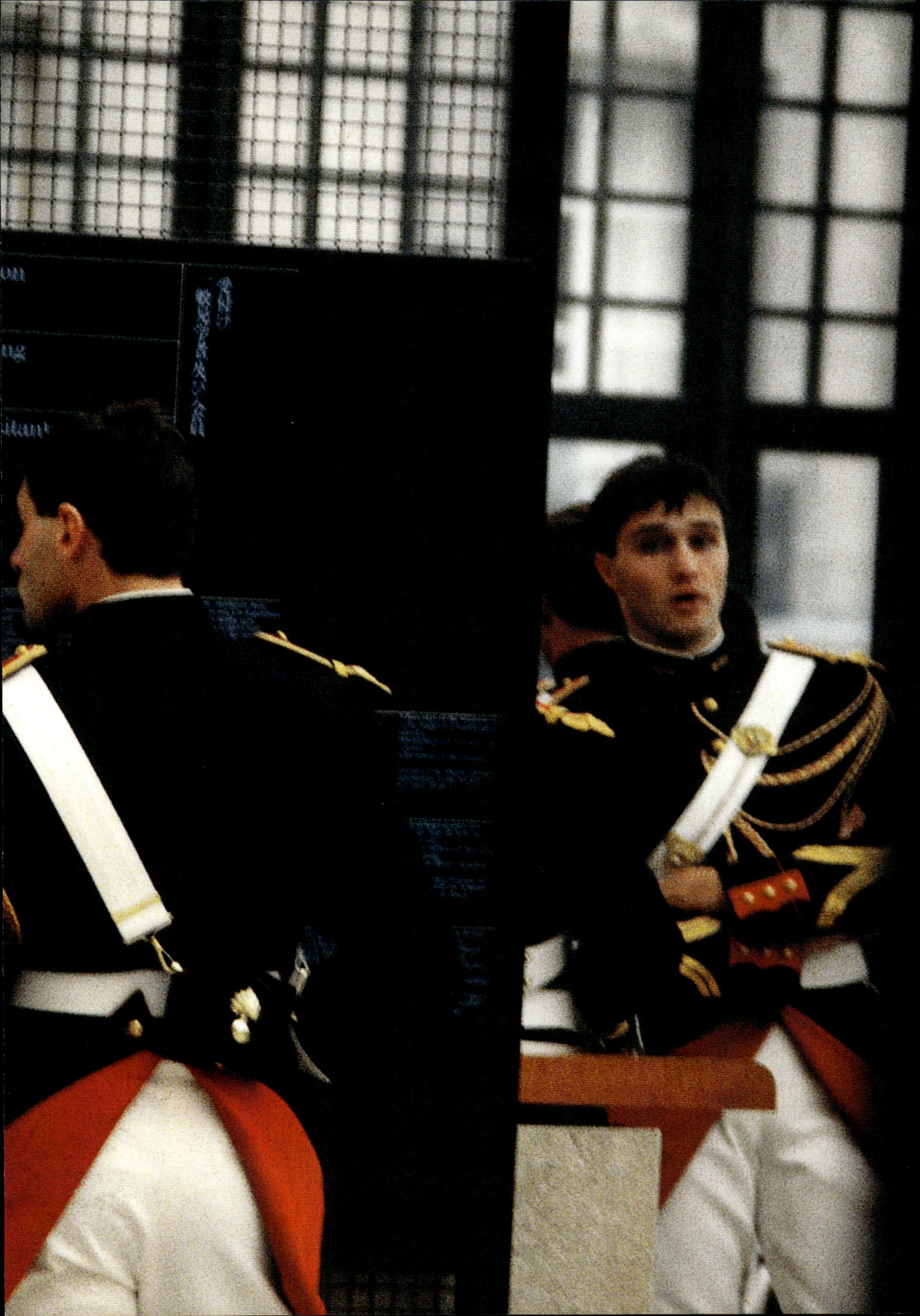

nur funktioniert, wenn man vor dem Betrachten der angeschnittenen die komplette Version kennt.

Für die Gestaltung der Plakate zur Eröffnung des Museums hatte man einen eigenen Wettbewerb ausgeschrieben. Als dieser ohne Ergebnis blieb (der Vorsitzende der Museumskuratoren lehnte alle Vorschläge ab, die ein Kunstwerk zeigten, und der Museumsdirektor lehnte alle Vorschläge ab, die das Gebäude zeigten), trat man erneut mit der Bitte an Monguzzi heran, sich eine Lösung zu überlegen. Das Fazit ihrer Besprechung fasste Monguzzi so zusammen, »dass nur zwei Elemente in jedem Fall auf dem Plakat zu sehen sein mussten – das Logo und das Datum. »Das Logo war bereits wohlbekannt, es war inzwischen vielfach genutzt worden, und in den Zeitungen hatten viele Artikel über die bevorstehende Eröffnung gestanden. Das Plakat würde also nur etwas bereits Bekanntes wiederholen – verblüffend war allein die Radikalität, mit der man sich auf das Wesentliche beschränken wollte.«

Doch sosehr Monguzzi selbst eine möglichst weitgehende Reduktion der stilistischen Elemente begrüßte – nach zahlreichen Versuchen hatte er den Eindruck, mit einem rein typografischen Ansatz dem Ereignis nicht gerecht werden zu können. »Ich zog einen Bildband von Jacques Henri Lartigue aus dem Regal und blätterte ihn langsam durch«, erinnert sich Monguzzi. Ganz zufällig war diese Wahl nicht: Zeitlich passte das Frühwerk von Lartigue perfekt zum Schwerpunkt der zu eröffnenden Kunstsammlung, und nicht zuletzt war Lartigue ein Franzose. »Als ich schließlich zu dem Foto des Segelfliegers kam, hielt ich inne. Ich wusste: Das war die Lösung.« Lartigue hatte das Foto im Jahr 1908 aufgenommen und als Legende vermerkt: »Mein Bruder Zissou bringt seinen Segelflieger zum Fliegen.« Wenn das nicht die perfekte Metapher für einen Take-off sein sollte, was dann?

Das Eröffnungsplakat erschien schließlich in zwei Varianten, einmal mit einer senkrechten Anordnung des kompletten Logos und einmal in waagrechter Form, bei der die obere Hälfte des »M« und die untere Hälfte des »O« fehlten. Für beide Varianten verwendete Monguzzi nur die linke Hälfte der historischen Segelfliegeraufnahme. Das untere Drittel schnitt er komplett ab: Er musste Lartigues Foto in ein Symbol verwandeln, um die gewünschte Aussage zu verdeutlichen.

Mit der Einführung dieses zusätzlichen Bildelementes hatte er sich zwar nicht an sein ursprüngliches Briefing gehalten, aber trotzdem segnete man seinen Entwurf ab. Blieb nur noch ein Problem: Lartigue war damals 92 Jahre alt und hatte sein Archiv dem französischen Staat gestiftet. Betreut wurde sein fotografisches Werk von einer nach ihm benannten Stiftung, welche für dessen Nutzung Auflagen machte – insbesondere war das Beschneiden seiner Bilder nicht erlaubt. Was tun? Monguzzi schlug vor, der Stiftung die Entwürfe dennoch so zu zeigen, wie er sie gestaltet hatte, und als sie sie sahen, erteilten sie nicht nur ihre Genehmigung für die Nutzung des Fotos in der von Monguzzi geplanten Form, sondern sie schenkten dem Musée d'Orsay auch gleich noch einen Vintage Print für deren Fotosammlung.

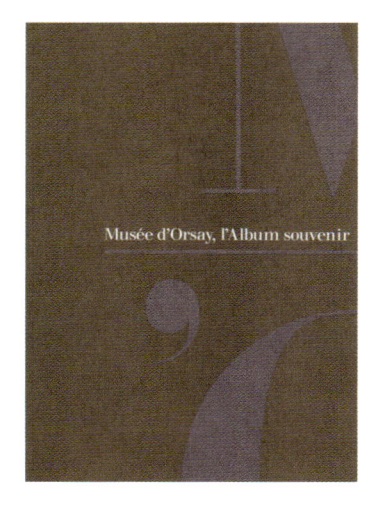

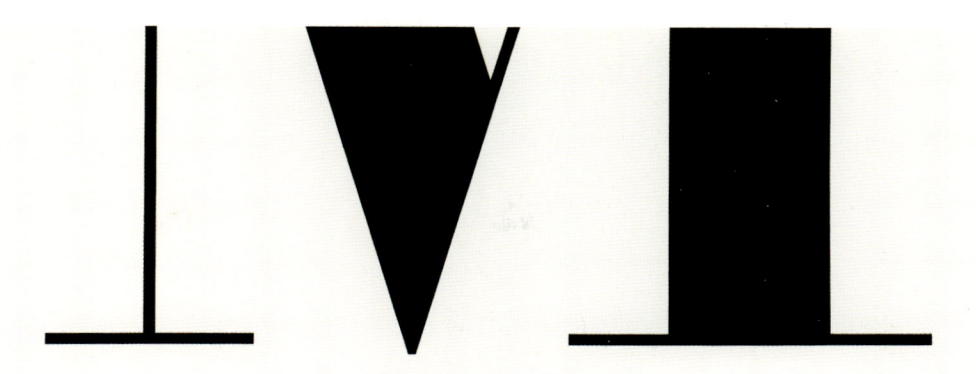

9 décembre 1986

Linke Seite von oben nach unten:
Lagepläne (ganz oben im Bild) des Museums und Beschilderungssystem (darunter), entworfen von Monguzzi und Jean Widmers Visuel Design.
—
Für eine Abbildung neben dem Monogramm der Réunion des Musées Nationaux fertigte man eine quadratische Version des Museumslogos in Weiß auf Schwarz an.
—
Titelblatt eines anlässlich der Museumseröffnung erhältlichen Erinnerungsalbums.

Diese Seite oben:
Das von Monguzzi entworfene Plakat, mit dem die Eröffnung des Museums angekündigt wurde, zeigte eine beschnittene Version seines Logos, das Datum des Ereignisses und ein Bild von einem abhebenden Segelflieger. Gedruckt wurde Letzteres nach dem Vintage Print eines Fotos von Jacques Henri Lartigue aus dem Jahr 1908, der dem Museum anschließend geschenkt wurde.

Am 12. September 1986, wenige Tage nachdem das Museum die Genehmigung erhalten hatte, starb Lartigue. »So wurde das Plakat zu einer posthumen Huldigung«, sagt Monguzzi. »Drei Monate nach der Museumseröffnung schrieb Florette, Lartigues Frau und Vizepräsidentin seiner Stiftung, einen berührenden Brief an Jacques Rigaud, den Präsidenten des Musée d'Orsay, indem sie äußerte, wie glücklich ihr Mann gewesen wäre, seinen Segelflieger über den Dächern von Paris fliegen zu sehen.«

Bruce Blackburn, Danne & Blackburn 1974

Das »Fleischbällchen«-Logo (oben) der NASA, das 1959, ein Jahr nach der Gründung der Weltraumehörde, von James Modarelli entworfen wurde. Nachdem es 1975 durch den »Wurm«-Entwurf (linke Seite) von Bruce Blackburn ersetzt worden war, griff man im Jahr 1992 erneut darauf zurück.

Als James Chipman Fletcher, der damalige Leiter der US-Weltraumbehörde (National Aeronautics and Space Administration, kurz: NASA), seinen Angestellten die im Jahr 1975 neu entworfene Corporate Identity (CI) vorstellte, verkündete er stolz, dies sei »das NASA-Erscheinungsbild der Zukunft«. Auf dem Weg in eine »sogar noch spannendere Ära der Luftfahrt- und Weltraumforschung« verfüge man nun über ein neues Instrument, »um den fortschrittlichen Weg, dem wir stets gefolgt sind, noch besser darzustellen und zu symbolisieren«. Zwar sei die Einführung einer neuen CI nicht ganz so spannend wie die »Wasserlandung eines Moduls«, fügte er scherzend hinzu, aber sie sei doch von enormer Bedeutung, um »die programmatischen Ziele intern wie extern so umfänglich wie möglich zu kommunizieren«. In diesem Fall dauerte die Zukunft exakt 17 Jahre lang, nämlich bis zum Jahr 1992: Da verabschiedete man sich schon wieder von dem mit großem Pomp eingeführten Erscheinungsbild – zugunsten einer Wiedereinführung des alten NASA-Logos …

Schuld daran war wohl vor allem ein Konflikt zwischen der inneren und der äußeren Wahrnehmung des Erscheinungsbildes. In der äußeren Wahrnehmung hatte die NASA schon vor der Neugestaltung der CI ein »funktionierendes« Logo – eines, das sich seit seiner Einführung im Jahr 1959 (ein Jahr nach Gründung der Weltraumbehörde) im Bewusstsein der Menschen festgesetzt hatte und mit den »goldenen Zeiten« der US-amerikanischen Raumfahrt assoziiert wurde. In der inneren Wahrnehmung befand sich die NASA gerade in einer Krise. Zwar wurde die neue CI im Rahmen einer vom damaligen US-Präsidenten Richard Nixon um die Mitte der 1970er-Jahre angeregten Überarbeitung des visuellen Erscheinungsbildes von mehr als 45 US-amerikanischen Bundesbehörden in Auftrag gegeben, aber auch ohne diese Anregung »von oben« hielten viele innerhalb der NASA eine optimierende Überarbeitung der CI für dringend geboten.

»Nach den Erfolgen der Mercury- und Apollo-Programme wartete man in der NASA ungeduldig auf den Start des Space-Shuttle-Programms«, schreibt Richard Danne, dessen New Yorker Designstudio Danne & Blackburn mit der Neugestaltung beauftragt worden war, in seinen Memoiren »Dust Bowl to Gotham«. Ohne solche neuen Aktivitäten hatten die Medien nichts zu berichten gehabt – man »verschwand« sozusagen aus dem Interesse der Öffentlichkeit.

Für Danne war klar, dass mit der Modernisierung des Erscheinungsbildes auch ein neues Logo entworfen werden sollte. Das alte, unter dem Spitznamen »Fleischbällchen« bekannte Logo hatte einst ein Angestellter der NASA, James Modarelli, gestaltet. Es zeigte den Schriftzug der US-Behörde in Weiß auf blauem Grund, umgeben von einem Kreis und durchzogen von roten Linien. Letztere deuteten das damals neueste Design mit Hyperschallgeschwindigkeit fliegender Flügel an. Der Kreis stand für den Planeten, die als weiße Punkte skizzierten Sterne im blauen Grund symbolisierten den Weltraum. Für Richard Danne war es das genaue Gegenteil dessen, was ihm für das neue NASA-Logo vorschwebte: »Das ›Fleischbällchen‹ war kompliziert, schwer zu reproduzieren und mit Buck-Rogers-Symbolik befrachtet«, meinte er in Anspielung auf den damals in den USA sehr beliebten Helden der ersten Science-Fiction-Comicserie. »Es war offensichtlich aus dem klassischen ›Fliegersyndrom‹ heraus entstanden«, schreibt Danne weiter, »bei dem Hype und Fantasie über Logik und Realität triumphierten«.

Im Gegensatz dazu wollte er ein fortschrittliches Logo entwickeln, das klar, auch aus weiter Entfernung gut lesbar und in allen Medien problemlos zu nutzen sein sollte. Die grafische Gestaltung übernahm sein Partner Bruce Blackburn, dessen minimalistischer Entwurf mit drei gleich breiten, aufwärts strebenden Linien die Bewegung und den »Kick« einer Weltraumerkundung andeuten sollten. Bei genauerer Betrachtung konnten die beiden ohne Querbalken gestalteten Anfangsbuchstaben des Alphabets zwei himmelwärts gerichtete Raketen darstellen, während das N und das S so geformt waren, als könne das N gedreht, auf eine Seite gelegt und mit seinen rechtwinkligen Kurven in ein S verwandelt werden.

Unabhängig von solch ausgeklügelter Interpretation wurde auch diesem neuen Logo rasch ein eigener, vergleichsweise schlichter Spitzname verpasst: »Wurm«. Für dessen Präsentation vor den Verantwortlichen der NASA – neben Fletcher noch George Low als stellvertretender Veraltungsbeamter – entwickelte man ein umfassendes Designprogramm, um anschaulich zu machen, wie das neue Logo nicht nur für sich stehen, sondern auch in den Gesamtzusammenhang der neuen CI optimal eingebunden werden konnte. Dennoch hatte man zunächst Bedenken. Richard Danne erinnert sich an den folgenden Dialog bei der Präsentation:

Fletcher: »Ich fühle mich einfach nicht wohl mit diesen Buchstaben, mir fehlt etwas.«

Low: »Nun, der Querbalken beim A ist weg.«

Fletcher: »Ja, und das stört mich irgendwie.«

Low: »Warum?«

Fletcher (nach einer langen Pause): »Ich glaube nicht, dass wir für unser Geld den entsprechenden Wert bekommen!«

Offenbar gelang es dem Studio dann doch, die beiden zu überzeugen. Denn bald nach der Präsentation rief Jim Dean, der damalige Vertragskoordinator der Behörde, bei Danne & Blackburn an, um eine gute Nachricht zu verkünden: »Abgemacht!«

Bei der Einführung des neuen Erscheinungsbildes wurden dann aber, jedenfalls nach Meinung von Richard Danne, entscheidende Fehler gemacht: »Die Behörde entschied, die Direktoren der verschiedenen NASA-Zentren brieflich über das neue Programm zu informieren.« Auf dem dabei verwendeten Briefpapier verwendete man bereits das neue NASA-Logo – und verpasste damit für Danne die Gelegenheit zu einem klug inszenierten »Auftritt« des neuen Erscheinungsbildes.

Unten:
Das Designprogramm von Danne & Blackburn umfasste einen Styleguide für die NASA, in dem alles definiert wurde, von der Beschilderung über die Kennzeichnung von Fluggeräten und Fahrzeugen bis hin zu Publikationen, Uniformen, Film- und Fernsehtiteln.
—
Rechte Seite:
Styleguide für das von Richard Danne, Bruce Blackburn, Stephen Loges und anderen entworfene Design.

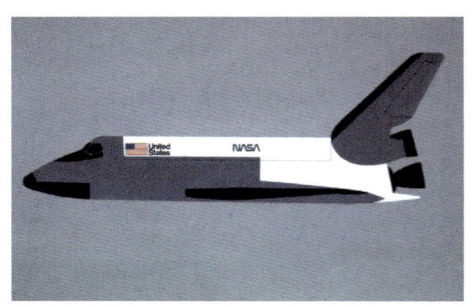

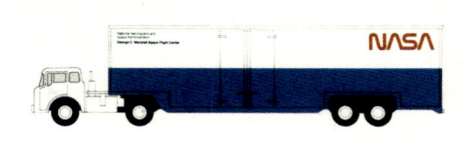

126 — 127

Oben:
Umschlagentwürfe für die NASA-Publikationen »The Future« und »On the Possibility of Extraterrestrial Life«.

Rechte Seite:
Richard Danne entwarf für die NASA auch TV-Titelsequenzen. Der Vorspann (die ersten beiden Reihen) war mit akustischen und synthetischen Sounds unterlegt und zeigte eine von Leonardo da Vincis Zeichnung des Vitruvianischen Menschen inspirierte Animation sowie Symbole für die Unendlichkeit. Der – synthetisch erzeugte – Soundtrack des Abspanns klang gedämpfter, passend zur »sanften Landung« des NASA-Logos (dritte Reihe).

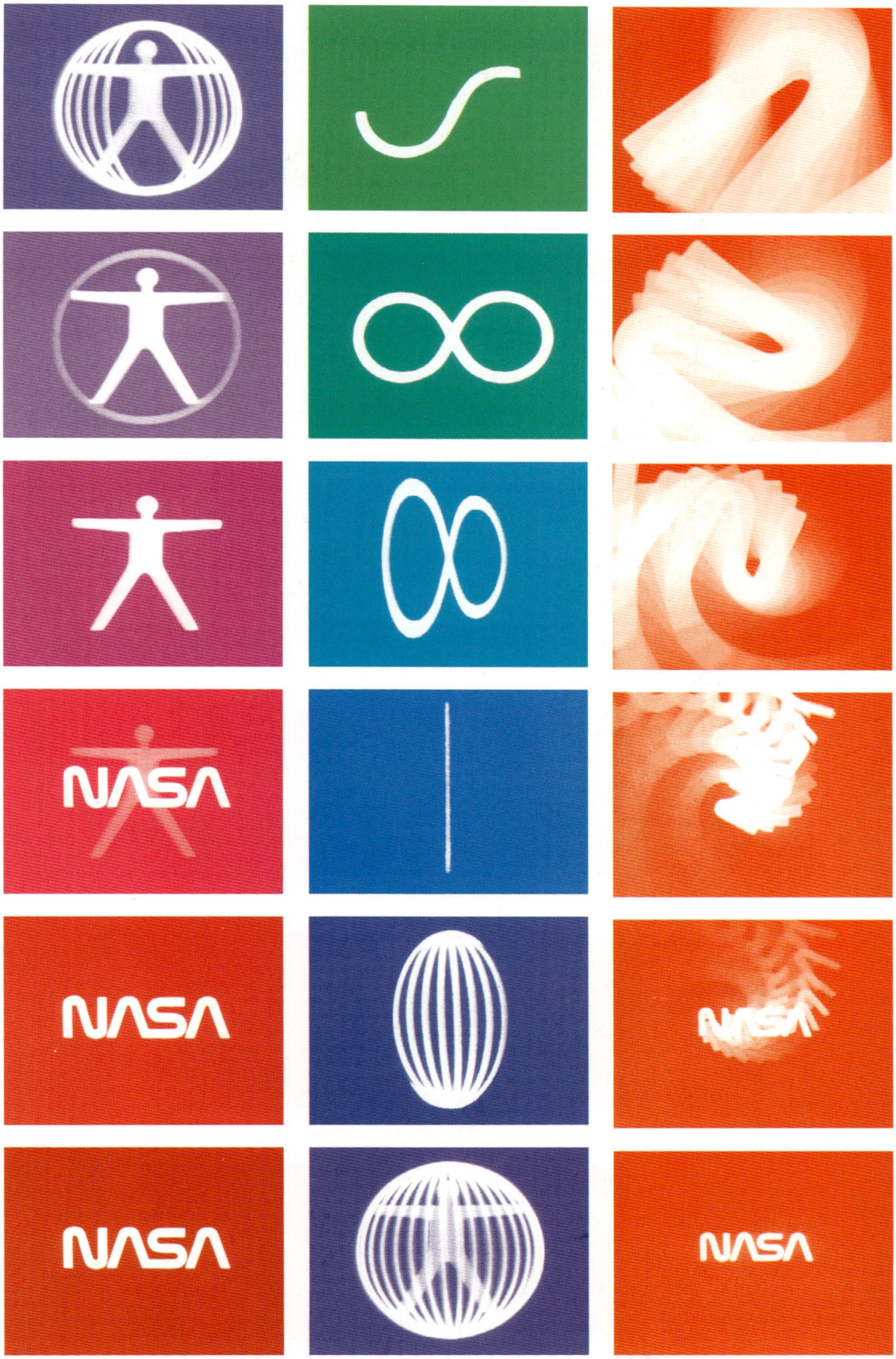
NASA
NASA
NASA
NASA
NASA

Dabei wäre eine solche Inszenierung schon deshalb angebracht gewesen, weil es zu der Zeit, als man das neue Design vorstellte, so ziemlich gegen alles Widerstand gab, was von der Hauptverwaltung kam. Nachdem man sein Pulver mit der Verwendung des neuen Logos im Briefkopf mehr oder weniger schon verschossen hatte, war es keine leichte Aufgabe für das Designstudio, im Nachklang dazu quer durch die USA zu reisen, mit einem PR-Vertreter der NASA-Hauptverwaltung im Schlepptau, um jedem einzelnen Zentrum die Vorzüge des neuen Logos und dessen durchdachte Einbindung in die übergeordnete CI vorzustellen.

Danach ging man an die Erstellung des Styleguides, mit dem auch Sonderfarben für jedes einzelne Zentrum festgelegt wurden, und die NASA bestellte eigens einen internen Grafikkoordinator, Bob Schulman, der, wie Danne sagt, »ein zuverlässiger Unterstützer und wertvoller Verbündeter für viele kommende Jahre wurde«.

Auch er konnte aber nicht verhindern, dass das neue Logo umstritten blieb. Befürworter und Gegner standen sich so unversöhnlich gegenüber, als könne man nicht für das eine sein, ohne das andere in Bausch und Bogen abzulehnen. Eine Frage von Entweder-Oder also, welche die »New York Times« einmal in eine Reihe anderer »Grundsatz-Dualitäten« (etwa: »McCartney gegen Lennon« oder »Yankees gegen Mets«) stellte. Nun also »Fleischbällchen gegen Wurm«, als könne man nicht in beiden Varianten Qualitäten entdecken wie der in diesem Zusammenhang ebenfalls von der »New York Times« zitierte Industriedesigner Marc Newson. Dieser hält beide Logos auf ihre Weise für »brillant«, merkt aber auch kritisch an, dass beide Logos mehr dafür stehen, welchen Rang die NASA einmal hatte (und wieder haben sollte), als dass sie ihr gegenwärtiges Bild spiegeln könnten.

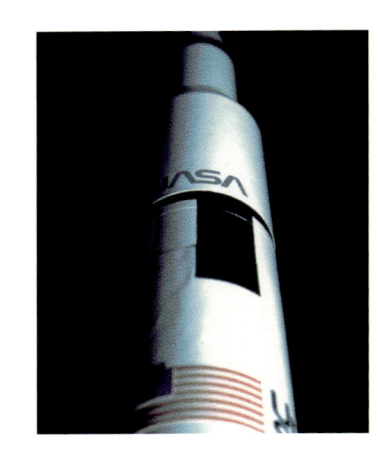

Oben:
Vorschlag für die grafische Gestaltung der Raketen.

Unten links/rechts:
Weltraumspaziergang eines Astronauten mit dem NASA-Logo auf seinem Anzug.
—
Das NASA-Logo außen an einem Gebäude.

Rechte Seite:
Publikationen zu den NASA-Aktivitäten vor der Designarbeit von Danne & Blackburn (oben) und wie sie im Styleguide (Mitte) erschienen, mit einem Beispiel, wie die Informationsschrift der Behörde, »NASA Facts«, aussehen könnte (unten).

Im Jahr 1992 wurde diese lange schwelende Grundsatzfrage dann jedenfalls ganz grundsätzlich entschieden: gegen das »Wurm«-Logo. Dass man sich damals für die Wiedereinführung des alten »Fleischbällchen«-Logos entschied, hat auch damit zu tun, dass mit ihm die »goldenen Jahre« der Apollo-Missionen verbunden wurden, während es in der Ära des »Wurm«-Logos gravierende Rückschläge gegeben hatte; vor allem die Tragödie des Space Shuttle Challenger im Jahr 1986.

Ob mit der Abschaffung des neuen Logos zugunsten des alten die Moral der NASA-Mitarbeiter wirklich wieder gehoben werden konnte (was man internen Berichten zufolge offenbar tatsächlich erwartete), sei dahingestellt – jedenfalls kehrten mit der Wiedereinführung des alten Logos auch die alten layouttechnischen Probleme zurück. So wird gemunkelt, dass das alte Logo intern als »Albtraum« für Designer gilt, weil es keinen Kontrast zwischen der Typo und dem »Flügel« bietet, als Ganzes schwierig mit Schrift zu kombinieren und insgesamt schwierig zu reproduzieren ist.

All diese Probleme gab es beim neuen Logo nicht, aber vielleicht hätte es ja auch eine dritte Lösung gegeben, statt zum alten zurückzukehren, nämlich: ein ganz neues zu entwickeln. Das legt jedenfalls ein im Mai 2014 im Computermagazin »Wired« veröffentlichter Artikel nahe, in dem es heißt, die NASA habe den Menschen zum Mond gebracht, aber es sei ihr nicht gelungen, eine sichere Landung hinzulegen, als es darum ging, ein Logo zu entwickeln, das genauso cool sei wie ihre Weltraummissionen. Das Magazin belässt es aber nicht bei dieser Kritik, sondern verweist auf eine dritte Lösung, die der russische Designer Max Lapteff (ohne jeglichen Auftrag dazu) ins Internet stellte. Diese zeigt einen unten wie vom Halbrund der Erde angeschnittenen weißen NASA-Schriftzug auf blauem Grund mit einem weißen Vollmond rechts über dem zweiten A. Ein eindeutiges Urteil über seine Meinung zu diesem Entwurf formuliert das Magazin bereits in der Überschrift zu dem Artikel: »NASA Needs to Adopt This Cool New Logo«.

NT

Ian Dennis, HDA International 1974

Ian Dennis arbeitete seit einem Jahr als Designer im Londoner Studio HAD International, als er sein Logo für das National Theatre in London entwarf, das bis heute verwendet wird. Auch der Chef seines Studios, FKH Henrion, hatte einen Entwurf eingereicht, der allerdings abgelehnt worden war. Erstaunlich, wenn man bedenkt, welche Karriere er schon gemacht hatte: Der in Deutschland geborene FKH Henrion war ursprünglich als Textildesigner ausgebildet worden, ehe er nach dem Zweiten Weltkrieg die britische Staatsbürgerschaft annahm und im Vereinigten Königreich zu einem der erfolgreichsten Grafikdesigner aufstieg (u. a. gestaltete er das visuelle Erscheinungsbild der holländischen Fluglinie KLM). Gut möglich also, dass er sich ein bisschen darüber wunderte, dass man eine Arbeit seines Studioassistenten seiner eigenen vorzog – doch die Freude über den gewonnenen Wettbewerb überwog, und er ließ sich auch nicht lumpen, sondern belohnte Dennis mit einer Bonuszahlung von 50 Pfund.

Ian Dennis selbst, der heute das Studio Indent Design in Reading in der Grafschaft Berkshire leitet, erinnert sich noch gut an die damaligen Geschehnisse: »Henrion arbeitete an einem Entwurf, musste jedoch zu einer Konferenz und bat daher seine Assistenten, sich ihrerseits daran zu versuchen.« Daraufhin sah Dennis sich erst einmal an, woran Henrion gearbeitet hatte: »Er hatte einen Entwurf mit dem aus Dreiecken zusammengefügten Union Jack entworfen, und ich konnte so etwas wie ein ›NT‹ darin erkennen.«

Dennis griff diesen Versuch aber nicht auf, sondern arbeitete zu Hause etwas eigenes aus. Einen ersten Entwurf verwarf er wieder, dann gelang ihm eine Version mit den Anfangsbuchstaben »N« und »T«, die er Henrion zeigte. Sein Chef machte ein paar Verbesserungsvorschläge, bei denen es um Reduktion und um eine bessere Ausgewogenheit der einzelnen Elemente ging. Anschließend arbeitete Dennis seinen Entwurf noch einmal von Hand aus: »Die Proportionen änderten sich während des Zeichenprozesses, die Buchstaben wurden breiter, um den senkrechten Strich im ›N‹ zu verkürzen.«

Für das Logo teilte Ian Dennis die beiden Buchstaben in fünf einzelne Bestandteile auf und rückte sie so nahe aneinander, dass eine fließende Linienführung erkennbar wurde, die Buchstaben als solche aber lesbar blieben.

Ursprünglich hatten Dennis' Buchstaben eine gerundete Kontur, was sich jedoch bei der Reproduktion als problematisch erwies. Mit eckigen Kanten wirkte es etwas härter, schroffer, man könnte auch sagen »brutaler« – in Anspielung auf den Bau des an der Waterloo Bridge direkt an der Themse gelegenen Theaters, das der Architekt Denys Lasdun im Stil des »Brutalismus« anlegte, einem um 1950 von dem schwedischen Architekten Hans Asplund geprägen Baustil, der sich von dem französischen Ausdruck für Sichtbeton (»béton brut«, wörtlich: »roher Beton«) ableitet.

Dennis selbst bestreitet allerdings eine Verbindung zur Architektur des 1976/1977 fertiggestellten Theaterbaus und sagt, er habe nur die vorherige Spielstätte des 1963 gegründeten Theaters, das Old Vic Theatre an der Waterloo Road, gekannt. Bei seiner Arbeit verließ er sich deshalb vor allem auf sein eigenes Gefühl, dass

Button mit dem NT-Design von Ian Dennis. Das ursprüngliche Logo hatte, wie hier zu sehen, abgerundete Ecken. Diese erwiesen sich jedoch im Handschnittverfahren in Vinyl als schwierig zu reproduzieren.

Oben und rechte Seite:
Plakate von Richard Bird und Michael Mayhew für Thomas Middletons und William Rowleys »A Fair Quarrel«, 1979; Tschechows »Der Kirschgarten«, 1978, und Ben Jonsons »Volpone«, 1977 (Illustrator nicht genannt).

NT National Theatre

Volpone or The Fox
by Ben Jonson

Jonathan Battersby
Michael Beint
Brenda Blethyn
Ian Charleson
Imogen Claire
Norman Claridge
Warren Clarke
Ray Edwards
Martin Friend
John Gielgud

Irene Gorst
Morag Hood
Chris Hunter
Brian Kent
Ben Kingsley
Stanley Lloyd
Lucinda Macdonald
Michael Medwin
John-Angelo Messana
Peter Needham

Liam O'Callaghan
Hugh Paddick
David Rappaport
Peter Rocca
Paul Rogers
Paul Scofield
Nicholas Selby
Elizabeth Spriggs
Daniel Thorndike
Dennis Tynsley

Director – Peter Hall
Settings – John Bury
Costumes – Deirdre Clancy
Lighting – David Hersey
Songs – Harrison Birtwistle

NT
NATIONAL THEATRE

THE COTTESLOE THEATRE
(small auditorium)

ALL SEATS £1.50

Timothy Block
Tony Doyle
Susan Fleetwood
Brenda Fricker
Glyn Grain
Tamara Hinchco
Louisa Livingstone
Oliver Maguire
Derek Thompson

Director Sebastian Graham-Jones
Designer William Dudley
Lighting Brian Ridley &
William Dudley

Lavender Blue

new play by John Mackendrick

Lavender blue dilly dilly
Lavender green
I shall be king dilly dilly
You shall be queen

Not suitable for children

Linke Seite:
Plakat für John Mackendricks »Lavendel ist blau«, 1977, entworfen von Richard Bird und Michael Mayhew.

Diese Seite:
Über die Eröffnung des National Theatre im März 1976 berichtete das Magazin »The Daily Telegraph« in einem siebenseitigen Artikel. Eine riesige Schablone von Dennis' Logo wurde sogar als Hintergrund für die Titelseite der Ausgabe vom 5. März verwendet. Vor dieser Version (ein späteres Beispiel davon ist unten zu sehen) wurden Peter Stevens, Sir Peter Hall, Sir Max Rayne und Sir Denys Lasdun fotografiert.

das Logo zwar dem gegenwärtigen Geschmack entsprechen, aber auch nicht zu pompös ausfallen solle. Die erste Verwendung seines Logos sah er dann auf einem Foto in »The Daily Telegraph«, bei dem es anlässlich der Eröffnung des Theaters großformatig mit einer Schablone in Weiß auf eine rote Tür gemalt war.

Michael Mayhew, bis 2009 Artdirector des Theaters, verwendete Dennis' Entwurf gern und oft. »Das NT-Logo ließ sich wunderbar einsetzen«, erinnert er sich. »Es war annähernd quadratisch und eignete sich gleichermaßen für die Darstellung im Quer- wie im Hochformat; es wirkte fröhlich und sah einfach gut aus.«

Ein weiterer Vorteil der reduzierten Form war und ist, dass das Logo auf die unterschiedlichsten Medien übertragen werden konnte: »Wir haben alles Erdenkliche ausprobiert«, sagt Mayhew, »haben das Logo auf das Gebäude selbst projiziert oder in Glas graviert, wir beschnitten es für Anzeigen auf die unterschiedlichsten Arten und Weisen.«

Besonders stolz war Ian Dennis darauf, dass auch Ken Briggs, der schon in den 1960er-Jahren Hunderte von vielfach preisgekrönten Plakaten und Programmen für das Theater entwarf, dann in den 1970er-Jahren mit seinem Logo arbeitete.

Bis heute wird dieses immer noch verwendet, auch wenn man inzwischen dazu übergegangen ist, den kompletten Namen öfter auszuschreiben – Tribut an eine über die Spielstätte im neuen Stammhaus hinausgehende Aufmerksamkeit, die das Theater beispielsweise in Form von im Kino gezeigten Liveübertragen gewonnen hat. Laut Michael Mayhew hat das Logo »die Zeiten überdauert, weil es so wunderschön einfach ist, wie dies generell für die besten Logos gilt«.

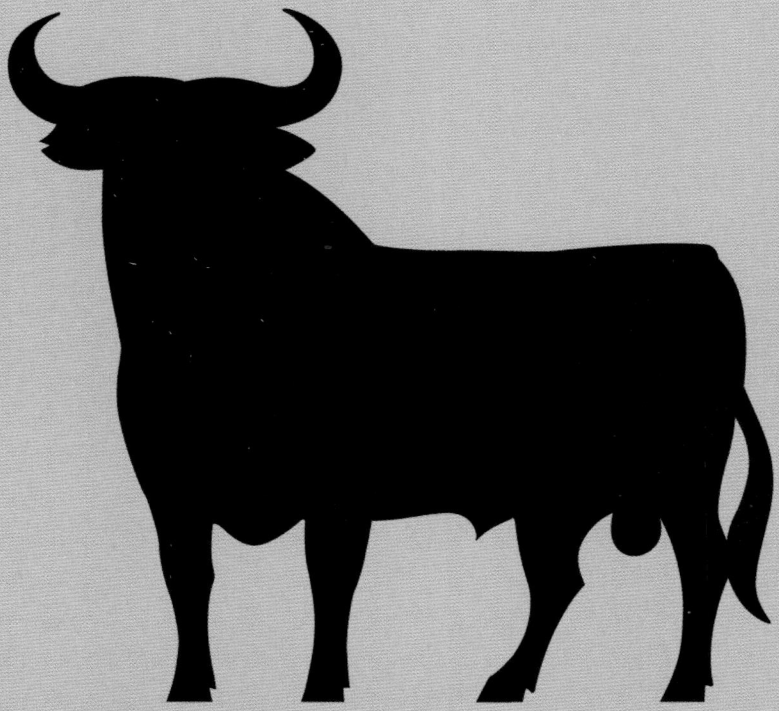

Manolo Prieto
1956

»El Toro de Osborne«, der Osborne-Stier, ist in ganz Spanien ein überaus vertrauter Anblick. Rund 90 davon stehen über das Land verteilt; besonders viele findet man rund um Alicante an der Mittelmeerküste und in El Puerto de Santa María in Andalusien. Letzteres ist der Firmensitz der Wein- und Spirituosenfirma Osborne und auch die Heimat des Künstlers Manolo Prieto (1912–1991), der im Jahr 1956 als Werbegrafiker der Agentur Azor damit beauftragt wurde, eine Werbetafel für Osbornes Brandy »Veterano« zu entwerfen. Mit der Zeit entwickelte sich die von Prieto gestaltete Stier-Silhouette zum unverwechselbaren Markenzeichen der Firma – und zu einem spanischen Kultobjekt, das inzwischen untrennbar mit dem Erscheinungsbild des Landes verbunden ist.

Die Geschichte des Familienunternehmens reicht mehr als 240 Jahre zurück. 1772 ließ sich Thomas Osborne, ein junger englischer Geschäftsmann aus Exeter, in der südspanischen Stadt Cadiz nieder und gründete dort eine erste kleine Bodega. Für den Vertrieb seiner selbst hergestellten edlen Sherrys tat er sich mit dem britischen Konsul Sir James Duff und dessen Neffen William Gordon zusammen, beides Inhaber von Bodegas in El Puerto de Santa María bei Cádiz. Aus diesen kleinen Anfängen heraus entwickelte sich eine heute weltweit rund 950 Mitarbeiter beschäftigende Unternehmensgruppe mit 200 Aktionären – allesamt Mitglieder der Familie Osborne. Zur gleichnamigen Gruppe zählen Bodegas Osborne (Brandy und Sherry), Bodegas Montecillo (Rioja-Wein), Osborne Portugal (Portwein), Osborne Selección (Weine Solaz und Dominio de Malpica), Anís del Mono (Anisschnaps), Sánchez Romero Carvajal (iberischer Schinken) und Mesones 5 Jotas (Restaurants). Obwohl der Wein und die Sherrys nach wie vor eine bedeutende Rolle im Unternehmen spielen, wurde Osborne vor allem durch seinen Brandy »de Jerez« berühmt. International verkauft Osborne in 40 Staaten in Europa (20), Amerika (16), Asien (3) und Australien.

Einer der Nachfahren des Firmengründers, Thomás Osborne Böhl von Faber, war gleichzeitig Vorsitzender einer Baufirma, die im Jahr 1880 den Auftrag erhielt, in El Puerto de Santa María eine neue Stierkampfarena zu bauen. Aus diesem Vorzeigeprojekt für die Stadt entwickelte sich die drittgrößte Stierkampfarena Spaniens; zugleich markiert dieses Datum den Beginn der unzertrennlichen Verbindung der Familie Osborne mit ihrem späteren Markenzeichen, dem Stier.

Trotz dieser engen Verbindung fiel es Manolo Prieto zunächst nicht leicht, Osborne von seiner Idee zu überzeugen. Nachdem er die Stier-Silhouette auf ein Stück Millimeterpapier gezeichnet hatte, bedurfte es noch einiger Überredungskunst, die skeptischen Firmenverantwortlichen von der Werbekraft seines Emblems zu überzeugen. Im Mai 1957 war es dann so weit: An Kilometer 55 der Fernstraße Madrid–Burgos in Cabanillas de la Sierra wurde eine erste Werbetafel in den Umrissen eines sieben Meter hohen Stiers mit 40 Quadratmetern Oberfläche aufgestellt. Auf der Tafel standen die Worte »Osborne Veterano«, dazu war ein Brandyglas abgebildet. Sieben Monate später hatte man schon 16 solcher Werbetafeln über ganz Spanien verteilt aufgestellt. Anfang der 1960er-Jahre schrieb man dann nur noch ganz allgemein »Osborne Sherry & Brandy«, und die

OSBORNE BULL

Entwurf der originalen Silhouette des Osborne-Stiers von Manolo Prieto für einen Werbeaufsteller, 1956.

Stiere wurden deutlich größer, als man die ursprünglich hölzernen Werbetafeln durch robustere Metallkonstruktionen zu ersetzen begann.

Heute bringen es die Stiersilhouetten auf ein Gewicht von rund 4000 Kilogramm. Zusammengesetzt werden sie aus 70 einzelnen Metallblechen, die insgesamt eine Werbefläche von 150 Quadratmetern ergeben. Angefertigt werden die Tafeln in der ebenfalls in El Puerto de Santa María ansässigen Schmiede von Felix Tejada, einem Neffen von Manolo Prieto, der schon im Mai 1957 den ersten hölzernen Stier nach der Konstruktionszeichnung seines Onkels anfertigte.

Noch bis ins hohe Alter kümmerte sich Felix Tejado – unterstützt von seinen drei Söhnen Felix, Pedro und Jesus – um seine große »Stierherde«. Denn so stabil Prietos riesige Werbetafeln auch wirken, zwei »natürliche Hauptfeinde« machen den Stieren zu schaffen: die Witterung und Rinder, die sich beim Grasen am Schwanz der Stieremblema reiben und dabei das Metall verschleißen.

Auch mit behördlichen Schwierigkeiten hatte die Firma Osborne zu kämpfen. So wurde im Jahr 1962 gesetzlich verfügt, Werbetafeln müssten an Fernstraßen einen Abstand von mindestens 125 Metern einhalten.

Was tun? Ganz einfach: Osborne vergrößerte seine Werbetafeln auf 14 Meter Höhe. 1988 wurde in Spanien ein neues Fernstraßengesetz erlassen, das Werbetafeln an öffentlichen Straßen ganz verbot. Das Unternehmen reagierte darauf, indem es seinen Schriftzug von sämtlichen Werbetafeln entfernte – ein kluger Schachzug, denn das Emblem war in den Augen der Betrachter längst so sehr mit der Marke Osborne verbunden, dass es auch ohne Schriftzug einen idealen Werbeträger ergab. Das entging natürlich auch nicht den Beamten im Ministerium für Verkehr und Infrastruktur, die daraufhin im Jahr 1994 vor das oberste spanische Verwaltungs-

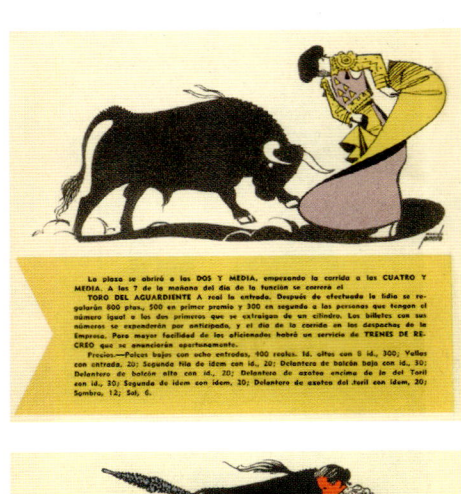

Linke Seite:
Prietos Illustrationen für den Katalog »Stiere in El Puerto«, 1955 (oben); der erste Aufsteller in Cabanilles de la Sierra wurde im Mai 1957 errichtet (unten links). Die ersten Entwürfe waren aus Holz und sieben Meter hoch. Sie hatten weiß angemalte Hörner, auf dem Körper stand »Veterano Osborne«. Bei Prietos neu gestalteter Metallversion (unten rechts) trennt blaue Farbe den Schwanz optisch vom Körper. Bei den Holzmodellen hatte sich der baumelnde Schwanz als Schwachstelle erwiesen.

—

Oben:
Einer der heutigen Osborne-Stiere. Das Markenzeichen inspirierte auch Künstler wie Keith Haring, der im Jahr 1983 eine Skulptur nach diesem Vorbild anfertigte, oder Filmemacher wie Bigas Luna (eigentlich: Juan José Bigas Luna), der einem solchen Aufsteller in seinem Film »Jamón Jamón« (in Deutschland auch mit dem Titel »Lust auf Fleisch« veröffentlicht) von 1992 neben Stars wie Penélope Cruz und Javier Bardem eine »stumme Hauptrolle« gab.

Oben:
Die Rückseite eines Stier-Aufstellers, der verdeutlicht, wie viele Einzelplatten beim Aufbau verarbeitet werden.
—
Rechte Seite oben:
Prieto zeichnete und verwendete weiterhin Stiere für die Werbekampagnen von Osborne, wie bei diesem Plakat für die Marke Fino Quinta der Firma, 1973.
—
Rechte Seite unten:
Deckblatt und Vorsatzpapier für den Katalog »Stiere in El Puerto«, 1955.

gericht zogen. Was zunächst nach einer Niederlage für die Firmengruppe aussah – das nun erlassene Verbot jeglicher Werbung am Straßenrand –, entwickelte sich zu Osbornes bislang größtem PR-Erfolg: Nachdem das Ministerium eine Mitteilung zum neuen Anti-Werbegesetz herausgegeben hatte, entfachten die Medien einen »Kampf um den Stier«, an dem sich das ganze Land beteiligte.

Unterstützung für den Erhalt der Werbetafeln bekam das Unternehmen aus allen gesellschaftlichen Bereichen. Künstler, Politiker und der Kulturverband España Abierta sammelten Unterschriften, Fernsehsender schalteten Sonderprogramme. Die Radiostation COPE (Cadena Cien) gründete sogar einen Verein zur Rettung des Wahrzeichens, die »Asociación para salvar al Toro – Amigo de Osborne«. All das führte dazu, dass das spanische Unterhaus noch im selben Jahr, da das Anti-Werbegesetz erlassen worden war, 21 Werbestiere als »historisches andalusisches Erbe« unter Denkmalschutz stellte. Drei Jahre später erklärte dann auch der oberste spanische Gerichtshof den Osborne-Stier zu einem »wesensmäßigen Teil der spanischen Landschaft«.

Einen größeren Erfolg als den, dass das von ihm entwickelte Markenzeichen zum Kultobjekt und identitätsstiftenden Kulturdenkmal aufstieg, hätte sich Manolo Prieto wohl nicht denken können. Schade, dass er den »Kampf um seinen Stier« nicht mehr miterlebte – er, der sich eher als Künstler verstand und zeit seines Lebens immer ein bisschen damit gehadert hatte, dass das bekannteste Werk, mit dem sein Name bis heute verbunden bleibt, ausgerechnet eine Werbegrafik ist.

Heute findet man den Osborne-Stier auch auf den verschiedensten Merchandising-Produkten, ob T-Shirt oder Schlüsselanhänger, aber sein angestammter Ort ist und bleibt noch immer der am Rand der Fernstraßen ...

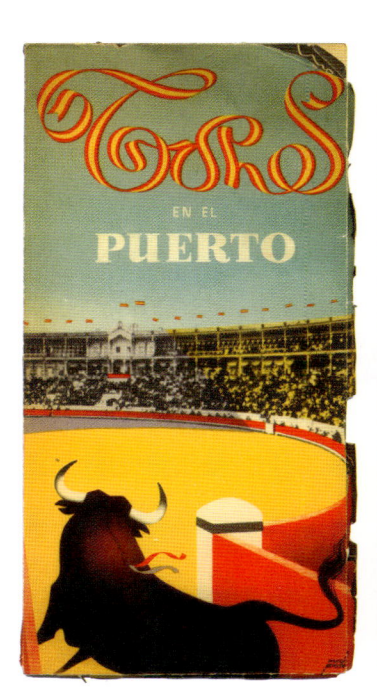

Edward Young
1935

Edward Preston Young (1913–2003) war 21 Jahre alt, als ihn sein Arbeitgeber ins Aquarium des Londoner Zoos schickte, um dort Pinguine zu skizzieren. Als er von dort zurückkam, soll ihm ein Satz entfahren sein, der nicht gerade von übertriebener Ehrfurcht vor dieser Art Schöpfung zeugte. Nämlich: »Mein Gott, wie diese Vögel stinken!« Aber seine Ausdauer machte sich bezahlt in Form einiger Zeichnungen, die sein Chef, der junge Verleger Allen Lane, sehr brauchbar fand.

Der Legende nach soll Lane, der von seinem Onkel den stagnierenden Verlag The Bodley Head übernommen hatte, an einem Herbstwochenende im Jahr 1934 seine Autorin Agatha Christie in Devon besucht haben. Für die Rückfahrt nach London habe er sich in einer Bahnhofsbuchhandlung mit guter, aber preiswerter Lektüre versorgen wollen, aber feststellen müssen, dass es daran arg mangelte, weshalb er gleich darauf beschlossen haben soll, selbst eine Buchreihe ins Leben zu rufen, die gute Literatur für jeden (und jede) erschwinglich machte. Als Name für diese Reihe, mit der er sich dann bald selbstständig machte, schwebte ihm etwas vor, das »würdig und frivol« zugleich klingen sollte. In diesem Zusammenhang habe ihm seine Sekretärin Joan Coles einen Pinguin vorgeschlagen, was Lane dazu brachte, Edward Young in den Zoo zu schicken …

Plausibel an dieser Geschichte ist vor allem, dass ein Verleger offenbar von Natur aus jemand ist, der »aufs Geld schaut«, um es zurückhaltend zu formulieren. Abgesehen davon leuchtet auch die etwas prosaischere Version der Gründungsgeschichte ein, die Lanes Biograf Jeremy Lewis andeutete: Demnach habe der Verleger schlicht die Zeichen einer Zeit erkannt, in der sich Großbritannien zunehmend in eine Massengesellschaft verwandelte, die preiswert angebotenen Büchern ein stetig wachsendes Kaufpublikum bescheren würde. Und weil er, wie alle guten Verleger, auch nichts dem Zufall überlassen wollte, gewann er für seine Pläne dann auch gleich die günstige Kaufhauskette Woolworth's als Partner …

Dabei stießen Taschenbücher damals in Großbritannien zwar in eine Marktlücke; sie waren aber keine Neuerfindung, auch nicht in englischer Sprache. Vom Leipziger Verlag Tauchnitz gab es schon seit den 1840er-Jahren die für den kontinentaleuropäischen Markt konzipierte Reihe »Collections of British and American Writers«, 1906 startete der britische Verleger J. M. Dent die Reihe »Everyman Library« mit Klassikern für alle, und 1932 hob der Albatross-Verlag zum Flug an, in dessen »Modern Continental Library« prominente Autoren wie Aldous Huxley, James Joyce, David Herbert Lawrence, Sinclair Lewis, Thornton Wilder und Virginia Woolf publiziert wurden. Alle diese Reihen hatten allerdings nur einen verschwindend geringen Anteil am damals vor allem mit teuren, fest gebundenen Büchern erwirtschaftete Umsatz der Branche. Was sich mit dem flügge werdenden Penguin des Jungverlegers schnell ändern sollte: Verantwortlich für den enormen Erfolg war neben namhaften Autoren wie Agatha Christie, Hemingway und vielen anderen der so einheitliche wie unverkennbare Marktauftritt, in dessen Zentrum bis heute jenes Emblem steht, das aus den Zeichnungen von Edward Young hervorgegangen ist.

Oben:
Neugestaltung von Angus Hyland, 2003.
—
Linke Seite:
Edward Young fertigte im Londoner Zoo viele Skizzen von Pinguinen an. Eine davon bildete im Jahr 1935 die Grundlage für das Firmenlogo.

193 (April 1939) – first use
403 (Aug 1943) – last use
(also 16 on half-titles)
B1 (Shakespeare)
April 1937 – first use
All by Edward Young

PENGUIN BOOKS
WEST DRAYTON MIDDLESEX ENGLAND
245 FIFTH AVENUE NEW YORK U.S.A.
1947 Berthold Wolpe
1946 (519) to 1949 (703)

return to JT please
please return to J.T. Penguin Books
(Tschichold)
J.T.'s work preparatory to redesigning the standard Penguin symbol
1949 (708) to 1951 (802)

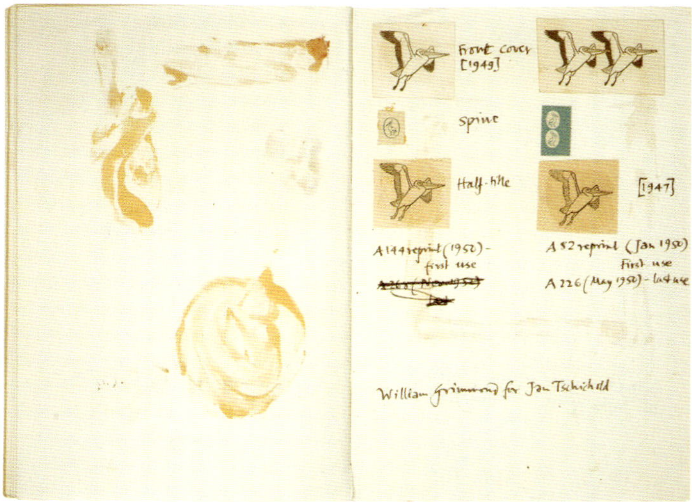
Front cover [1949]
Spine
Half-title
[1947]
A144 reprint (1952) – first use
A52 reprint (Jan 1950) first use
A226 (May 1950) – last use
William Grimmond for Jan Tschichold

PENGUIN SYMBOLS
TREAT THIS BOOK WITH GREAT CARE

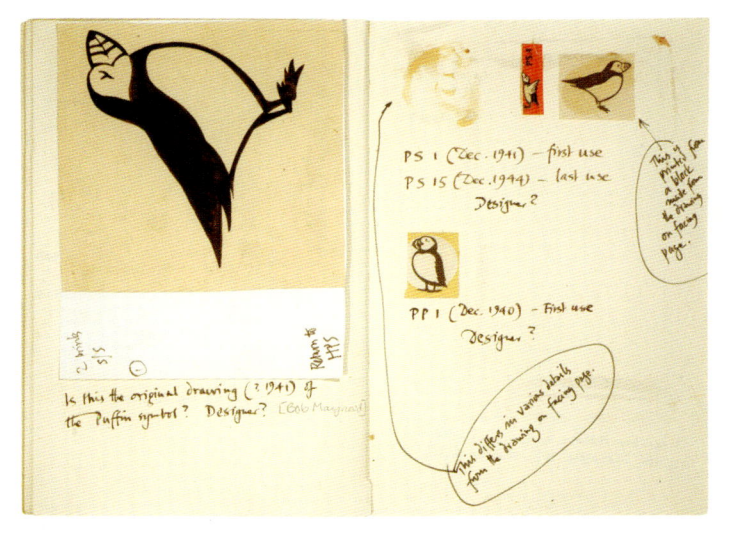

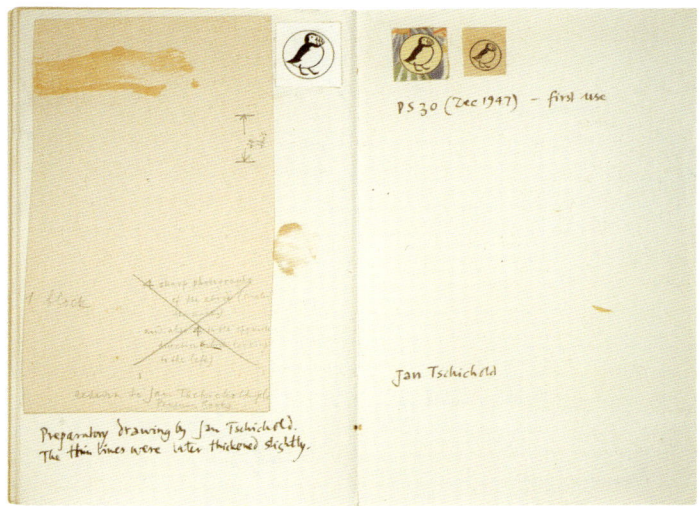

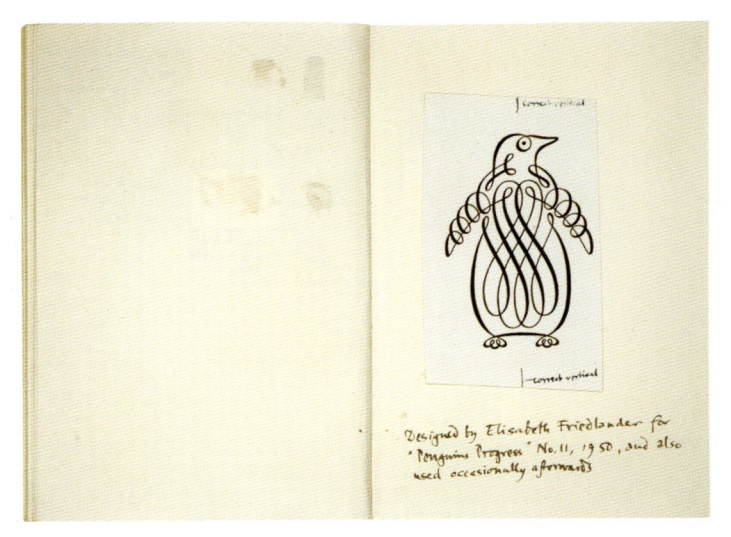

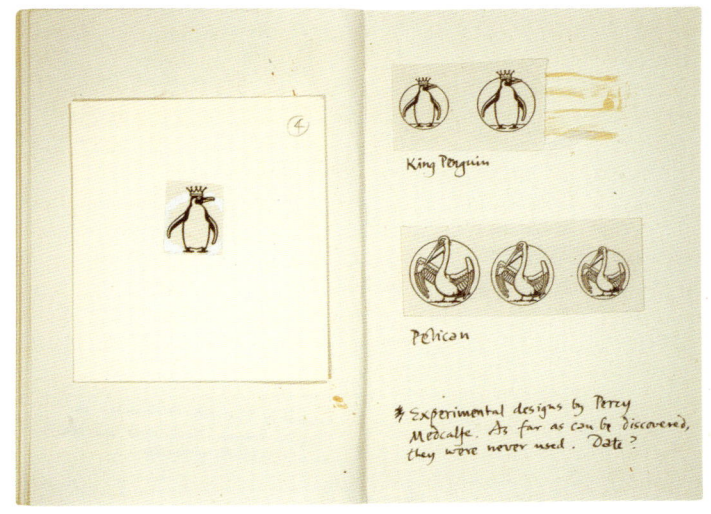

Linke Seite und oben:
Einige Seiten aus Hans Schmollers
Skizzenbuch.

—

Unten:
Veränderungen des Pinguinlogos in den
Jahren 1938 bis 1948.

1938   1944   1945   1948

Aus diesem entwickelte sich eines der bekanntesten Markenzeichen der englischsprachigen Welt, vergleichbar dem der etwas früher, im Oktober 1922, ins Leben gerufenen British Broadcasting Corporation (BBC).

Von Edward Young stammten neben dem ersten Pinguin-Motiv auch der dreiteilige Coveraufbau (mit der damals neuen Gill-Sans als Schrifttyp auf weißem Grund) und die Farbgebung (leuchtendes Orange für Romanliteratur, Grün für Krimis, Dunkelblau für Biografien). Dem Markenzeichen als solchem gab dann aber erst der vor den Nazis in die Schweiz geflohene Typograf und Designer Jan Tschichold (1902–1974) den entscheidenden Look: Tschichold, der in den Jahren 1947 bis 1949 in London lebte, »zeichnete den endgültigen Pinguin«, sagt Steve Hare, Penguin-Historiker und Sekretär der Penguin Collectors Society, »aber selbst von diesem gab es Varianten. Mal blickte er auf dem Buch nach links, mal nach rechts, mal wurde er auch von einem Oval eingerahmt, das beispielsweise weiß oder orange sein konnte«.

Tschicholds überarbeitetes Design hielt sich erstaunlich lang, bis zum Jahr 2003. Nach ihm wahrte der ebenfalls vor den Nazis geflohene Berliner Hans Schmoller die Designtradition des Verlags. Auf Schmoller folgte der italienische Designer Germano Facetti, dessen Spezialität elegante Montagen waren. 2004 überarbeitete Angus Hyland von Pentagram in London das Pinguinlogo umfassend, aber dezent. Sein Pinguin war um 15 Prozent dünner als der Vorgänger, die Füße standen nun auf einer horizontalen Linie, die Gestaltung von Schnabel, Halsstreifen und Auge wurden verbessert.

Edward Young, der insgesamt nur vier Jahre lang bei Penguin arbeitete, beeinflusste nicht nur wesentlich das Erscheinungsbild des im Juli 2013 mit Random House zum größten Publikumsverlag der Welt, Penguin Random House, fusionierten Unternehmens, sondern er veröffentlichte dort auch ein eigenes Buch: In »One of Our Submarines«, 1954 als tausendstes Buch des Verlages erschienen, schildert er seine Erinnerungen an seine Zeit im Zweiten Weltkrieg als U-Boot-Kommandant der Royal Navy, der Kriegsmarine des Vereinigten Königreichs.

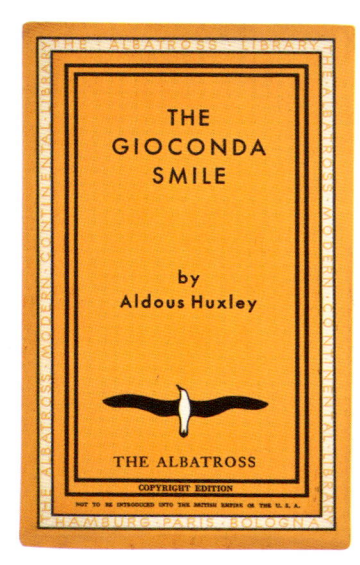

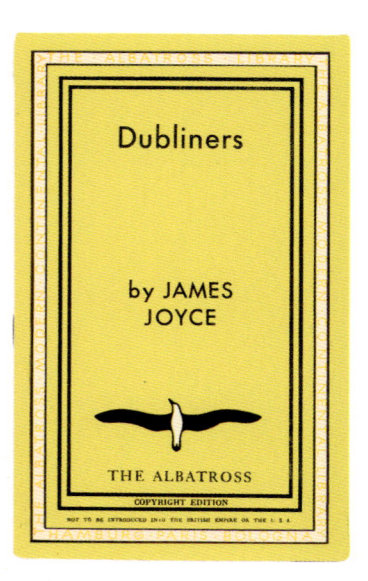

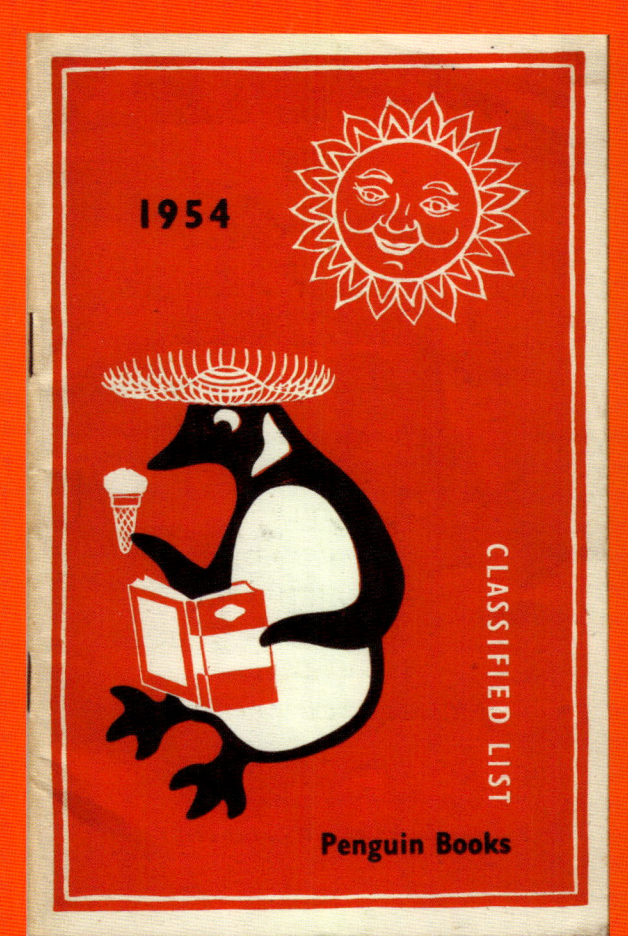

Linke Seite oben:
Varianten des Pinguinlogos entstanden überall auf der Welt. Ein etwas muskulöserer Vogel zeigte sich beispielsweise auf dem einzigen brasilianischen Penguin-Buch, »Edições Pinguim« (ganz oben). Ebenfalls aus Südamerika stammte der argentinische »tanzende« Pinguin (darunter), der auf dem Umschlag von Jorge Icazas »Huasipungo« zu sehen war.

Linke Seite unten:
Zwei Cover aus dem Albatross-Verlag, von dessen Programm Penguingründer Allen Lane sehr beeindruckt war. Deren minimales Design inspirierte die Gestaltung der Penguin-Bücher ebenso wie der zentrale Einsatz des Vogelmotivs.

Diese Seite:
Themenverzeichnisse von 1954 (oben links, ohne Angabe des Designers), 1958 (oben rechts, Entwurf von John Griffiths) und 1959 (unten links, von Shirley Tucker).

PENGUIN Social Science 1974-5

Anthropology/Business & Management
Economics/Politics/Psychology
Social Psychology/Sociology

Linke Seite:
Katalogtitel des Wissenschaftsprogramms von Penguin in den Jahren 1974 bis 1975 mit kreativen Logo-Adapationen, wie sie auch bei verschiedenen Titelentwürfen gern eingesetzt wurden.
—
Diese Seite oben links/rechts:
Cover des – als zweites Penguinbuch – erschienenen Romans »A Farewell to Arms« (»In einem andern Land«) von Ernest Hemingway, Juli 1935.
—
Ein Buchumschlag aus der Ära von Jan Tschichold für Ann Bridges »Illyrian Spring«, herausgegeben 1949.
—
Diese Seite rechts:
David Pearsons radikaler Buchumschlag von 2013 für George Orwells »1984«, bei dem er in Anspielung auf das Thema Überwachung, Titel und Autorenname aussparte. Das Werk ist sofort als ein Penguin-Buch zu erkennen.

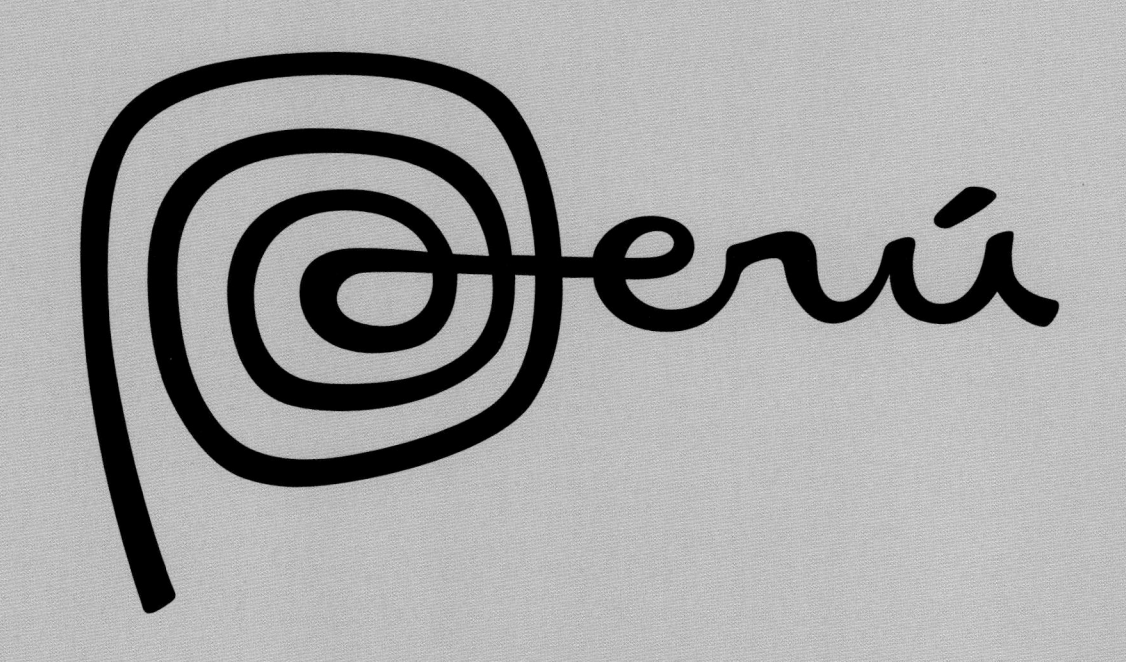

Perú

FutureBrand
Buenos Aires and Lima
2010

Anfang März 2011 präsentierte sich das Reiseland Peru auf der ITB in Berlin erstmals mit einem runderneuerten Markenauftritt und erntete dafür durchweg positiv Reaktionen. Erkennbar wurde dabei zugleich, dass der gewünschte Imagewandel (weg von der bloßen Konzentration auf Inkatrail und Andenromantik, hin zu einem neuen, wesentlich vielfältigeren Erscheinungsbild) nicht nur den Tourismus betreffen, sondern auch die Wirtschaft allgemein neu in Szene setzen sollte – und zwar vor dem Hintergrund eines landesweiten Umbruchs, in dem sich Peru seit einigen Jahren befindet: Analysten haben Peru längst als Dritten im Bunde der neuen südamerikanischen Tigerstaaten identifiziert, und um für Investoren aus aller Welt gerüstet zu sein, inszeniert man sich als modernen, weltoffenen Anziehungspunkt und als Zukunftsmarkt zugleich.

In Auftrag gegeben wurde der Neuauftritt von PromPeru (Peru Exports and Tourism Promotion Comission) mit Unterstützung des Außenministeriums und ProInversion (Private Investment Promotion Agency); verantwortlich für das Rebranding war die international tätige Packaging- und Brandingagentur FutureBrand, die in Buenos Aires und in Lima eigene Büros unterhält. Bereits im Juli 2009 stellte man ein erstes interdisziplinäres Arbeitsteam mit mehr als 15 Mitgliedern zusammen, das zunächst einmal erforschen sollte, was die moderne Identität dieses multikulturellen Landes eigentlich ausmacht. Dazu besuchte man auch mehrere größere und kleinere Städte, archäologische Stätten, (kunst)handwerkliche Distrikte, Museen und weitere Einrichtungen in den verschiedenen Landesteilen – alles Orte, an denen man etwas über die drei Faktoren, mit denen die neue Identität verbunden sein sollte, erfahren konnte: Tourismus, Export und Investition.

Im Zentrum des neuen Designs steht der Name Peru, dessen Anfangsbuchstabe P zu einer Spirale geformt ist: »Die Identität ist auf das Wort ›Peru‹ zentriert, einen inklusiven Namen, der keiner spezifischen Kultur gehört«, schrieb FutureBrand in seiner Markenpräsentation und fuhr fort: »Da es viele Theorien über die Etymologie dieses Namens gibt, scheint er das Produkt verschiedener Verbindungen, Mischungen und Wünsche zu sein.« Man wolle sich folglich auf einen völlig neu gesetzten Schriftzug des Landesnamens konzentrieren – als Kern eines kommunikativen Ökosystems, »das vielfältige Botschaften, Bilder, Begrifflichkeiten, Landschaften und Kulturen zulässt«.

Als kurzes, zweisilbiges Wort mit vier Buchstaben eignet sich der einfach auszusprechende Landesname perfekt, um als Logo gestaltet zu werden. Die Verwendung einer handschriftlichen, nur aus einer einzelnen fortlaufenden Linie bestehenden Wortmarke soll zudem zum Ausdruck bringen, dass die Menschen in Peru ihre eigenen Wege gehen. Im abschließenden Entwurf spiegelt die mittlere innerste Punze im »P« das »e«; der aus vier Buchstaben bestehende Name endet mit einem Akzent auf dem »u«. Damit entschied man sich für die spanische Schreibweise von Peru – Perú –, statt der anglisierten Form.

Das auffälligste visuelle Element der neuen Wortmarke aber ist die Spiralform des »P« – ein grafisches Motiv, das sich in allen Kulturen des Landes wiederfindet. Darüber hinaus ist das Emblem auch ein universelles, sich aus

Der Styleguide Perú, entworfen von den Büros von FutureBrand in Buenos Aires und Lima.

Diese Seite oben und unten:
Einblicke in und Details aus dem Styleguide der Wortmarke Perú.

—

Rechte Seite oben und unten:
Das Markenzeichen auf einer Tüte und eine Doppelseite aus dem Manual mit einer Großaufnahme der dafür charakteristischen »P-Spirale«.

Pantone® 485C
Pantone® 123C
Pantone® 376C
Pantone® 2425C
Pantone® 168C
Pantone® 300C

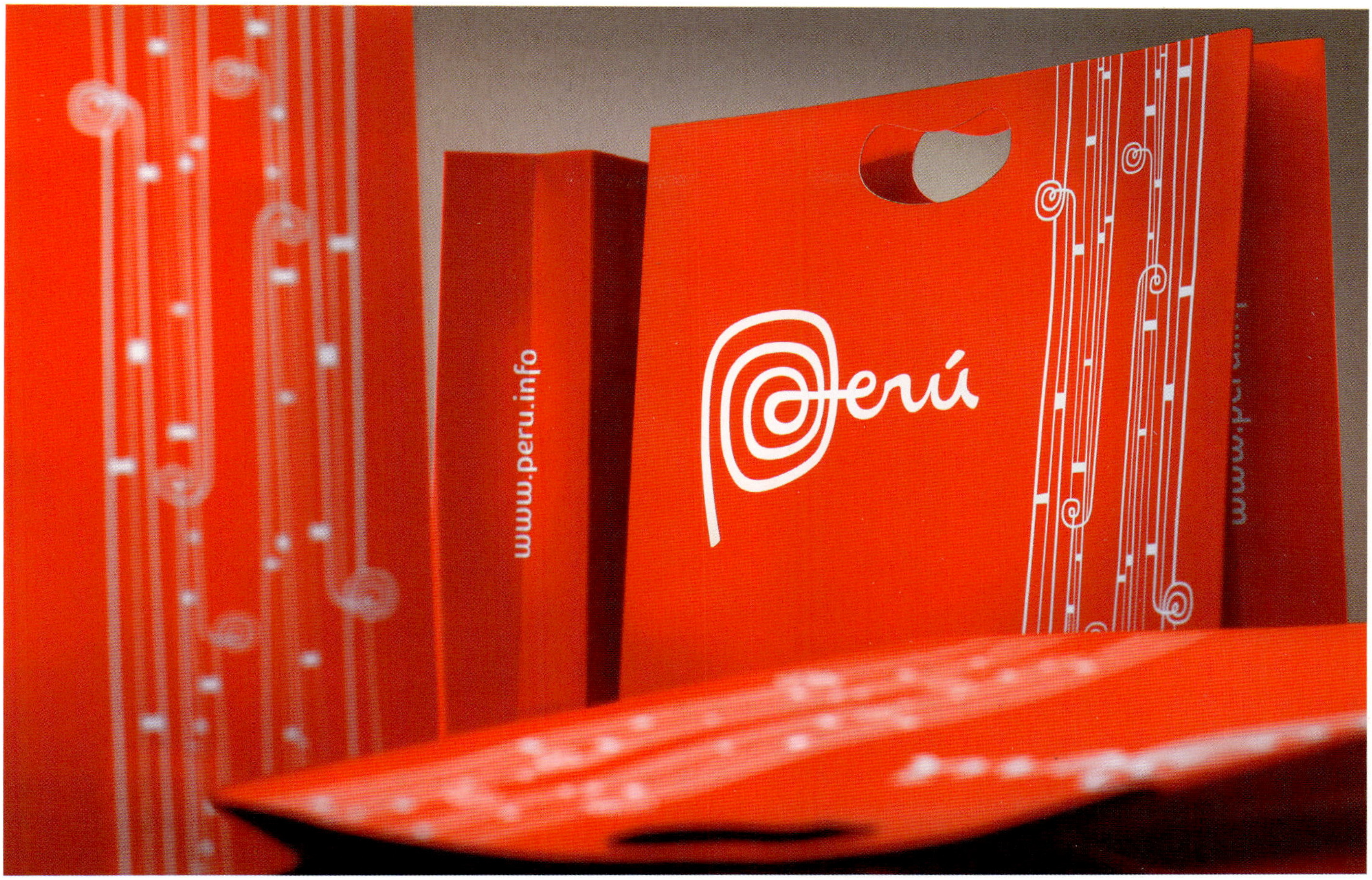
Perú
www.peru.info

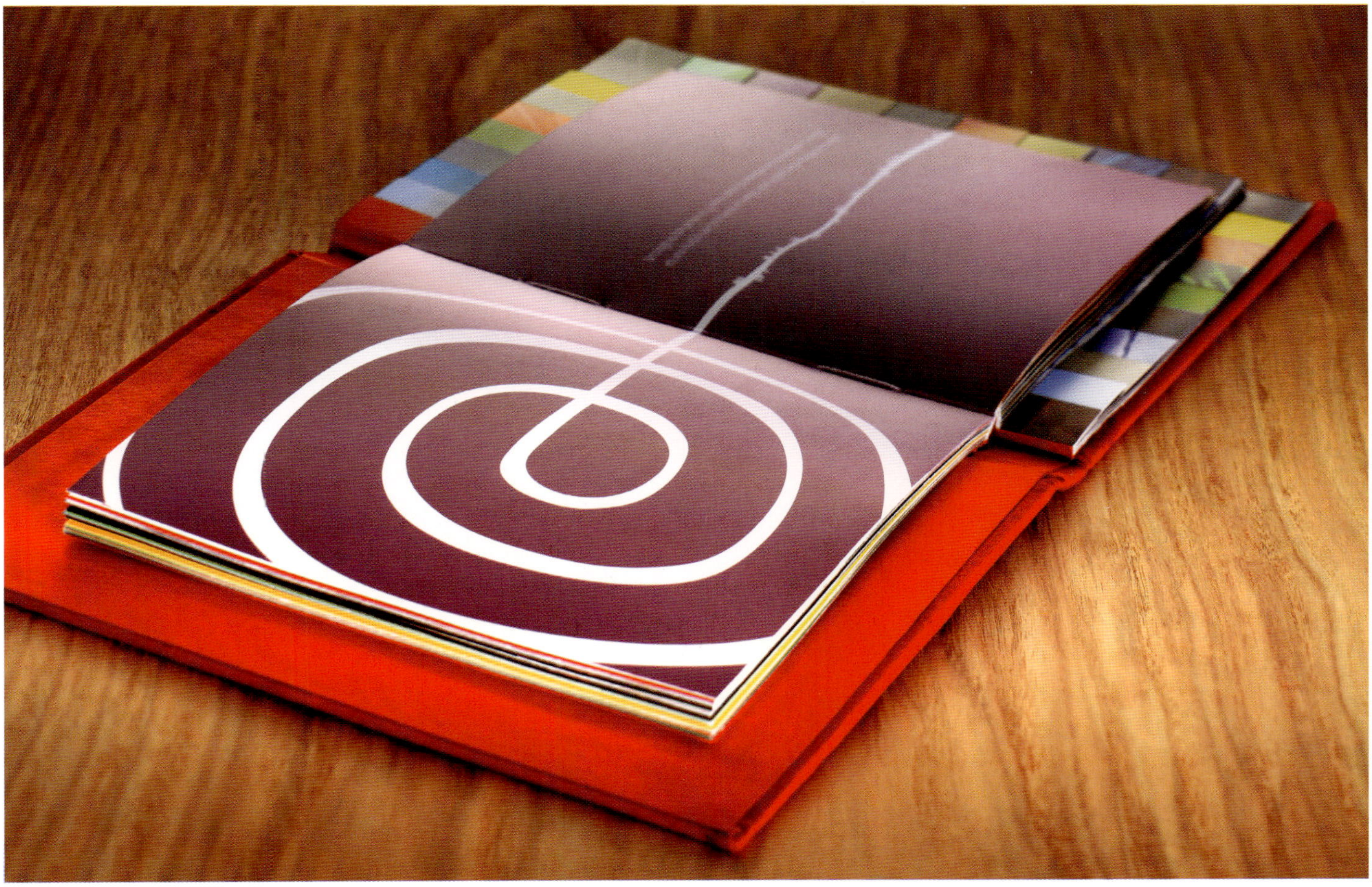

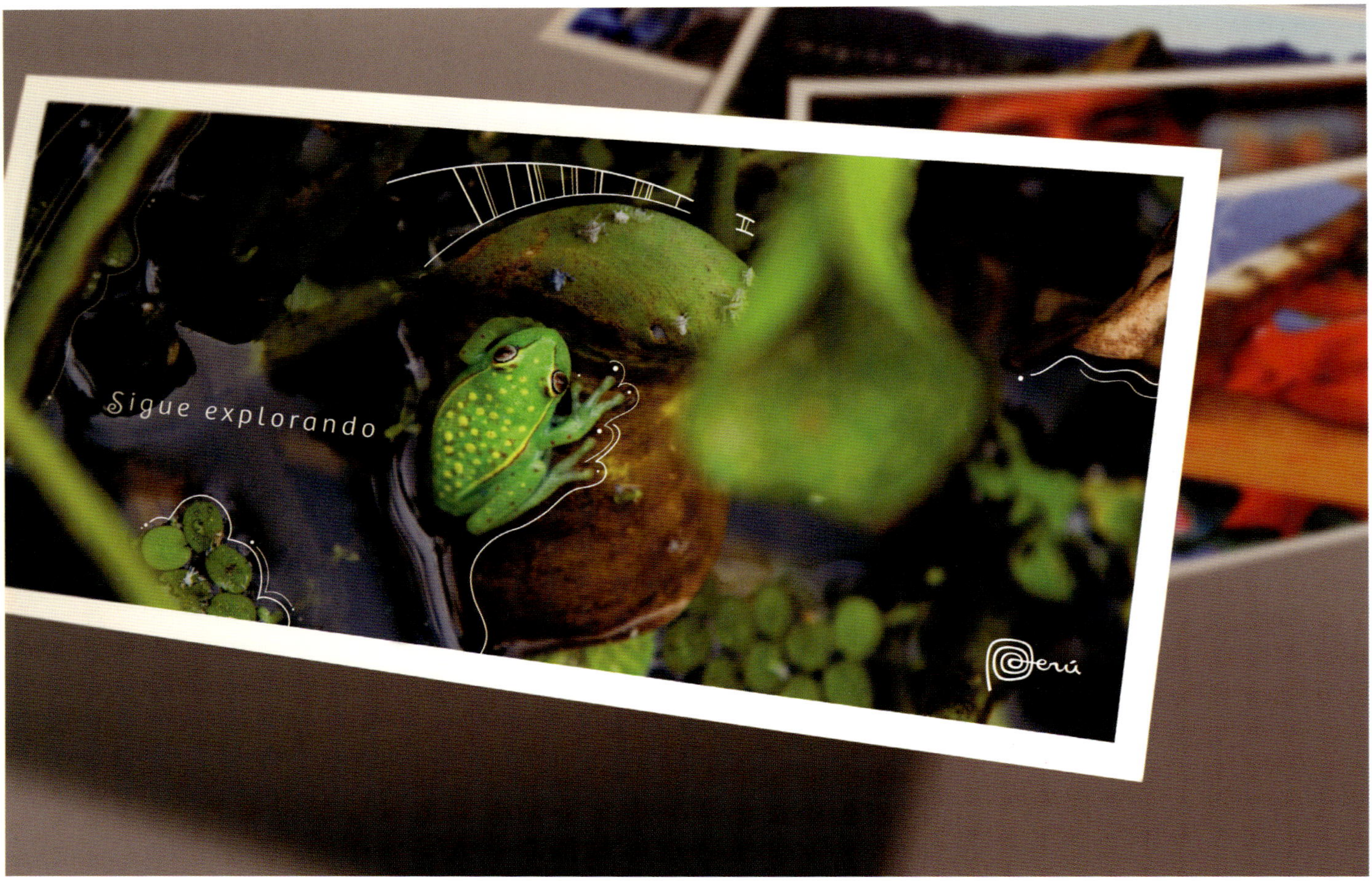

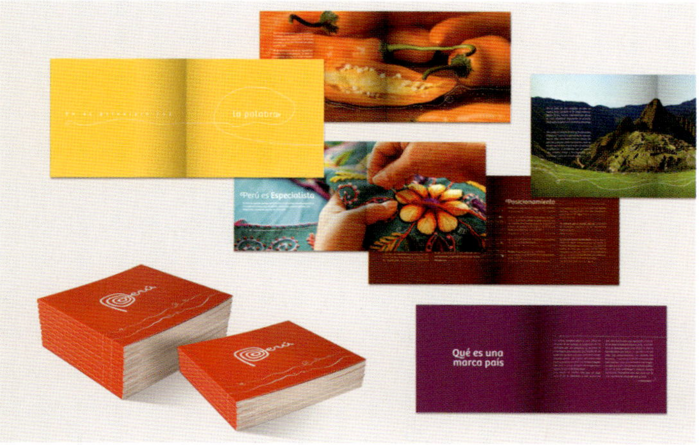

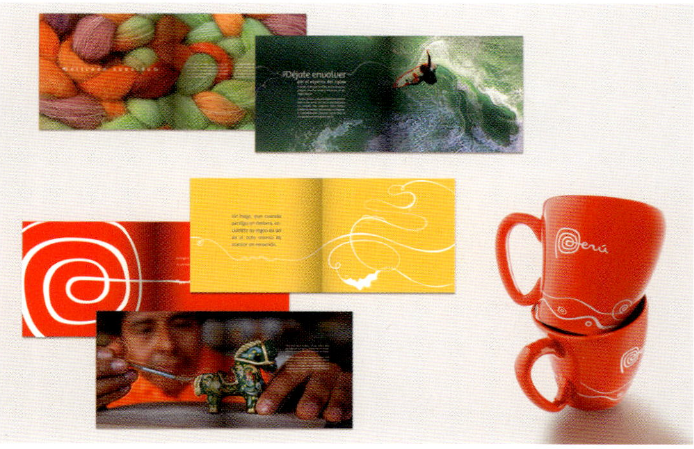

Linke Seite oben:
Für das Werbematerial der Marke werden exzellente Fotos verwendet.

—

Linke Seite unten:
Innenseiten des Styleguides mit weiteren Anwendungsmöglichkeiten des Designs.

—

Diese Seite unten:
Die »P-Spirale« der Wortmarke bezieht sich auf eines der größten Rätsel der südamerikanischen Kultur – bis zu 2000 Meter lange, von der UNESCO als Welterbe geschützte Scharrbilder, deren unterschiedliche Motive (wie hier der geringelte Schwanz eines Affen) zum Teil nur aus der Luft erkennbar werden.

der Natur ableitendes, für Evolution, Veränderung und Transformation stehendes Symbol.

Auch in der Archäologie des Landes findet sich das Spiralmotiv wieder – in den zum UNESCO-Welterbe zählenden Linien von Nazca und Pampas de Jumana: Das Zentrum der Nazca-Kultur lag etwa 400 Kilometer südlich des heutigen Lima im Tal des Río Grande. Was dort entdeckt wurde, gilt als eines der größten archäologischen Rätsel Südamerikas: bis zu 2000 Meter lange lineare Scharrbilder. Die ersten davon entstanden während der Chavín-Periode (1000–300 v. Chr.) und wurden einfach durch das Anhäufen von Steinen gebildet. Die meisten Darstellungen stammen jedoch aus der Nazca-Periode (500 v. Chr. bis 500 n. Chr.). Die Nazca scharrten die dunkle Kieskruste der obersten Gesteinsschichten ab; durch den Kontrast mit den tieferen Schichten zeichnen sich die Umrisse von Figuren ab, die aufgrund ihrer Größe zum Teil nur vom Flugzeug aus zu erkennen sind. Etwa 70 Figuren wurden als Lebewesen wie Vögel und Insekten, aber auch als Pflanzen und Menschen identifiziert (die Spirale ähnelt dem Ringelschwanz eines Affenmotivs). Eine zweite Gruppe besteht aus geraden Linien und geometrischen Mustern.

In der dominierenden Farbkombination – Weiß auf Rot statt Inkagoldästhetik – erwies FutureBrand der Landesflagge die Ehre. Und nicht zuletzt erinnert die Gestaltung der P-Spirale in der Wortmarke an einen Fingerabdruck. Damit folgt man dem – nun wahrlich identitätsstiftenden – Motto »Ein Peru für alle«.

PIRELLI

Unbekannt
1907

Der heute mit knapp 38 000 Mitarbeitern rund um den Globus agierende Pirelli-Konzern wurde im Jahr 1872 von Giovanni Battista Pirelli als Gummiwarenfabrik zunächst noch am Stadtrand von Mailand gegründet. Anfangs produzierte man telegrafische Leitungen, Unterseekabel und ab 1890 auch Fahrradreifen, 1901 kam die Produktion von Autoreifen hinzu. 1902 eröffnete man in der spanischen Stadt Barcelona die erste Produktionsstätte außerhalb von Italien – heute betreibt Pirelli 21 Fabriken auf vier Kontinenten und vertreibt seine Produkte in 160 Ländern weltweit.

Im Jahr 1906 nahm Pirelli an der Weltausstellung in Mailand teil, und mit den dafür gestalteten Plakaten begründete das Unternehmen seine Tradition bis heute unverändert hochwertigen Werbedesigns. Wer genau das berühmte Logo der Firma mit dem lang gezogenen »P« entwarf, ist nicht bekannt, allerdings weiß man, dass bereits in den ersten zwei Jahrzehnten des 20. Jahrhunderts drei der renommiertesten italienischen Plakatkünstler, Marcello Dudovich (1878–1962), Plinio Codognato (1878–1940) und Leonardo Cappiello (1875–1942), mit dem so gestalteten Schriftzug arbeiteten; der offiziellen Firmengeschichte zufolge steht dieser seit dem Jahr 1908 im Zentrum des nun einsetzenden konsequenten Aufbaus einer internationalen Markenidentität.

Ein Jahr zuvor begann Pirellis Engagement im Automobilsport – bis in die Tage heutiger Formel-1-Rennen ein entscheidender Marketingfaktor für das Unternehmen. Im Januar 1907 hatte die in Paris erscheinende Zeitung »Le Matin« dazu aufgerufen, sich für ein Autorennen zu bewerben, das über eine Strecke von 16 000 Kilometern von Peking bis in die französische Hauptstadt führen sollte. Von den fünf am 10. Juni um 8.00 Uhr in Peking gestarteten Teams kam schließlich zwei Monate später das italienische um den Fürsten Scipione Borghese, seinen Chauffeur Ettore Guizardi und den Journalisten Luigi Barzini von der Zeitung »Corriere della Sera« als erstes in Paris an (das zweite Team erreichte erst 20 Tage später die Stadt an der Seine). Das Siegerteam fuhr in einem weißen, heute im Turiner Automobilmuseum zu bewundernden Itala, der es auf satte 45 PS brachte und mit hochwertigen Pirelli-Reifen offenbar bestens ausgerüstet war – eine Tatsache, die der Verbreitung des Markennamens durchaus nützlich war.

Wer immer die so geniale wie genial schlichte Wortmarke Pirelli erfunden hat – die Assoziation des in die Breite gezogenen Anfangsbuchstabens mit dehnbarem (Reifen-)Gummi liegt nahe und leuchtet auch in der unbewussten Wahrnehmung unmittelbar ein. Zudem sieht es so aus, als würde der »P-Gummi« von einer unsichtbaren Hand gehalten und könnte, einmal losgelassen, jederzeit wieder zurückschnellen – woraus sich eine dem Logo immanente Spannung ergibt.

Wie Beispiele aus den Jahren 1907 bis 1924 zeigen, gab es anfangs die verschiedensten Varianten – gern auch in Verbindung mit dem Wort »Pneumatici« oder »Pneus« (ital. bzw. griechisch für: Gummireifen). Welche typografischen und illustrativen Möglichkeiten diese Verbindung mit sich brachte, macht etwa das von H. L. Roowy für die April-Ausgabe 1914 der Zeitung »Touring Club Italiano« gestaltete Titelblatt deutlich.

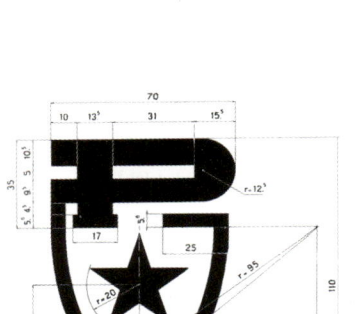

Pirelli-Symbol, basierend auf dem gedehnten P-Design, 1946.

Im heutigen Verständnis als Wortmarke definiert und in einer serifenlosen Blockschrift gesetzt wurde das Logo im Jahr 1945; eine letzte gestalterische Anpassung erfolgte im Jahr 2014.

Drei Jahre nach der auch typografisch einheitlichen Gestaltung des Logos, 1948, zierte dieses die erste Ausgabe des »Pirelli Magazin«, mit dem das Unternehmen einen neuen eigenen werbekommunikativen Auftritt etablierte, in dem auch Beiträge so namhafter Autoren wie Umberto Eco und Giuseppe Ungaretti erschienen.

In den 1950er- und 1960er-Jahren arbeiteten die besten kontinentaleuropäischen Designer für Pirelli, darunter Giulio Confalonieri, Pavel M. Engelmann, Max Huber, Riccardo Manzi, Bruno Munari, Bob Noorda, Raymond Savignac, Albe Steiner, Armando Testa und Pino Tovaglia.

Im Jahr 2014 feierte der seit 1964 bis auf einige Unterbrechungen regelmäßig erscheinende Pirelli-Kalender sein 50-jähriges Jubiläum. Dessen Status als wohl prestigeträchtigster Kalender der Welt geht auch darauf zurück, dass er nicht käuflich zu erwerben ist, sondern nur Pirelli-Kunden und ausgewählten VIPs überreicht wird. Legendär wurde er durch die Arbeit von Fotografen wie Peter Lindbergh, Herb Ritts oder Bruce Weber und Modelle wie Cindy Crawford, Heidi Klum oder Naomi Campbell. Für die Jubiläumsausgabe fotografierte Steven Meisel erotische Fetisch-Fantasien in Latex, Lack und Leder mit Models wie Isabella Fontana, Gigi Hadid, Adriana Lima und Joans Smalls; für das Styling des Kalenders war Carine Roitfeld verantwortlich, die langjährige Chefredakteurin der französischen Zeitschrift »Vogue«.

Dass der Kalender »inzwischen Kunststatus erreicht« habe, bescheinigte das deutsche Nachrichtenmagazin »Der Spiegel« dem Unternehmen schon vier Jahre vor dem Jubiläum, 2010. Damals fotografierte Karl Lagerfeld den begehrten Kalender. Und heute wären wohl nicht wenige dazu bereit, auch der Wortmarke Pirelli ihren eigenen (Kunst-)Status zuzugestehen …

Unten:
Auch nachdem das Logo mit dem lang gezogenen »P« bereits entwickelt worden war, verwendete Pirelli noch viele verschiedene Varianten des Entwurfs. Hier sind Beispiele aus den Jahren 1907 bis 1924 zu sehen.

1907

1910

1917

1920

1920

1923

1924

Oben:
Titelblätter für Pirellis Zeitschrift »Touring Club Italiano« von H. L. Roowy, April 1914.
—
Links:
Vorskizze für eine Reifenwerbung von André François, 1961.

PIRELLI

+km

Alan Fletcher

Linke Seite:
Vorskizze für eine Pirelli-Werbung von Alan Fletcher, 1959.

—

Diese Seite oben links/rechts:
Werbung von Pavel Michael Engelmann, 1952.

—

Werbung für den Cinturato-Reifen von Bob Noorda, 1959.

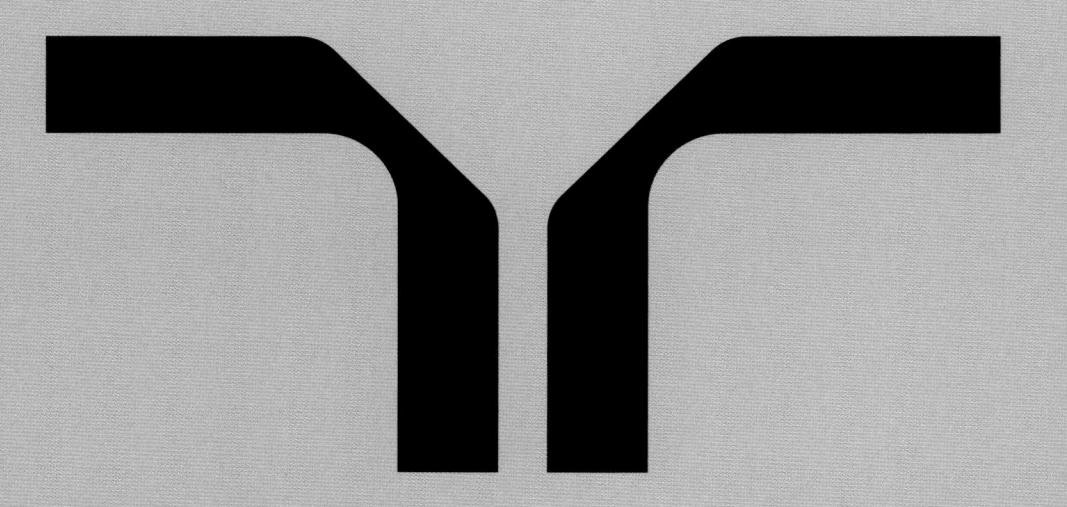

Ben Bos, Total Design 1966

Frits Goldschmeding und Ger Daleboudt, zwei niederländische Studenten der Volkswirtschaftslehre an der Freien Universität Amsterdam, verfassten ihre Abschlussarbeit im Jahr 1960 über die wachsende Bedeutung eines flexiblen Arbeitsmarktes und das Konzept der Zeitarbeit. Inspiriert von den beiden US-amerikanischen Anwälten Elmer L. Winter und Aaron Scheinfeld, die mit ihrer im Jahr 1948 in Milwaukee gegründeten Firma Manpower Inc. diese Form der heute in Deutschland im Arbeitnehmerüberlassungsgesetz (AÜG) geregelten Form einer »zeitlich befristeten Überlassung von Arbeitskräften« entwickelt hatten, gründeten Goldschmeding und Daleboudt noch im selben Jahr das »Uitzendbureau Amstelveen« in Amsterdam. Ihr »Büro« betrieben die beiden Studienfreunde zunächst von Goldschmedings Küchentisch aus, heißt es in einer Selbstdarstellung des Unternehmens: »Ausgestattet mit einem Fahrrad, ihrem Know-how und einigen Flyern, die Werbung für ihr Unternehmen machen sollten, machten sie ihre ersten Schritte auf dem Gebiet der Zeitarbeit.«

Anfangs war der Radius, in dem die beiden agierten, nur so groß, dass sie alle Kunden bequem mit dem Fahrrad erreichen konnten. Telefonate erledigten sie von einer Telefonzelle aus. Ihren ersten Auftrag erhielten sie vom Automobilkonzern FIAT, der eine zweisprachige Sekretärin suchte. Ende 1960 verzeichneten die beiden Geschäftspartner einen Umsatz von neun Gulden (umgerechnet etwa zwei Euro): Aus diesen bescheidenen Anfängen heraus entstand ein börsennotiertes Unternehmen, das heute in rund 40 Ländern mit etwa 4600 Niederlassungen präsent ist, mit rund 28 000 Stammmitarbeitern täglich 567 700 Zeitarbeitnehmer im Einsatz hat und zuletzt im Jahr 2013 einen Umsatz von 16,6 Milliarden Euro generierte.

Schon nach wenigen Jahren war die Firma so erfolgreich geworden, dass man in die nächste größere Stadt, nach Rotterdam, zog und sich in »Uitzendbureau Randstad« umbenannte (»Randstad« ist die Bezeichnung für das Ballungsgebiet Rotterdam, Amsterdam, Utrecht und Den Haag). Im Jahr 1966 diskutierte man erstmals über ein eigenes Firmenlogo. Goldschmeding stellte sich ein einfaches, rundes Symbol vor (»weil rund sympathisch und freundlich ist«). Mit dem Entwurf beauftragte man Ben Bos vom Amsterdamer Studio Total Design, der allerdings zunächst zögerte, den Auftrag anzunehmen: »Personalvermittlungen waren damals ein völlig neues Konzept in Holland, der einzige etablierte Name in diesem Bereich hieß Manpower. Es dauerte einige Monate, bis ich mich zu einem Treffen mit dem Randstad-Management entschloss.«

Die anfängliche Skepsis des im Jahr 1930 in Amsterdam geborenen und dort mit Wim Crouwel, seinem späteren Kollegen bei Total Design, gemeinsam studierenden Grafikdesigners legte sich bald, als sich herausstellte, dass das von ihm zu entwickelnde Logo im Zentrum einer einheitlichen Corporate Identity (CI) stehen sollte. Für Bos bedeutete dies u. a. ganz konkret, dass er sich auch selbst die Hände schmutzig machen durfte. Denn ein wichtiges Element dieser CI war die Raumgestaltung der Büros: »Die Fenster mussten sauber, die Auslagen staubfrei sein, und es mussten schön gestaltete Innenräume her. – Im ersten Jahr erledigte ich viele dieser

Originalskizze von Ben Bos für das Randstad-Logo, 1967: »Ich habe immer versucht, Bilder und Designs zu entwerfen, die nichts mit modischen Ideen oder Trends zu tun hatten, sondern zeitlos sein sollten. Viele meiner Logos haben ebenso lange überlebt wie die Firmen oder Institutionen, für die sie entwickelt wurden.«

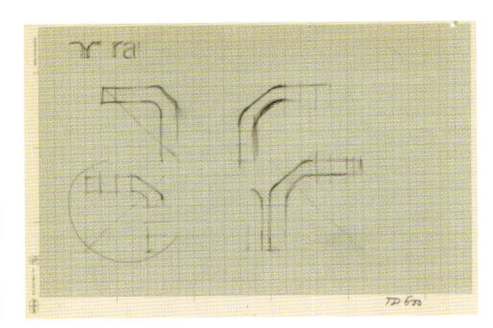

Oben links/rechts:
Wanddekoration im Empfangsbereich des Randstad-Headquarters, 1968.
—
Eingang zur Randstad-Filiale Amsterdam Nord, 1969.
—
Links:
Randstads vorübergehende Filiale im damaligen US-amerikanischen Olympiazentrum in Atlanta, 1996.
—
Rechte Seite:
Plakat zur 20-Jahr-Feier von Randstad Belgien, 1989.

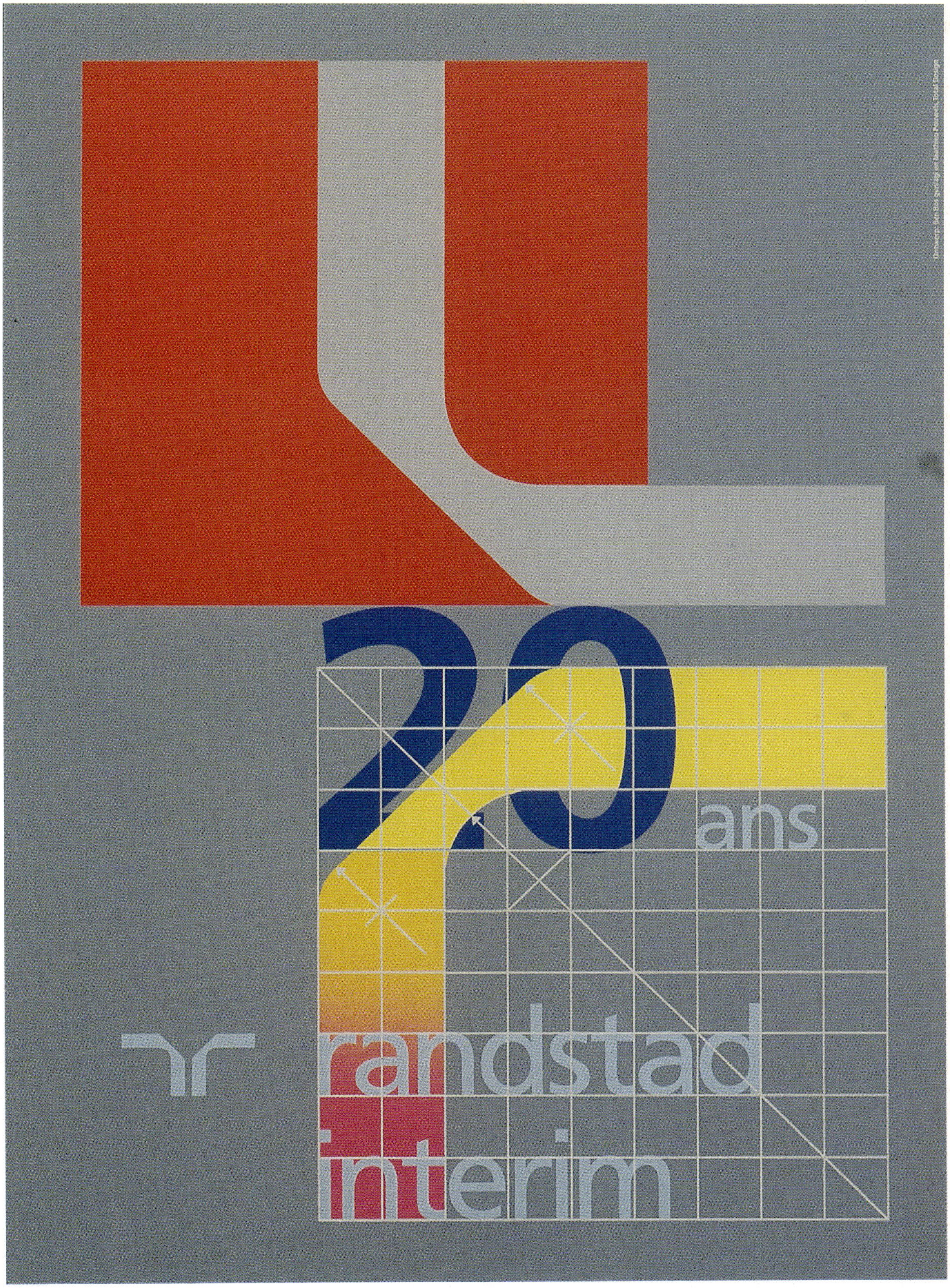
20
ans
randstad
interim

Unten:
Cover des Styleguides für Randstad USA, 1995.
—
Rechte Seite
Randstad-Jahresbericht und Begleitkarte »Mit freundlicher Empfehlung«, 1986.

168 — 169

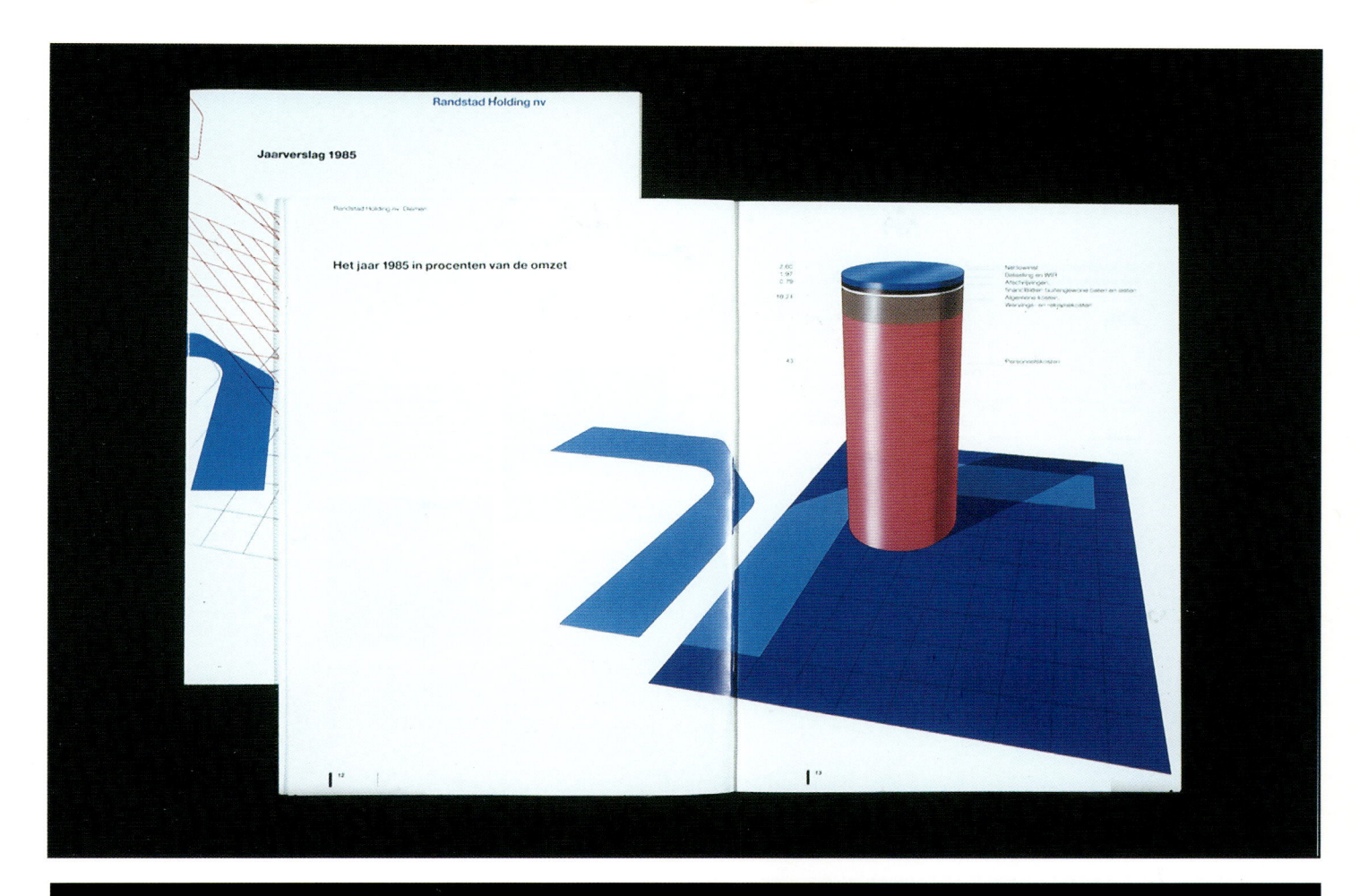

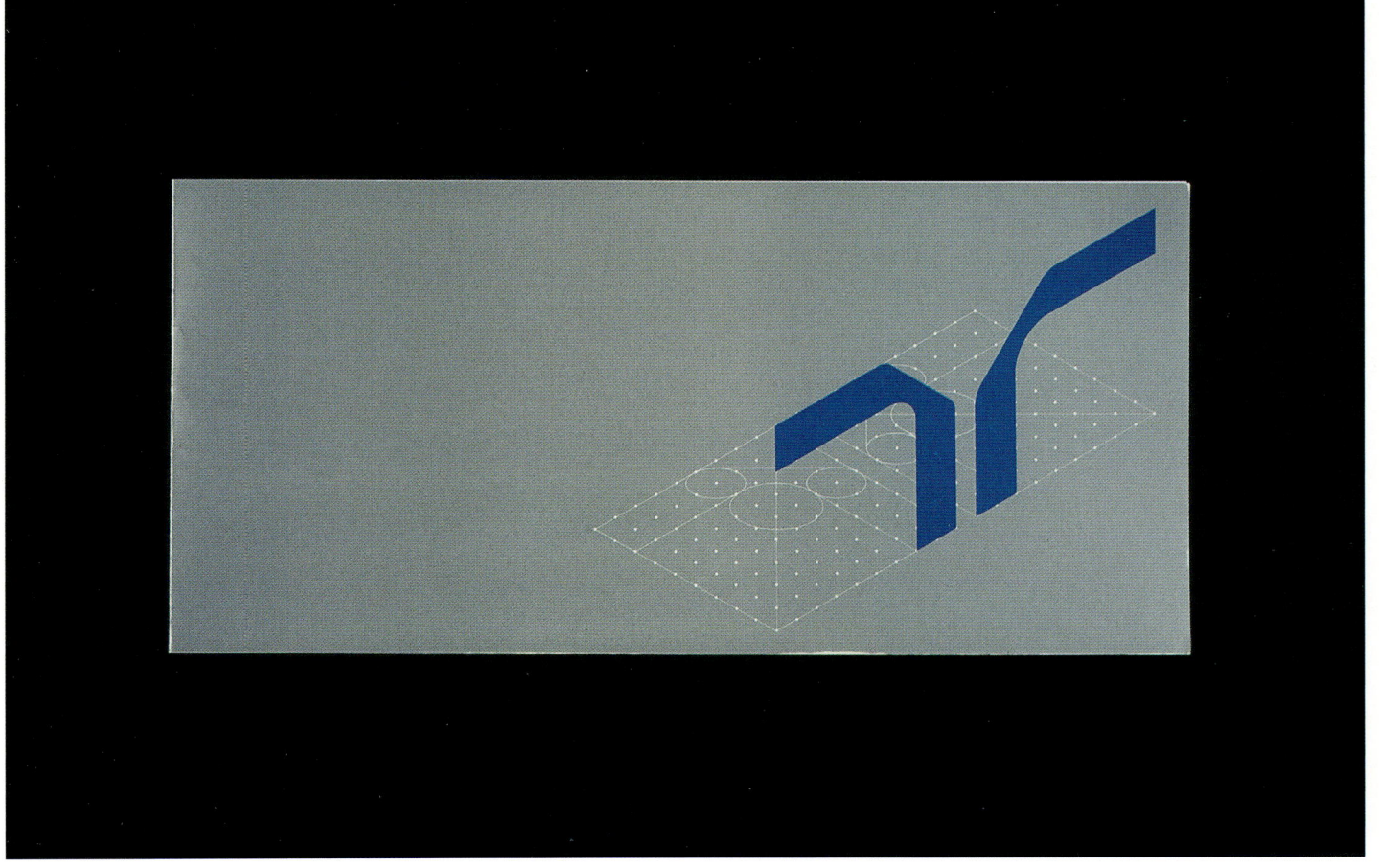

«the times they are a-changin'»
(bob dylan)

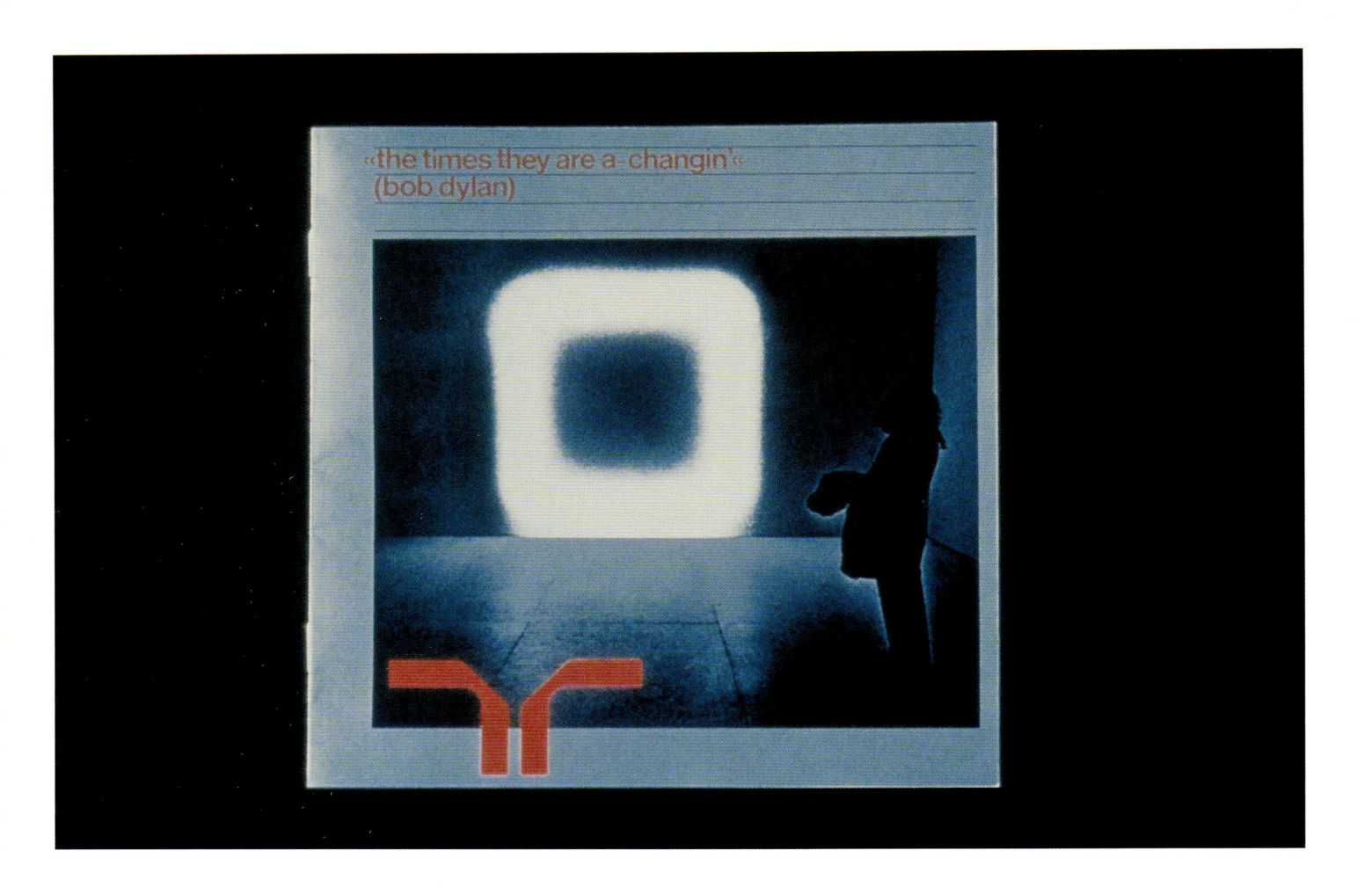

Linke Seite oben:
Randstad-Unternehmensbroschüre, 1971.

Linke Seite unten links/rechts:
Randstad-Briefbeschwerer, 1967.

Einkaufstaschen im Randstad-Design, USA, 1994.

Unten:
Holländisches Plakat mit dem Slogan »Mit Randstad liegen Sie richtig«, 1977.

Reinigungsarbeiten selbst.« Ben Bos erwies sich als Perfektionist, der sich auch um Details wie die Blumen in den Vasen auf den Empfangstheken kümmerte. All dem voraus aber ging die Arbeit an dem Logo-Entwurf, die Bos zunächst einiges Kopfzerbrechen bereitete: »Mitte der 1960er-Jahre waren die meisten Logos mehr oder weniger abstrakt. Denken Sie nur an die Chase Manhattan Bank und Ähnliches. Ich selbst hatte bis dahin ein paar eher veranschaulichende Logos entworfen: ein transparentes typografisches Symbol für Alglas (1963, eine Glas-Importfirma für die Bauindustrie), einen abstrakten Backsteinstapel für das Bauunternehmen Van Heeswijk (1967) und ein Farbmuster für Sukkel (1968, eine auf Baumaterialien für den Do-it-yourself-Bereich spezialisierte Firma). Aber was passte zu einem Unternehmen, das Arbeitskräfte für Arbeitgeber und Arbeitgeber für Arbeitskräfte suchte?«

Das Hauptproblem des Designers war also die Tatsache, dass es bei Randstad kein visuell darstellbares einfaches »Produkt« gab, mit dessen Optik er hätte arbeiten können, sondern nur eine quasi unsichtbare Unternehmensleistung. Die Lösung fand er schließlich in einer typografischen Form. Er begann damit, den Anfangsbuchstaben der Firma klein zu schreiben, und als er diesen gezeichnet hatte, kam ihm in den Sinn, dass es eine gute Idee wäre, wenn sich der Kleinbuchstabe nach links genauso »öffnen« würde wie nach rechts. Deshalb zeichnete er einen zweiten Buchstaben spiegelverkehrt neben seine erste Zeichnung. Das Ergebnis »bedeutete nichts, sah jedoch gut aus«, meinte er selbst dazu, und auch wenn es typografisch gesehen nicht lesbar war, so ergaben sich in der Betrachtung des auf diese Weise entwickelten Emblems doch interessante Assoziationen: »Das Hinzufügen des gespiegelten kleinen ›r‹ gab dem Logo erst die richtige ›Ausgewogenheit‹ und visualisiert bis heute, dass Randstad ein Bindeglied zwischen Zeitarbeitnehmer und Kundenunternehmen ist«, heißt es beispielsweise in der schon eingangs zitierten Selbstdarstellung des Unternehmens. Eine weitere positive Assoziation »soll dadurch ausgelöst werden, dass man in dem Logo jemanden sieht, der einen mit offenen Armen willkommen heißt«.

Damit verlieh das Logo der Firma eine menschliche Note und visualisierte zugleich, dass es für »Kunden und Zeitarbeitskräfte gleichermaßen offen« war – »eine Art Treffpunkt«, so Bos. Basierend auf seiner Zeichnung des Kleinbuchstabens entwarf später Zdena Sernets, eine junge tschechische Grafikerin in seinem »Total Design«-Team, ein vollständiges Alphabet. Dieses kam allerdings nur bei kleineren Randstad-Aufträgen zum Einsatz. Bos selbst überarbeitete das Alphabet dann noch als nicht proportionale Monospace-Schrift für die Teilnahme an einem Wettbewerb.

»Mein Logo hat überlebt«, sagt Bos mit berechtigtem Stolz darüber, dass sein Emblem seit 1966 unverändert weiterverwendet wird. »Es tauchte an der Ziellinie von Radrennen in Frankreich und Spanien auf, ist in Fußballstadien und an den Banden von Eisschnelllaufbahnen präsent. Bei Untersuchungen über die Bekanntheit von Logos, die in den Niederlanden durchgeführt wurden, erreichte es eine Spitzenposition.« Sein Wunsch, ein zeitloses Design zu entwickeln, hat sich erfüllt.

ESPAÑA

Joan Miró
1984

In seinen letzten Lebensmonaten wurde der katalanische Künstler Joan Miró (1893–1983) gefragt, ob er ein Symbol für Spaniens zunehmend an Bedeutung gewinnende Tourismusindustrie entwerfen würde. Dazu kam es zwar nicht mehr, aber der damals 90 Jahre alte Künstler stimmte immerhin noch der Verwendung von drei Elementen zu, die aus zwei Kunstwerken von ihm entnommen wurden: einer Sonne, einem Stern und dem Wort »España«. Miró lehnte jegliche Bezahlung dafür ab und sah das fertige Emblem nie im praktischen Gebrauch – über den bis heute anhaltenden Erfolg und den enormen Wiedererkennungswert »seines« Logos hätte er sich aber sicher sehr gefreut.

Initiiert wurde das Ganze von Ignacio Vasallo, der im Jahr 1982 zum Staatssekretär für Tourismus ernannt worden war. Damals hatte das Land gerade erst die Übergangsphase vom Franquismus zur parlamentarischen Monarchie westlichen Musters hinter sich gebracht: Nach dem Tod des Generalísimo im November 1975 dauerte es noch sieben Jahre bis zur politischen Wende von 1982, als die während der Diktatur verbotene sozialistische Partei PSOE als neuer Wahlsieger die Regierung stellte. Noch im Jahr zuvor, am 23. Februar 1981, war es zu einem Putschversuch der Frankisten gekommen, bei dem der Franco-Diktatur nachtrauernde Angehörige der Armee das Parlament stürmten, in dem Leopoldo Calvo-Sotelo gerade zum Regierungschef gewählt werden sollte. Erst mit dem entschlossenen Auftreten von König Juan Carlos I. als Oberbefehlshaber der Armee, der sich in einer landesweit ausgestrahlten Fernsehansprache für den Demokratieprozess einsetzte, konnte der geplante Staatsstreich doch noch vereitelt werden.

In einer solchen Situation für ein Land als Tourismusdestination zu werben, das fast 40 Jahre lang unter der Franco-Diktatur gelitten und sich erst mühsam aus dessen Schatten befreit hatte, war kein ganz einfaches Unterfangen. Vor diesem Hintergrund war das von Vasallo dafür entwickelte Marketingkonzept so simpel wie genial: »Spain. Everything under the sun«, lautete dessen Anfang 1983 verkündete Kernbotschaft, mit deren visueller Umsetzung er zuerst seine hausinternen Designer beauftragte. Als er mit deren Ergebnissen nicht zufrieden war, entschied er sich dazu, an drei der damals berühmtesten spanischen Künstler heranzutreten: Salvador Dalí, Antoni Tàpies und Joan Miró. Bei einem Treffen Vasallos mit Dalí kam nichts heraus, auch aus einer Zusammenarbeit mit Tàpies wurde nichts, aber durch den mallorquinischen Zeitungsverleger Pedro Serra, der sowohl mit Miró als auch mit Vasallo befreundet war, bekam der Tourismusexperte im Sommer 1983 einen Termin bei dem seit 1956 auf der Baleareninsel lebenden Künstler.

Miró lag krank in seinem Bett, als Vasallo ihm seine Vorstellungen erläuterte: »Ich wünschte mir eine abstrakt dargestellte Sonne und das Wort »España« auf dem Entwurf; alles war sehr eindeutig. Miró sagte, er sei überaus glücklich, könne derzeit jedoch nichts tun.« Stattdessen arrangierte der Künstler ein Treffen mit seinem Kunsthändler Francesc Farreras, und so kam man schließlich überein, dass Miró Elemente aus zwei

SPAIN by RITTS

PASSION FOR LIFE · A PERSONAL VIEW BY HERB RITTS

"The radiance of nature, the inspiration of timeless elements. The driving forces in one's passion for life. Everything is here."

BRAVO Spain

A 341 year old little girl.

There are things that do not age. Things that are made to be eternal. When Diego Velázquez painted "Las Meninas", he captured inmortality. Now we celebrate the 400th. anniversary of his birth. Discover his work. Could you have a better excuse to come to Spain?
http://www.tourspain.es

España

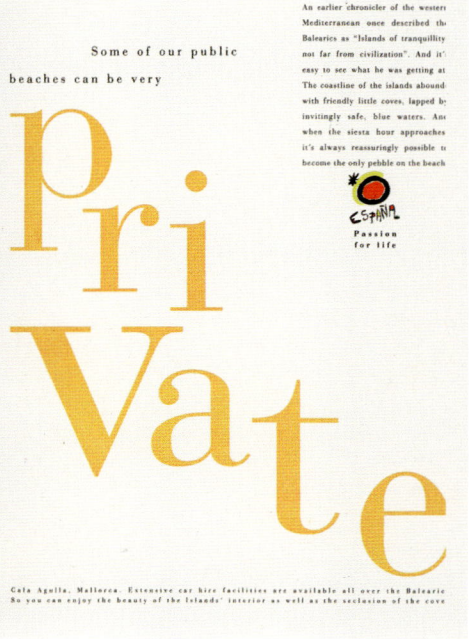

Some of our public beaches can be very

private

An earlier chronicler of the western Mediterranean once described the Balearics as "Islands of tranquillity not far from civilization". And it's easy to see what he was getting at. The coastline of the islands abounds with friendly little coves, lapped by invitingly safe, blue waters. And when the siesta hour approaches it's always reassuringly possible to become the only pebble on the beach.

España
Passion for life

Cala Agulla, Mallorca. Extensive car hire facilities are available all over the Balearics. So you can enjoy the beauty of the islands' interior as well as the seclusion of the cove.

Linke Seite (im Uhrzeigersinn von oben links):
Für die »Spain by ...«-Kampagne (1996/1997) wurden international renommierte Fotografen wie hier Herb Ritts gebeten, sich jeweils auf einen ganz bestimmten Aspekt der traditionellen spanischen Kultur zu konzentrieren.
—
Dieses Poster für die Kampagne »Bravo Spain« (1998) gestaltete Pedro Alonso.
—
Auch bei der in den Jahren 1991 bis 1995 von der der spanischen Werbeagentur Delvico Bates gestalteten Kampagne für das Reiseziel Spanien bekam Mirós Emblem einen prominenten Platz.
—
Diese Seite:
Für dieses 1986 entstandene Poster verwendete man Mirós Logo mit dem Slogan »Spain. Everything under the sun.«

ESPAÑA

Linke Seite:
Auf diesem Poster von Pedro Alonso (1988) wurde Mirós Sonne in die Illustration integriert.

—

Diese Seite oben/unten:
Poster mit dem Slogan von 2005: »Smile! You are in Spain«, Designer unbekannt.

—

Mirós Emblem auf einem 2001 entstandenen, die zum UNESCO-Welterbe gehörenden steinzeitlichen Malereien in der Höhle von Altamira im Norden Spaniens fokussierenden Poster (Designer unbekannt).

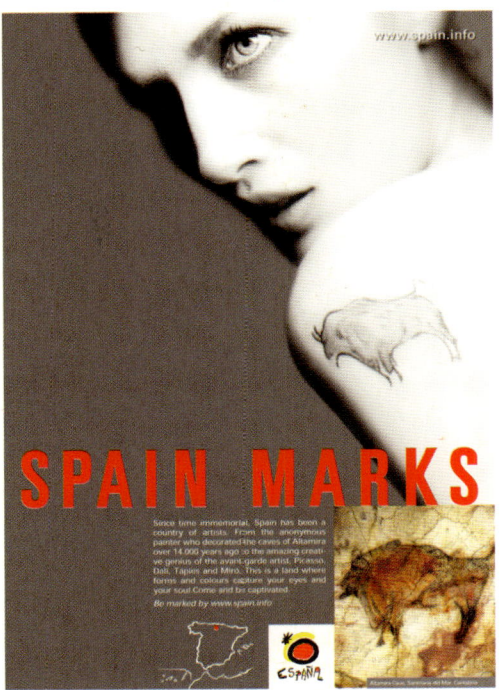

seiner Werke für einen Entwurf freigeben würde: Die Buchstaben für das Wort »España« stammten aus einem Poster, das Miró zur Fußball-WM 1982 in Spanien entworfen hatte, Sonne und Stern hatte er ursprünglich auf einem Plakat für die Stiftung Maeght in Saint-Paul de Vence verwendet, das anlässlich des 75. Geburtstags des Künstlers im Jahr 1968 produziert worden war. Miró segnete die Verwendung dieser drei Elemente für das neue Projekt ab, und als es darum ging, was dafür bezahlt werden sollte, sagte Miró: »Für den König und für die Regierung ist alles kostenlos.« Vasallo wollte dennoch auf einer Bezahlung bestehen, doch Miró insistierte seinerseits mit den Worten »keinesfalls, nein«.

Wer heute das inzwischen längst vertraute, als »sol de Miró« berühmt gewordene Emblem betrachtet, käme wohl kaum auf die Idee, wie schwer es damals war, es durchzusetzen. Nie zuvor hatte eine Tourismusdestination ein abstraktes Symbol für das beworbene Land entwickelt – dass dabei nicht wie sonst üblich mit der Nationalflagge gearbeitet wurde, war allein schon eine Abweichung von der Norm. »Einige Werbeagenturen waren auch gar nicht glücklich damit«, erinnert sich Vasallo, »aber die Agentur Tandem DDB, die wir beschäftigten, leistete gute Arbeit.« Ein paar Jahre später begannen dann auch andere Länder wie die Türkei und Polen abstrakte Logos in ihrer Tourismuswerbung zu verwenden.

Zunächst wurde das Logo nur in Europa verwendet, dann auch in den USA und in anderen Ländern. Obgleich die mit ihm gestalteten Kampagnen vor allem in ausländischen Medien geschaltet wurden, um Gäste ins Land zu holen, war es bald auch in Spanien selbst wohlbekannt. Dort registrierte man auch gern die stetigen Zuwächse, die mit diesen Kampagnen erreicht wurden: 1983 lagen die Einnahmen durch den Tourismus in Spanien bei 6,8 Millionen US-Dollar, 1988 hatte sich diese Zahl mit 16,6 Millionen US-Dollar mehr als verdoppelt. Ende der 1980er-Jahre erzielte Spanien laut Vasallo einmal sogar mehr Einnahmen durch den Tourismus als die USA.

Miró starb im Dezember 1983 in Palma de Mallorca. Sein Stern und seine Sonne sowie die fröhlich bunten »España«-Lettern waren sein »letztes Geschenk an Spanien« (Vasallo). Und es kam genau zur richtigen Zeit …

TATE

Wolff Olins
1999

Das aktuelle Tate-Logo wurde rechtzeitig zur Eröffnung des neuen Standorts der Hauptsammlung dieses weltweit größten Museums für moderne Kunst vom Jahr 1500 bis zur Gegenwart entwickelt. Dieser befindet seit dem Jahr 2000 in der früheren Bankside Power Station, einem umgebauten Kraftwerk am Themseufer im Londoner Stadtteil Southwark. Als Dachmarke umfasst das Logo die vier Hauptstandorte (Tate Galleries) der Institution: Tate Britain, Tate Modern, Tate Liverpool und Tate St Ives. Der Name verweist auf den Zuckermillionär Henry Tate (1819–1899), der dem Staat seine mehr als 60 Gemälde namhafter britischer Künstler als Grundstock der Sammlung vermachte.

Der älteste Standort ist das von Sidney R. J. Smith entworfene, am 21. Juli 1897 eröffnete neoklassizistische Gebäude am Londoner Themseufer in Millbank/Pimlico. Dort präsentiert heute die Tate Britain britische Kunst vom 16. bis zum 20. Jahrhundert.

Jüngster, im Jahr 2000 eröffneter (und ab 2016 noch wesentlich erweiterter) Standort ist die ursprünglich von Sir Giles Gilbert Scott errichtete, nach Entwürfen der Schweizer Architekten Herzog & de Meuron umgebaute Bankside Power Station. Dort zeigt die Tate Modern nun internationale Kunst vom 20. Jahrhundert bis zur Gegenwart.

Die im Jahr 1988 in einem umgebauten Warenhaus in den Liverpooler Albert Docks eröffnete Tate Liverpool zeigt ausgewählte Werke der Tate-Sammlung und Spezialausstellungen zeitgenössischer Kunst aus Leihgaben öffentlicher und privater Sammlungen.

Die im Jahr 1993 in der Grafschaft Cornwall eröffnete Tate St Ives widmet sich dem modernen Erbe der internationalen Künstlerkolonie, als die St Ives bekannt ist. Präsentiert wird das Programm internationaler moderner und zeitgenössischer Kunst in einer nach einem Entwurf des Architektenduos David Shalev und Eldred Evans am Porthmeor Beach errichteten Galerie.

»Wir mussten etwas entwerfen, das die verschiedenen Tates vereinte«, sagt Marina Willer, die damals als Creative Director der Agentur Wolff Olins an dem Projekt arbeitete und heute Partnerin des Designstudios Pentagram ist. Nach einigen ersten Arbeitstreffen mit den Tate-Verantwortlichen entwickelte Wolff Olins zunächst ein Leitmotiv: »Look again, think again.« Das bezog sich zum einen darauf, dass Kunst für uns alle eine Herausforderung bedeutet, die Welt immer wieder neu zu betrachten. Zum anderen brachte es zum Ausdruck, dass auch die Kunstinstitution Tate etwas ist, das sich ständig verändert und doch es selbst bleibt. Dieses Leitmotiv bedeutete in der visuellen Umsetzung eine sehr offen, fließend angelegte Gestaltung.

Auf diese Weise entstand weniger ein Logo als vielmehr eine ganze Logo-Familie. Auf den ersten Blick sehen die einzelnen Logos »fast gleich aus«, erläutert Willer, aber »sieht man sie sich genauer an, erkennt man ihre unterschiedliche Intensität.« Diese unterschiedlichen Intensitäten ergeben in der Wirkung einen dynamischen Prozess: als würde die Sicht auf das Logo verschieden fokussiert – von klar erkennbar in der

Das hier auf einem gläsernen Aufsatz der Londoner Tate Modern zu sehende Logo erinnert manche auch an ein gesprühtes Graffiti-Tag.

MODERN

Linke Seite:
Verschiedene Anwendungen des Tate-Logos auf Stoffen, Transparenten und Pappbechern.

—

Diese Seite oben und rechts:
Außenwerbung der Tate Britain in London 2012.

—

Innen- und Außenwerbung der Tate Britain 2009 (links) und 2013 (rechts).

TATE MODERN
A Bigger Splash
Painting after Performance
14 November 2012
—
1 April 2013
BOOK NOW TATE.ORG.UK
SOUTHWARK / BLACKFRIARS
FIND US ON FACEBOOK/TATEGALLERY
FOLLOW US ON TWITTER @TATE
#splash
Supported by
ART MENTOR FOUNDATION LUCERNE

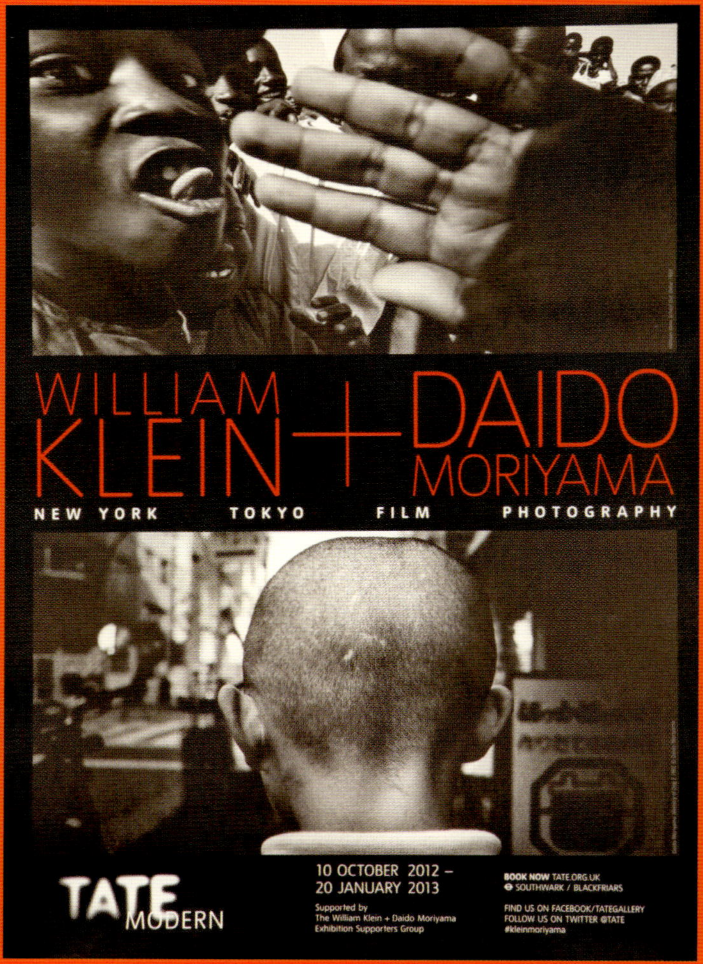
WILLIAM KLEIN + DAIDO MORIYAMA
NEW YORK TOKYO FILM PHOTOGRAPHY
TATE MODERN
10 OCTOBER 2012 –
20 JANUARY 2013
Supported by
The William Klein + Daido Moriyama
Exhibition Supporters Group
BOOK NOW TATE.ORG.UK
SOUTHWARK / BLACKFRIARS
FIND US ON FACEBOOK/TATEGALLERY
FOLLOW US ON TWITTER @TATE
#kleinmoriyama

Charline
VON HEYL
Now or Else
TATE LIVERPOOL

ANOTHER LONDON
International Photographers Capture City Life 1930–1980
TATE BRITAIN

Linke Seite im Uhrzeigersinn von oben links:
»A Bigger Splash: Painting After Performance« (Poster, Tate Design Studio, 2012).
—
»William Klein + Daido Moriyama« (Poster, Tate Design Studio, 2012).
—
»Another London: International Photographers Capture City Life 1930–1980« (Booklets, Tate Design Studio, 2012).
—
»Charline von Heyl: Now or Else« (Einladungskarte für Mitglieder von Tate Liverpool, Tate Design Studio, 2011).

Unten:
Das Tate-Hauptlogo und die Logo-Familien für die vier Galerien entsprechend der Definition im Styleguide.

Standardversion bis zu einer eher verschwommen wirkenden, aber immer noch in ihren Umrissen gut erkennbaren Alternativversion.

»Das Logo wurde nicht auf einem Computer entworfen«, sagt Willer. »Ich hatte ein kleines Zimmer, darin fertigte ich jeden Tag ein anderes ›Tate‹ an und projizierte es wie bei einer Installation. Davon machte ich dann Fotos, die wir animierten, um anschließend Screenshots von den Animationen zu machen. Daraus setzten wir dann letztlich die einzelnen Elemente der Logo-Familie zusammen.« Es handelt sich also um »verschiedene Momentaufnahmen ein und derselben Sache« (Willer).

Wie immer, wenn ein Design mit den Konventionen bricht, wurde auch das Tate-Logo zunächst kontrovers diskutiert. Hier waren es gleich zwei Grundregeln, an die man sich nicht halten wollte: die Beschränkung auf ein einziges Bildsymbol, um einen höchstmöglichen Wiedererkennungswert zu gewährleisten, und der Verzicht auf klare Konturen in der Gestaltung.

Auch innerhalb der Museumsorganisation selbst gab es anfangs Widerstände. »Weil es keine spezifischen Regeln für die Verwendung des Logos gibt, suchen Designer häufig ihre Lieblingsversion aus und verwenden dann nur noch diese«, erzählt Will Gompertz, ein BBC-Layouter und ehemaliger Kommunikationsleiter der Tate Galleries. Manche davon fürchteten in der Arbeit mit verschiedenen Logo-Varianten ihre individuelle visuelle Identität zu verlieren. »Innerhalb der Einrichtung hat das neue Logo zu ein paar Problemen geführt«, sagt Gompertz, fügt aber auch hinzu, extern habe es nur sehr wenige Probleme gegeben.

Rund 15 Jahre nach Neueinführung des Tate-Logos scheint dessen Akzeptanz keine Frage mehr zu sein. Wolff Olins hat danach auch das Emblem für die Olympischen Sommerspiele 2012 entworfen. Wie bei der Tate verabschiedete man sich auch hier von der Auffassung, dass ein Logo einem statischen Stempel auf einem Stück Papier gleichen müsse – zugunsten der von Wolff Olins vertretenen Anschauung, nach der es in einem modernen Marketingumfeld auch die Basis für ein komplettes Grafiksystem sein und nach Bedarf verändert werden könne.

Paul Rand
1961

Das verschnürte Paket oben in dem Logo, das der im New Yorker Stadtteil Brooklyn als Perutz Rosenbaum – Sohn aus Wien immigrierter orthodoxer Juden – geborene Grafikdesigner Paul Rand (1914–1996) im Jahr 1961 für das weltweit tätige Logistikunternehmen United Parcel Service (UPS) entwarf, bereitete den Verantwortlichen anfangs einiges Kopfzerbrechen. Denn genau auf eine Verwendung solcher Paketschnüre sollten die Kunden lieber verzichten, um UPS den Versand nicht unnötig zu erschweren.

Paul Rand argumentierte jedoch, das Motiv der gebundenen Schleife sei die einzige Möglichkeit, eine rechteckige Form als Päckchen darzustellen – ein einfacher, sofort erkennbarer Hinweis auf den Tätigkeitsbereich der Firma. Und zudem symbolisiere es nicht nur ein Päckchen, sondern erinnere auch an ein Geschenk, was beim Betrachter positive Gefühle auslöse, die sich dann auch auf die Firma übertragen würden.

Für seine Argumentation brauchte Rand kein kompliziert ausgetüfteltes theoretisches Fundament. »Ich habe immer geglaubt, wenn ich meine eigene Arbeit verstehen könne, werde auch jeder andere sie verstehen«, sagte er dazu in einem Interview mit dem Designhistoriker Steven Heller. »Ich nehme mich als Maßstab, aber auch andere – keine Fachleute oder Profis. Meine Tochter beispielsweise war sieben, als ich ihr eine Skizze meines UPS-Logos zeigte. Ich fragte sie, wonach es für sie aussah, und sie antwortete, als hätten wir das vorher einstudiert: ›Das ist ein Geschenk, Daddy.‹«

Damit das Unternehmen am 28. August 1907 in Seattle gegründete werden konnte, musste sich der damals erst 19 Jahre alte James E. Casey zunächst von einem Freund 100 US-Dollar borgen. Unter dem Namen »American Messenger Company« lieferten dann er, sein Bruder und einige weitere Freunde im Teenageralter zu Fuß, mit dem Rad oder dem Motorrad Pakete aus, wobei das selbst gewählte Motto »best service and lowest rates« sicher mit dafür verantwortlich war, dass sich die guten Dienste der seit 1913 erstmals auch mit einem Auto (einem Ford-Modell T) agierenden und im Jahr 1919 in »United Parcel Service« umbenannten Firma rasch herumsprachen.

Ein erstes Logo, das noch wie ein Wappen gestaltet war, hatte man bereits im Jahr 1913 entworfen. Bis zum Jahr 1937 zeigte es ein mit einer Schnur gebundenes, von einem fliegenden Adler gehaltenes Päckchen und einen Paketanhänger, auf dem die Worte »Safe Swift Sure« (»Sicher Schnell Zuverlässig«) standen. Vor diesem Hintergrund war Rands Entwurf also keine wirkliche Neuerfindung – der Clou seiner Arbeit bestand darin, das Päckchenmotiv in das Wappenlogo mit einzubinden, statt es wie bisher als grafisches Zusatzelement zu behandeln.

»Gutes Design steigert den Wert nicht zufällig, sondern auf eine sinnvolle Weise – und kann dabei auch eine reine Augenweide sein«, so das Credo von Rand. Ein wichtiger Aspekt seiner Arbeit war für ihn auch Humor: »Menschen ohne Sinn für Humor sind langweilig«, sagte er zu Heller. »Interessante Menschen haben immer irgendeine Art von Humor.« Als Designer, fügte er hin-

Ein UPS-Fahrer spiegelt sich in der Tür eines Lieferwagens, um 1965.

zu, sei es ihm quasi todernst damit, witzig zu sein. Mit diesem Thema beschäftigte er sich auch in seinem 1985 erschienenen Buch »A Designer's Art«: »Eine visuelle Botschaft, die vorgibt, tiefsinnig oder elegant zu sein, erweist sich häufig als prätentiös und wird zum Bumerang«, heißt es darin. »Kurz gesagt ist die Auffassung, dass ein humorvoller Ansatz in der visuellen Kommunikation unwürdig oder herabsetzend sei, reiner Unsinn.« Rand jedenfalls hatte sicher kein Problem damit, wenn die Leute über das von ihm in sein UPS-Logo integrierte Geschenkpäckchen lächelten. Im Gegenteil.

Das berühmteste Beispiel für Rands spielerisch wirkenden Humor ist ein für IBM im Jahr 1980 gestaltetes Plakat. Für dieses IT- und Beratungsunternehmen hatte er schon im Jahr 1956 das – 1972 noch einmal von ihm überarbeitete und seitdem bis auf wenige Modifikationen unverändert beibehaltene – Logo neu gestaltet. Das Plakat entwarf er als kunstvolles Bilderrätsel, indem er die phonetischen Elemente der englisch gesprochenen Buchstaben IBM optisch so umsetzte, dass das »I« als Auge *(eye)*, das »B« als Biene *(bee)* und das »M« als Abkürzung für »Maschinen« *(machines)* erhalten blieb. Dem Unternehmen war der Entwurf offenbar zu gewagt, weshalb das Plakat nur in einer kleinen Auflage gedruckt wurde. Heute zählt es beispielsweise die Pinakothek der Moderne in München »in seiner Prägnanz und Lakonie zu den bedeutendsten Leistungen des Graphic Design unseres Jahrhunderts«.

Unbestreitbar ist Paul Rands Bedeutung als einer der Pioniere des US-amerikanischen Grafikdesigns. Er studierte in New York am Pratt Institute, an der Parsons School of Design sowie an der Arts Students League, wo er bei dem Maler George Grosz (1893–1959) seinen Abschluss machte. In seinen frühen Arbeiten zeigte er sich von der europäischen Avantgarde seiner Zeit, vom Kubismus und Konstruktivismus sowie vom Bauhaus beeinflusst. In den Jahren 1936 bis 1941 war er Art Director der Zeitschriften »Esquire« und »Apparel Arts«, 1938 bis 1945 gestaltete er die viel beachteten Titel der Zeitschrift »Direction«. In den Jahren 1941 bis 1954 arbeitete er in der New Yorker Werbeagentur William H. Weintraub, ab 1956 als freier Grafikdesigner und Berater der Firmen Westinghouse und IBM. Er hatte eine Professor für Grafikdesign an der Yale University in New Haven, Connecticut, und veröffentlichte neben dem erwähnten Buch »A Designer's Art« noch drei weitere:

Diese Seite unten und ganz unten links/rechts:
UPS-Lieferwagen von 1968, 1993 und 1984.
—
Rechte Seite:
Diese Skizzen des UPS-Logos zeigen die Entwicklung des »Paket«-Elements, das anfangs mit zwei weiteren Radsymbolen abgebildet und dann als alleiniges Element im oberen Bereich des Logos gestaltet wurde. Ein Entwurf scheint auf den 23. März 1961 datiert zu sein, auf einer Skizze wird mit einer Serifenschrift experimentiert – keine der Arbeiten aber hat Paul Rand persönlich signiert. Ebenfalls zu sehen sind ein Modell für eine Visitenkarte und die Vorlage für das endgültige Logo. Alle Originaldokumente befinden sich in der Paul Rand Papers Collection der Universitätsbibliothek von Yale.

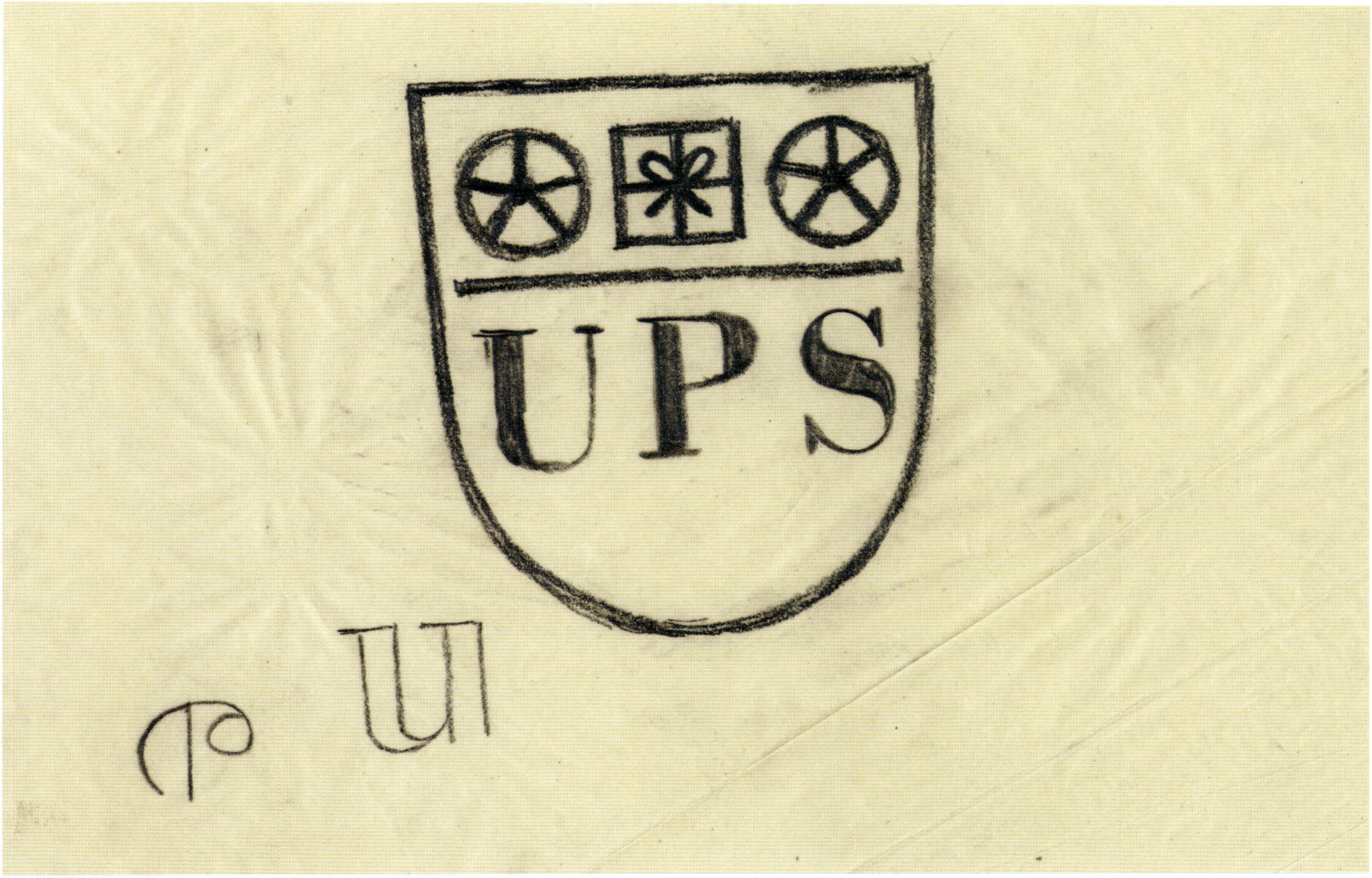
UPS

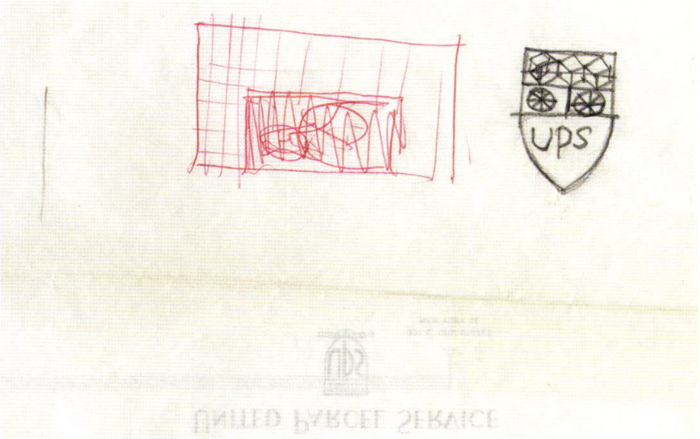
UPS

3/23/61
ups

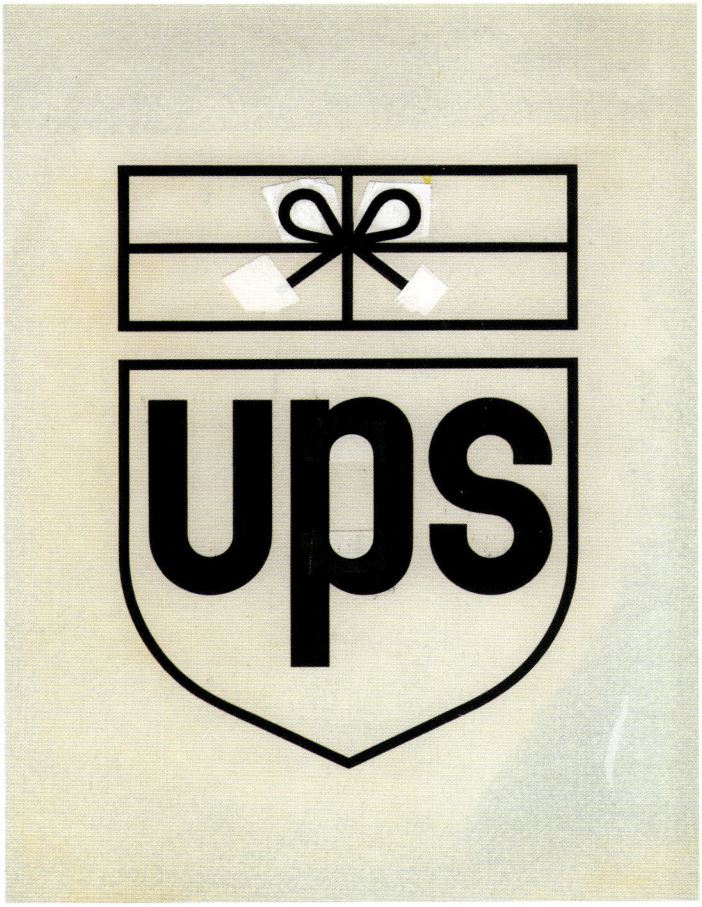
ups

ups
ups

Weltweiter
Zustelldienst
0130 826630
ups
02503

ups
NEXT DAY AIR.

Linke Seite im Uhrzeigersinn von oben links:
Flugzeuge mit dem UPS-Logo am Flughafen Louisville, Kentucky, 1988.
—
UPS-Fahrerin mit Übernacht-Luftpostumschlägen vor einem UPS-Flugzeug.
—
Ein deutsches UPS-Zustellfahrrad, 1990.

Unten:
UPS-Lieferwagen, 1971. Rands Logo wurde auf der Fahrzeugflotte des Unternehmens in Gold auf braunem oder schwarzem Grund wiedergegeben.

»Thoughts on Design« (1947), »Design and the Play Instinct« (1955) sowie »Design, Form and Chaos« (1993).

Sein Vermächtnis aber sind vor allem seine Trademarks. Neben den Logos für UPS und IBM gestaltete er noch weitere für Firmen wie Enron, Westinghouse, ABC und NeXT, ein Mitte der 1980er-Jahre von Steve Jobs gegründetes und später unter dessen Ägide von Apple übernommenes Computerunternehmen.

Für UPS erwies sich auch noch ein weiterer Merksatz Paul Rands als bedeutend: »Keep it simple.« Die Firma wollte, ihrem Image als Dienstleister gemäß, im Erscheinungsbild unaufdringlich bleiben und sich so positiv von anderen, »lauteren« Marktauftritten absetzen. Zudem sollte eine gute Lösung für Rand nicht nur »stimmig«, sondern auch »potenziell langlebig« sein. »Dennoch glaube ich nicht, dass man etwas für die Ewigkeit entwerfen kann«, meinte er zu Heller. »Man entwirft, damit es funktionell, nützlich, richtig und schön ist. Die Ewigkeit ist eine Sache Gottes.«

Rands UPS-Logo wurde erst 2003 durch eine Überarbeitung der in London ansässigen Agentur FutureBrand ersetzt, um dem vom Paketauslieferer zum umfassenden Dienstleister expandierenden Unternehmen symbolisch Ausdruck zu geben. Interessanterweise hatte Rand selbst bereits zwölf Jahre zuvor, 1991, in einem für das American Institute of Graphic Arts (AIGA) geschriebenen Beitrag angedeutet, er habe angeboten, »an dem UPS-Logo einige kleinere Anpassungen vorzunehmen«. Sein Angebot sei jedoch kurzerhand abgelehnt worden, obgleich eine Vergütung keine Rolle gespielt habe.

Was Rand damals, 30 Jahre nach seinem Originalentwurf, wohl verändert hätte? Die Schrift? Das Paket? Die umstrittene Schnur? Wir werden es niemals erfahren.

V&A

Alan Fletcher, Pentagram 1989

Das im Jahr 1989 von Alan Fletcher (1931–2006) für das Londoner Victoria & Albert Museum entworfene Logo ist simpel und höchst clever zugleich. Es verwendet eine klassizistische, von dem italienischen Buchdrucker Giambattista Bodoni (1740–1813) entworfene Antiquaschrift und fasst die drei Zeichen V&A zu einem sofort lesbaren Bildsymbol zusammen. Dazu ließ Fletcher den Aufstrich des Buchstaben »A« weg und setzte die Zeichen so eng aneinander, dass die Serife des Et-Zeichens den (ebenfalls nicht vorhandenen) Querstrich des »A« optisch signalisiert, sodass das Auge den Buchstaben als Ganzes wahrnimmt, obwohl er unvollständig ist. Auf diese Weise gelang ihm eine Gestaltung, die den aufmerksamen Betrachter in Alan Fletchers eigenen Worten »innerlich lächeln lässt«.

Auf eine solche Idee kommt man nicht, wenn man immer nur die ausgetretenen Pfade beschreitet. »The Art of Looking Sideways« heißt denn auch Fletchers im Jahr 2001 erschienenes Opus Magnum, in dem der als Sohn eines britischen Staatsbeamten in der kenianischen Hauptstadt Nairobi geborene Fletcher seine An- und Einsichten zum Thema »Design« beschreibt. Als er fünf Jahre alt war, zog er nach West-London, wo er nach dem plötzlichen Tod seines Vaters in der Obhut seiner Mutter und der Großeltern aufwuchs. Seine schulische Ausbildung schien ihm zunächst eine Laufbahn beim Militär oder als Banker vorzugeben, doch er hatte schon als Kind gern gezeichnet und studierte deshalb in London Grafikdesign, bevor er im Jahr 1956 als Stipendiat des Royal College of Art an die Universität von Yale wechselte, wo Paul Rand, Herbert Matters und Josef Albers zu seinen Lehrern gehörten. Drei Jahre später ging er nach Los Angeles, wo er mit Saul Bass Kontakt aufnahm, der ihm einige freie Aufträge verschaffte. Wieder zurück in London, gründete er dort das Designstudio Fletcher / Forbes / Gill, mit dem er u. a. einige Buchcover für Penguin gestaltete sowie für weitere Klienten wie Pirelli und Olivetti arbeitete. 1972 wurde er zum Mitbegründer von Pentagram, heute das größte unabhängige Designstudio der Welt mit Büros in London, New York, San Francisco, Austin und Berlin.

In seiner Zeit bei Pentagram sollte Fletcher ursprünglich ein Leitsystem für das Museum erstellen. »Es ging um einen Rundweg durch das Museum, das sich in einem ziemlich verschachtelten Gebäude befindet«, erinnert sich Quentin Newark, sein damaliger Assistent. »Alan hatte die Idee, für die jeweilige Laufrichtung eine eigene Farbe zu wählen: Rot führte in Richtung Norden, Blau in Richtung Süden et cetera. Außerdem hatte er vor, für das Leitsystem eine Schrift auszuwählen, die so aussehen sollte, als sei sie ein Teil der Sammlung.«

Fletcher entschied sich für die Bodoni, und Newark zeichnete die Schrift für eine Reihe von Transparenten neu. Dann kam der Designmanager des V&A, Joe Earle, auf den Gedanken, es sei an der Zeit, auch das Corporate Design des V&A zu überarbeiten. Dazu gehörte auch der Entwurf eines neuen Logos, für das es bereits diverse, allerdings sehr unterschiedlich gestaltete Vorläufer gab.

»Wir verbrachten ein paar Wochen damit, die Buchstaben zu schneiden und schön anzuordnen«, erinnert

Eines der Transparente des Leitsystems, das Alan Fletcher für das Victoria & Albert Museum in London entwarf. Er arbeitete gerade an diesem Auftrag, als ihm die Idee für das neue Logo kam.

sich Newark. »Jetzt, wo das Logo fertig ist, erscheint es sonnenklar, aber ich weiß gar nicht mehr, wie viele Versionen ich anfertigte, bei denen wir die Buchstaben neu skalierten, die Schriftstärke veränderten und das Et-Zeichen neu zeichneten.«

Die ideale Lösung fiel Fletcher erst am Morgen des Tages ein, als das Studio dem Museum seine Ideen vorlegen sollte. »Er kam quasi direkt aus der Dusche von zu Hause«, erzählt Newark, »und meinte: ›Ich hab's‹.« Dann entfernte er Auf- und Querstrich beim ›A‹, und als wir uns das Ergebnis ansahen, war auf einmal alles klar.«

Fletchers Entwurf überzeugte auch die Museumsleute und prägt bis heute das Erscheinungsbild dieser im Jahr 1852 gegründeten, in einem von Aston Webb entworfenen Gebäude in South Kensington untergebrachten Londoner Institution – heute das größte Kunst- und Designmuseum der Welt.

Zum 150-jährigen Jubiläum des Museums im Jahr 2002 wurde dessen Corporate Design von Wolff Olins überarbeitet. Fletchers Logo aber blieb erhalten. Von welch – offenbar zeitloser – Qualität die Arbeit ist, zeigte sich auch an dem im Jahr 2010 von der Agentur Troika entworfenen V&A-Palindrom. Dabei handelt es sich um eine seit diesem Jahr in der U-Bahnstation South Kensington am Eingang zum Museum hängende kinetische Installation. »Inspiriert von der reichhaltigen Sammlung des V&A, wollten wir ein Objekt kreieren, das Theatralität und Magie in den Raum einbindet«, sagt dazu Conny Freyer von Troika. »Wir entschlossen uns sehr schnell, mit Alan Fletchers Monogramm zu arbeiten, das sich für ein einfaches und doch wirkungsvolles typografisches Spiel eignet, bei dem die Buchstaben gedreht werden können, um sich aufzulösen und wieder zu verbinden – wie bei einem Palindrom. Als wir uns die Sache genauer anschauten, stellten wir fest, dass jeder Buchstabe um seine eigene Achse gedreht und so das Logo problemlos gespiegelt werden konnte. Als kinetisches Zeichen wird die Logik des Emblems quasi physisch zur Schau gestellt – und ermöglicht immer wieder den ›magischen Moment‹ des ersten Erkennens.«

Newark glaubt, diese Idee hätte auch Fletcher gefallen. »Wie jeder Designer war er hin- und hergerissen zwischen dem Wunsch, etwas Bleibendes zu gestalten, und dem Drang, es dann aber doch beständig ›frisch‹ zu erhalten und weiterentwickeln zu wollen. Die Art und Weise, wie Troika das mit seinem Logo gelang, erscheint mir einfach perfekt.«

Für den Pentagram-Designer John Rushworth liegt die anhaltende Anziehungskraft von Fletchers Logo in seiner Simplizität und in der Qualität der Beobachtung des Designers, die sich auf den Betrachter übertrage: »Es ist wirklich etwas ganz Besonderes, dass Alan die Verbindung des Et-Zeichens mit den beiden Buchstaben sah. Es braucht schon einen besonders fantasievollen Geist, um eine solche Kombination zu erkennen und sie dann in der Ausarbeitung so zu verfeinern, dass sich der ›magische Moment des Erkennens‹ auch im Auge des Betrachters wie von selbst einzustellen scheint.«

Linke Seite von oben nach unten:
Verschiedene V&A-Logos aus der Zeit vor Alan Fletchers Design, zu sehen auf unterschiedlichen Briefköpfen.

—

Auch diese Ausstellungsplakate illustrieren die »Prä-Fletcher«-Ära.

—

Diese Seite oben und unten:
Frühe Anwendungen des Fletcher-Logos auf Uniform und Teppich.

—

Fletchers Logo auf Einladungsschreiben des Museums.

Oben und rechte Seite:
Ein von Troika entworfenes kinetisches Markenzeichen, bei dem sich das Logo um seine eigene Achse dreht, befindet sich am Museumseingang in der Londoner U-Bahnstation South Kensington.

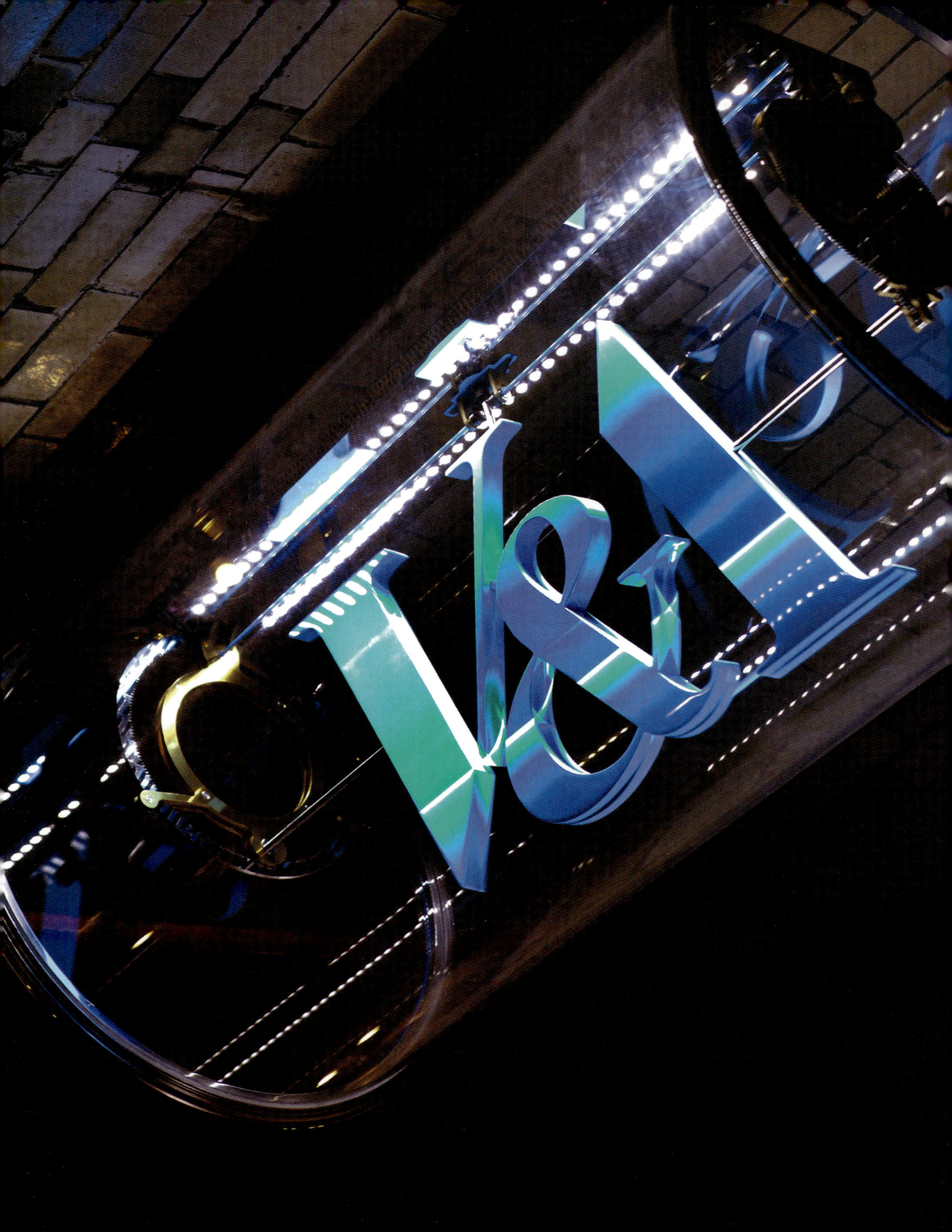
V&A

V&A
1:1
SEVEN ARCHITECTS BUILD SEVEN STRUCTURES
1:1 ARCHITECTS BUILD SMALL SPACES
15 JUNE–30 AUGUST 2010
PLAYGROUND | WOODSHED | PERFORMANCE BOOTH | BOOK TOWER | TEA HOUSE | HIDDEN DWELLING | INSIDE/OUTSIDE TREE
ADMISSION FREE
www.vam.ac.uk/smallspaces
Victoria and Albert Museum
South Kensington
Knightsbridge
With thanks to Coniston

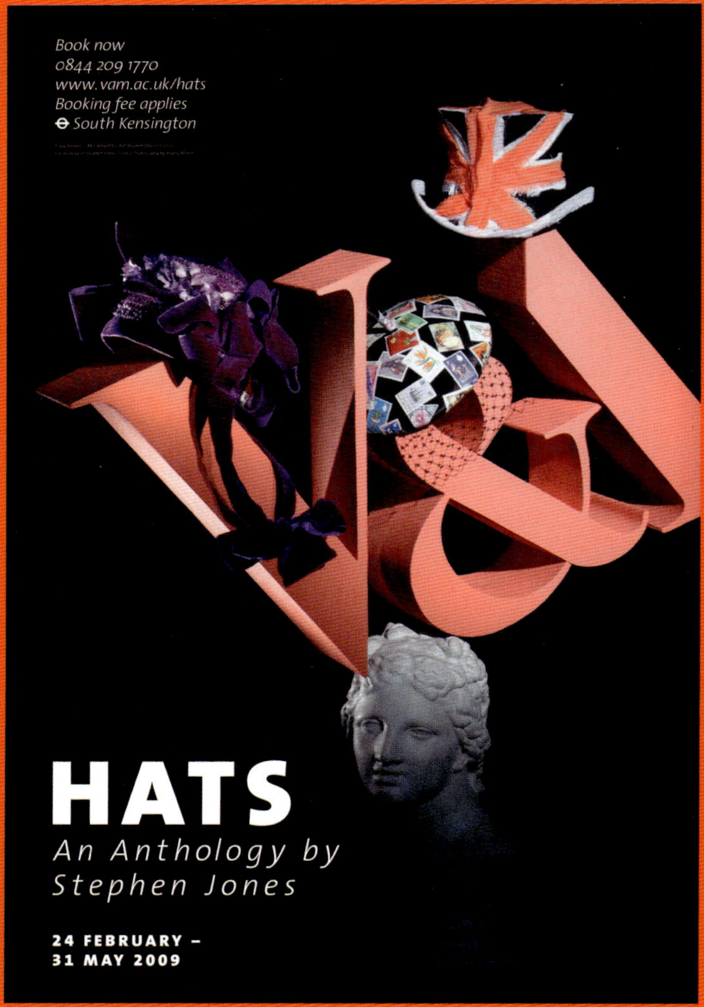
Book now
0844 209 1770
www.vam.ac.uk/hats
Booking fee applies
South Kensington
HATS
An Anthology by Stephen Jones
24 FEBRUARY – 31 MAY 2009

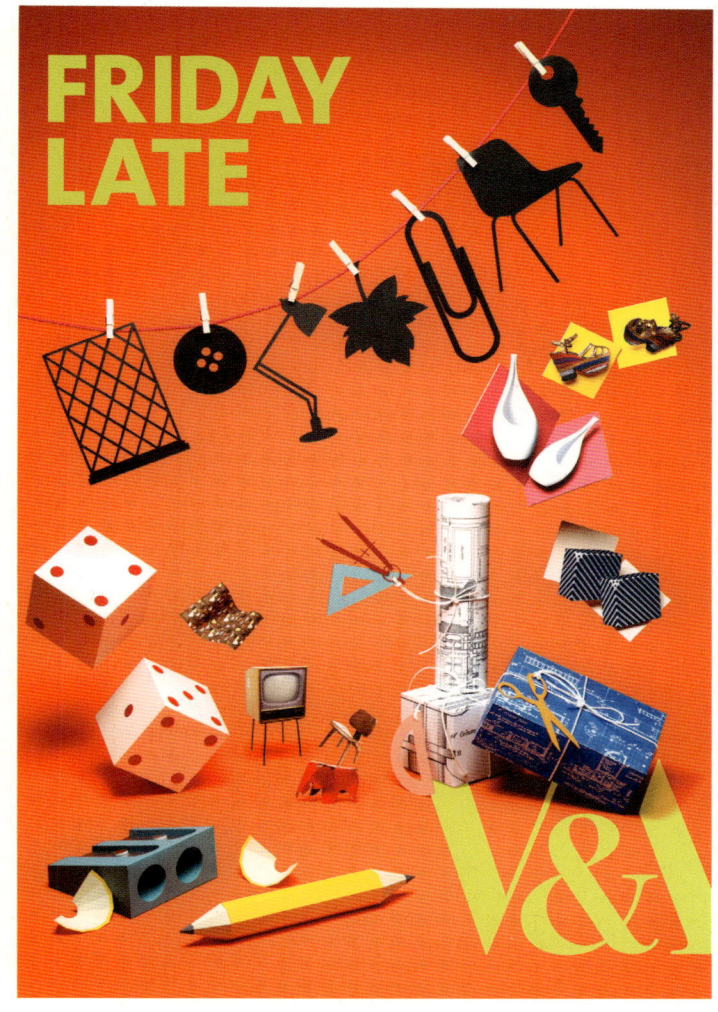

Oben und linke Seite:
Diese Ausstellungsplakate des V&A aus den Jahren 2009/2010 zeigen, wie spielerisch Fletchers Symbol eingesetzt werden kann.

Franco Grignani
1964

Das Woolmark-Label gehört heute zur Australian Wool Innovation (AWI), einer Non-Profit-Organisation mit Sitz in Sydney und Büros in allen wichtigen Schlüsselmärkten der Welt. Mehr als 27 000 australische Wollfarmer haben sich dieser Organisation angeschlossen. In Lizenz vergeben, dient das Wabel Textilherstellern wie Verbrauchern als Gütesiegel dafür, dass ein Produkt aus reiner Schurwolle hergestellt wurde und den hohen Standards der Organisation entspricht.

Um die Stellung der australischen Wollfaser im internationalen Markt noch weiter auszubauen – allein neun von zehn der in Deutschland auf den Markt kommenden Wolltextilien wurden aus der feinen australischen Merinowolle hergestellt –, arbeitet man auch viel mit Designern zusammen wie zuletzt dem Briten Paul Smith oder davor dem New Yorker Alexander Wang und dem Belgier Christian Wijnant. Für das heute weltbekannte Woolmark-Logo schrieb im Jahr 1963 das bereits 1937 gegründete International Wool Secretariat (IWS), eine Vorläuferorganisation der AWI, einen Designwettbewerb aus. Vorgabe war, eine Art Wollsiegel zu entwerfen, das Vertrauen erwecken und symbolisch für die hohen Qualitätsstandards der Organisation stehen könne. Der siegreiche Entwurf – ein stilisierter Wollstrang in Form eines Möbiusbandes – wurde schon im folgenden Jahr im Vereinigten Königreich, in den USA, Japan, Deutschland, den Niederlanden und in Belgien eingeführt und ist heute als »Woolmark« weltbekannt.

WOOLMARK

Offiziellen Angaben der Organisation zufolge handelt es sich bei der Woolmark um die Arbeit des Mailänder Designers Francesco Saroglia. Doch erstaunlicherweise ist über diesen Mann – der immerhin ein Logo entworfen haben soll, das seit 1964 mit über fünf Milliarden Produkten weltweit verbreitet wurde – sonst nichts bekannt. Wie kann es sein, dass ein Designer dieses Kalibers bis auf das Logo keine weitere Spur hinterließ? Eine mögliche Antwort lautet: Weil es ihn gar nicht gibt. Viel wahrscheinlicher scheint es da doch zu sein, dass das Logo in Wahrheit von einem anderen italienischen Designer entworfen wurde, von Franco Grignani (1908 bis 1999). Und über den weiß man doch einiges mehr …

Der in Pavia, Mailand und Turin aufgewachsene Grignani studierte zunächst Architektur, bevor er sich mehr für Grafikdesign, Fotografie und Malerei zu interessieren begann und dann zeit seines Lebens vorwiegend als freischaffender Künstler tätig war. Für die Mailänder Druckerei Alfieri & Lacroix gestaltete er mehr als 150 Anzeigen und Poster, für den Pharmakonzern Dompé betreute er als Art Director die Hauszeitschrift »Bellezza d'Italia«. In gleicher Funktion betreute er auch die Zeitschrift »Pubblicità in Italia«. Darüber hinaus war Grignani ein viel beschäftigter Ausstellungsmacher, der auch für sein eigenes künstlerisches Schaffen zahlreiche Auszeichnungen erhielt. Werke von ihm wurden u. a. auf den Biennalen in Warschau, Venedig und São Paulo gezeigt, 1964 waren Arbeiten von ihm auf der documenta III in Kassel zu sehen. Im selben Jahr saß er auch in der Jury, die über die eingereichten Woolmark-Entwürfe zu entscheiden hatte, und schaut man auf der Website der Alliance Graphique Internationale (AGI) nach, einem Eliteverein weltweit renommierter Grafik- und Kommunikationsdesigner, dem Grignani seit 1952

Offiziellen Angaben zufolge zeigt dieses Bild die Hand eines gewissen »Francesco Saroglia« bei der Arbeit am Woolmark-Label. Aber stammt dieser Entwurf auch wirklich von ihm? Oder doch von seinem Landsmann Franco Grignani?

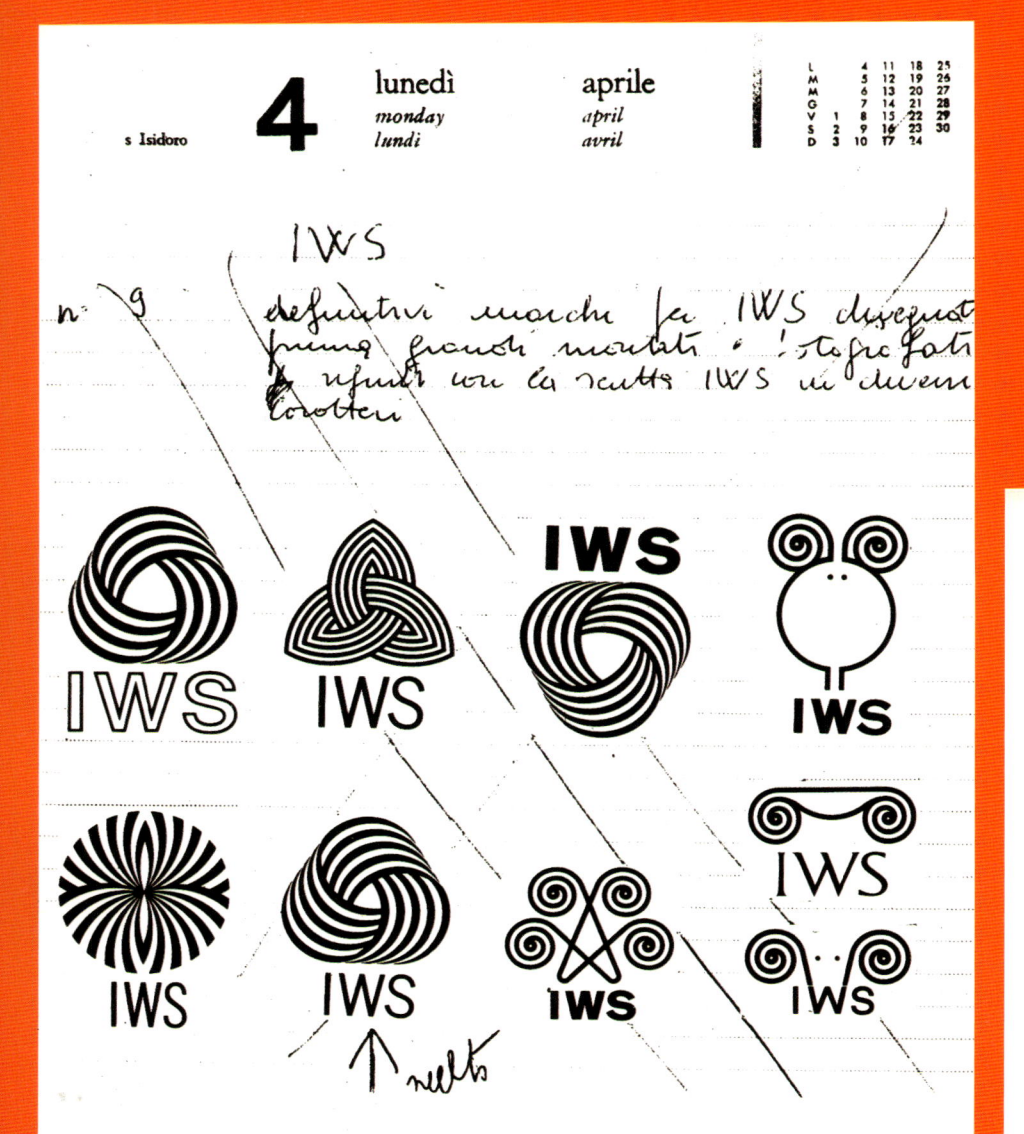

Die neun Logo-Vorschläge von Grignani, die der Designer 1963 an das Internationale Wollsekretariat schickte, auf einem 1995 in einer Ausstellung gezeigten Kalenderblatt. Deren Originale entdeckte man 2013; drei davon werden sind auf dieser Seite abgebildet.

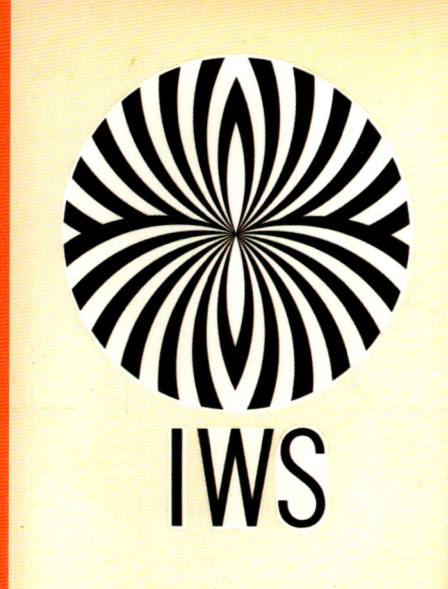

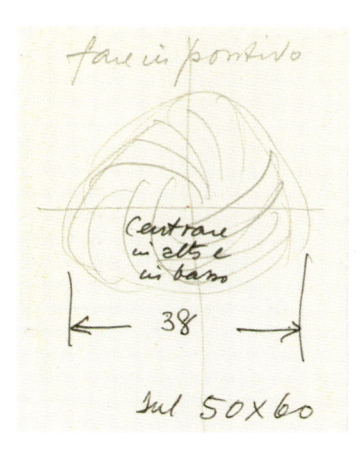

Diese Seite von oben nach unten:
Kleine Bleistiftskizze von Franco Grignani mit Maßangaben, 1964.
—
Die Woolmark zusammen mit der Wortmarke der Organisation.
—
Franco Grignani, 1996 von Raoul Manuel Schnell fotografiert.

angehörte, dann klärt sich auch das Rätsel um den wahren Designer des Woolmark-Logos: Dort heißt es nämlich, Grignani habe – da die Aufgabe ideal zu seinen eigenen Designvorstellungen passte – der Versuchung nicht widerstehen können, selbst an dem Wettbewerb teilzunehmen, in dessen Jury er saß. Also habe er seinen Entwurf unter dem Pseudonym »Francesco Saroglia« eingereicht – und gewonnen.

Grignanis Tochter Manuela bestätigt diese Version im Wesentlichen, legt aber Wert auf die Feststellung, dass ihr Vater nicht aus eigennützigen Motiven gehandelt habe: »Mein Vater war immer ein sehr korrekter Mensch«, sagt sie, »mit sehr strengen moralischen Prinzipien. In der Woolmark-Geschichte ging es ihm nicht um irgendeinen persönlichen Nutzen, sondern darum, den guten Standard der ästhetischen Produktion Italiens zu repräsentieren.«

Als man ihn bat, ein Mitglied der internationalen Jury zu werden, habe sich ihr Vater geschmeichelt gefühlt und darauf gefreut, bei dieser Gelegenheit die anderen Juroren in London zu treffen. Noch vor seiner Abreise aber habe das italienische Sekretariat der den Wettbewerb ausschreibenden Organisation mit ihrem Vater Kontakt aufgenommen, um ihn nach seiner Meinung zu den italienischen Beiträgen zu befragen. Seine Bedenken, ob es richtig sei, dass ein Mitglied der Jury schon vorab Beiträge zu sehen bekäme, wussten sie zu beschwichtigen, indem sie sagten, es gehe nicht um seine Zustimmung, sondern nur um seine grundsätzliche Meinung zur Qualität des eingereichten Materials. Also habe sich ihr Vater die Arbeiten angesehen, erzählt seine Tochter, und die eingereichten Arbeiten als so dürftig empfunden, dass er meinte, *so* wolle er Italien nicht vertreten sehen. Nun war aber die Frist zur Einreichung der Arbeiten schon fast abgelaufen, man sah sich außer Stande, noch weitere Arbeiten anzufordern, »und sie baten meinen Vater dringend, ihnen zu helfen«. Nur wegen dieses Drucks habe er schließlich zugestimmt, auch selbst einige Logos zu entwerfen, um das Material zu bereichern.

Manuela Grignanis Worten zufolge beschloss die italienische Abteilung dann, einen Angestellten aus ihrer Grafikabteilung zu suchen, den sie offiziell als Urheber der von ihrem Vater eingereichten Entwürfe ausgeben könnten. »Es gab diesen Francesco Saroglia tatsächlich«, erinnert sie sich, er war Angestellter des IWS, und die Fotos, die ihn beim Zeichnen des Logos zeigen, wurden erst aufgenommen, nachdem das Logo meines Vaters den Wettbewerb gewonnen hatte. »Das Foto zeigt also nicht die Hand meines Vaters, der das Logo malt, sondern Saroglias Hand.«

Grignani erinnert sich auch daran, wie ihr Vater damals beim Essen eine Gabel nahm und mit den Zinken leicht in das weiße Tischtuch kratzte. »Was sich darin abdrückte, war im Wesentlichen schon das heutige Logo: drei halbe Runden auf dem weißen Tischtuch, die eine dünne Spur auf dem weißen Stoff hinterließen. Davon fertigte er dann aber noch viele Varianten an: dicker, dünner etc., bis er sich für eine Variante entschied, die ihm am besten gefiel.«

Oben:
Grignani schuf von 1952 bis Ende der 1970er-Jahre mehr als 150 Anzeigen und Plakate für die Mailänder Druckerei Alfieri & Lacroix, die ihm in seinen typografischen Arbeiten völlig freie Hand ließ. Die auf dieser Seite gezeigten Beispiele stammen von 1955 (links) und 1965 (rechts). Unverkennbar ist der an die Woolmark erinnernde grafische Ansatz des Künstlers Grignani.

Oben:
In der Werbung wurde das Woolmark-Logo zu einem oft genutzten grafischen Motiv, das auch bei dieser (undatierten) deutschen Wollpulloverkampagne auftauchte.

Unten links/rechts:
Bei dieser spanischen Anzeige aus dem Jahr 1988 wird die Woolmark auf dem Green eines Golfplatzes wiedergegeben, während 1974 in Frankreich, als Teil einer Werbekampagne für Wolle, Schafe so zusammengetrieben wurden, dass sie die Form des Logos ergaben.

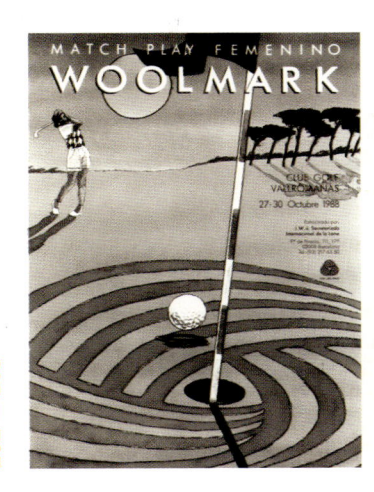

Da es für den Wettbewerb eine so große Auswahl internationaler Beiträge gab, habe Grignani einen Sieg seines unter dem Pseudonym eingereichten Entwurfs für sehr unwahrscheinlich gehalten. Doch als die Jury ihre Arbeit aufnahm, wurde bald klar, dass sein Entwurf am besten ankam. Tatsächlich soll er dann sogar selbst gegen seinen Entwurf gestimmt haben. Aber das Ergebnis war eindeutig – so eindeutig wie die Qualität des siegreichen Logos, von dem die meisten der übrigen Jurymitglieder durchaus geahnt haben dürften, wessen Handschrift sich hier zeigte.

Am besten wäre es vermutlich gewesen, wenn Grignani noch vor der Auswahl der eingereichten Entwürfe als Jurymitglied zurückgetreten wäre. Warum er es nicht tat? »Manchmal im Leben müssen Sie zwischen zwei Optionen wählen«, meint seine Tochter, »und manchmal entscheiden Sie sich für die falsche«, sagt sie. »Er hatte nicht gedacht, dass er gewinnen würde, und vielleicht meinte er, es sei für einen Rücktritt schon zu spät.«

Erst nach Jahren des »vornehmen Schweigens«, sagt Manuela Grignani, habe sich ihr Vater offiziell dazu bekannt, das Logo entworfen zu haben. »Ich war noch zu jung, um seine Sorgen zu verstehen«, erinnert sie sich, »aber ich weiß, dass er all die Jahre immer seine Bitterkeit herunterschlucken musste, wenn sein berühmtes Logo einem gewissen Saroglia zugeschrieben wurde.«

1995, vier Jahre vor seinem Tod, zeigte der damals 87-jährige Künstler anlässlich einer Ausstellung seiner Arbeiten in der Mailänder Galleria Aiap eine Seite aus seinem Terminkalender, auf die er neun mögliche Varianten seines Logos aufgeklebt hatte, die er damals zum Wettbewerb einreichte.

Manuela Grignani sagt, ihr Vater habe mit der Woolmark nie Geld verdient, aber es sei ihm ein Anliegen gewesen, sein großes Talent anerkannt zu sehen. Er habe sich immer wie ein Gentleman verhalten, und dieser Charakterzug sei von grundlegender Bedeutung für das Verständnis seiner gesamten künstlerischen Produktion: Grafikdesign, Fotografie, Malerei. »Er arbeitete mit absoluter Leidenschaft und empfand die Arbeit nie als Last, sondern immer als ein echtes Vergnügen ... Er war eine außergewöhnliche Persönlichkeit.«

Oben:
Neujahrskarte (Auguri = gute Wünsche) des IWS mit einer Version der Woolmark in Gold, ca. 1964/1965.
—
Unten:
Weitere Woolmark-Varianten von Grignani, 1964.

Oben und links:
Dank ihrer grafischen Qualitäten eignete sich die Woolmark besonders gut für große, beleuchtete Formate wie hier am Londoner Piccadilly Circus (oben), in Paris (ganz links) und in Tokio (alle: um 1970).

© ®
WWF

Sir Peter Scott
1961

Am 9. Oktober 1961 schockierte die britische Tageszeitung »Daily Mirror« ihre Leserinnen und Leser mit einer Titelstory, in der es hieß: Dummheit, Habgier und Ignoranz der Menschen seien dafür verantwortlich, dass Nashörner, Antilopen oder Galapagos-Schildkröten dazu verdammt wären, von der Erde zu verschwinden. Falls sich die Menschen nicht schleunigst änderten, drohe vielen Tieren das gleiche tragische Schicksal wie »Dodo«, dem legendären Riesenvogel, der im Jahr 1690 ausgerottet worden war. Die alarmierende Story verfehlte nicht ihre Wirkung: Innerhalb einer Woche spendeten die Briten 60 000 Pfund, heute umgerechnet etwa 350 000 Euro, an eine damals erst wenige Monate junge, am 21. April 1961 in der Schweiz gegründete Organisation namens »World Wildlife Fund« (WWF). Diese entwickelte sich in den folgenden Jahrzehnten von einer kleinen, privaten Naturschutzinitiative zu einer der größten Umweltorganisationen weltweit.

Zum 25-jährigen Jubiläum 1986 änderte man den Namen in »World Wide Fund for Nature«, um zum Ausdruck zu bringen, dass der WWF die Mission seiner Gründung inzwischen konsequent erweitert hatte: von der Rettung bedrohter Arten zur Zukunftsvorsorge für einen lebendigen Planeten; von einer Geldmittel beschaffenden, mit bestehenden Naturschutzgruppen zusammenarbeitenden Initiative zur weltweit größten Nichtregierungsorganisation (NGO), die sich dem Schutz und der Wiederherstellung von Lebensräumen wildlebender Tiere widmet. In den USA und in Kanada blieb man allerdings beim ursprünglichen Namen, was zu einigen Konfusionen führte, weshalb man sich 2001 dazu entschloss, ab sofort weltweit mit jenem Kürzel in Erscheinung zu treten, mit dem man dereinst schon angetreten war: WWF.

2011, zum 50-jährigen Jubiläum, konnte man auf eine stolze Bilanz verweisen: Seit seiner Gründung investierte der WWF rund 11,5 Milliarden US-Dollar (9,9 Mrd. Euro); insgesamt unterstützte man damit mehr als 13 000 Schutzprojekte in über 150 Ländern. Heute arbeiten mehr als 5000 Mitarbeiter in über 100 Ländern auf sechs Kontinenten für die von mehr als fünf Millionen Förderern unterstützte Organisation mit Hauptsitz im schweizerischen Gland. Und damals wie heute ist ein Großer Panda als Wappentier im Einsatz des WWF.

Vorbild dafür war die Pandabärin Chi-Chi, die im Gründungsjahr des WWF in den Londoner Zoo aufgenommen wurde. Auf der Basis von Skizzen, die der schottische Naturforscher und Maler Gerald Watterson von Chi-Chi machte, entwarf Sir Peter Markham Scott das sofort erkennbare und überaus einprägsame Logo: »Wir suchten nach einem schönen, bedrohten Tier, das viele Menschen auf der Welt für seine ansprechenden Qualitäten lieben würden«, erinnerte er sich später. »Und wir suchten nach einem Tier, das gut in Schwarz-Weiß darzustellen war, um Druckkosten zu sparen.«

Peter Scott, ein britischer Ornithologe und Sohn des berühmten Arktisforschers Robert Falcon Scott, war der erste Vorsitzende der Organisation, die im September 1961 ihr erstes Büro in der Schweizer Stadt Morges eröffnet hatte. Als einer von 16 Gründungsvätern gehörte er zu den Unterzeichnern einer als »Manifest von Morges« bekannten »Internationalen Deklaration«, mit der

Diese »transparente« Anwendung des WWF-Panda-Logos von 2010 ist eine Arbeit von Arthur Steen Horne Adamson (ASHA)

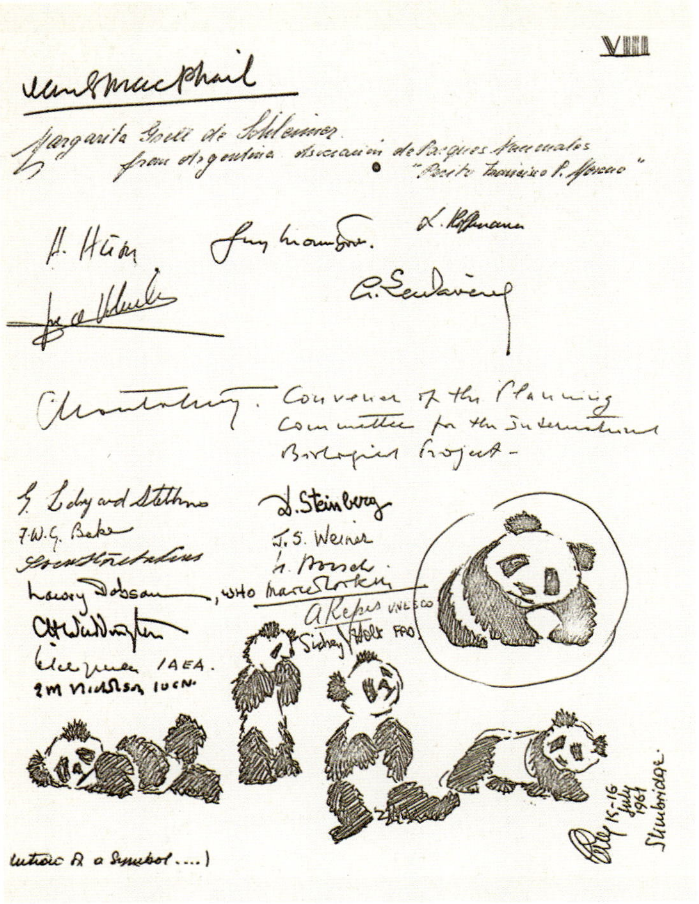

Diese Seite oben:
Unter den Konferenzteilnehmern des WWF-Kuratoriums im Schweizer Morges Anfang der 1960er-Jahre waren auch Sir Peter Scott und Gerald Watterson. Bis zum November 1961 (oben rechts) hatte Scott eine ursprünglich von Watterson angefertigte Pandaskizze überarbeitet, die auch auf dem linken Dokument auftaucht.

—

Diese Seite unten:
Das WWF-Panda-Logo wurde in den folgenden Jahren weiterentwickelt: vom 1961er Erstentwurf über Landors Überarbeitung 1986 (zweite Abb. von rechts) bis zur Gegenwart (ganz rechts Arthur Steen Hornes Version von 2010).

Rechte Seite:
Dieses erste offizielle Plakat war so angelegt, dass der Text in jeder Sprache problemlos eingeklinkt werden konnte. Entwurf und Produktion durch Ogilvy & Mather, 1961.

Help to save the World's Wildlife

Your contribution will help to save the world's wildlife and wild places

Send it now to:
World Wildlife Fund
2 Caxton Street
London SW1

Unten und rechte Seite:
Arthur Steen Horne Adamson (ASHA) schuf eine Schablone, die wie ein »Fenster« verwendet werden kann, durch das die vielen verschiedenen Aktivitäten und Umweltbedingungen sichtbar werden, mit denen der WWF zu tun hat.

die Organisation an ihrem Gründungstag erstmals öffentlich in Erscheinung trat, um unter der Überschrift »We Must Save the World's Wild Life« Spenden für die Rettung bedrohter Tierarten zu generieren.

Gestalt und Form des von Scott entwickelten Emblems wurden über die Jahre mehrfach modifiziert. Die gravierendste Veränderung gab es 1986 im Zusammenhang mit der Umbenennung des WWF. Damals beauftragte man die Designagentur Landor mit der Überarbeitung, die der 1913 in München geborene, 1931 vor den Nazis emigrierte Walter Landauer 1941 in San Francisco gegründet hatte. Verantwortlich für die Überarbeitung waren Tom Suiter als Creative Director, Jerry Kuyper als Design Director und Jenny Leibundgut als Grafikerin. Dabei stellte man zunächst fest, dass damals gleich zwei Versionen von Scotts Panda im Einsatz waren – eine etwas kühlere, geometrischer angelegte für die USA und eine für den Rest der Welt. Jerry Kuyper erinnert sich auch noch an die Vorgaben des WWF, die sie beachten sollten. Demnach war der Panda »nicht zu knuddelig, nicht zu wild und ganz sicher nicht so, als würde er bald aussterben« zu gestalten.

Daraufhin versuchte man wohl ein Dutzend verschiedene Möglichkeiten, um den Augen des Wappentiers weitere Details hinzuzufügen, bis man auf das, so Kuyper, eigentlich Naheliegendste kam: gar keine Details hinzuzufügen, sondern sich im Gegenteil auf die reinen schwarzen (und etwas vergrößerten) Formen zu beschränken. Laut Kuyper hatten die nun komplett schwarzen Augen die einnehmendste Wirkung und zudem den Vorteil, offen für jegliche Interpretation zu sein.

In dieser Form hatte das Logo des WWF fast ein Vierteljahrhundert Bestand – erst 2010 erfolgte eine weitere umfassende Überarbeitung des gesamten optischen Auftritts durch die Agentur ArthurSteenHorneAdamson (ASHA). Wie im Jahr 1986 stand das Rebranding in Zusammenhang mit einer grundsätzlichen strategischen Weiterentwicklung des WWF, bei der es diesmal um den Einstieg in nachhaltiges globales Wirtschaften ging. Wie dringend notwendig dieser Einstieg war, zeigte bereits im Jahr 1998 der erste Living Planet Report, in dem der WWF erstmals eine Art »Dow Jones für die Natur« entwickelte, den Living Planet Index (LPI). Mit ihm misst man die Fläche von Ökosystemen und die Zahl der charakteristischerweise darin lebenden Tier- und Pflanzenarten. Das Ergebnis der ersten Studie: In den Jahren 1970 bis 1995 hatte die Welt innerhalb einer Generation knapp ein Drittel ihres Naturreichtums zerstört. 2002 wurde Nachhaltigkeit zum Topthema des UN-Gipfels in Johannesburg, aber in der Praxis verschlechterte sich die Lage weiterhin: 2010 ergab der Living Planet Report, dass die Nachfrage nach Naturgütern so zugenommen hat, dass wir inzwischen eigentlich eine zweite Erde brauchen würden, um den Bedarf zu decken.

»To leave our children a living planet« – unseren Kindern einen lebendigen Planeten zu hinterlassen – lautete daher der neue Leitgedanke des WWF. Um mit dieser erweiterten Zielsetzung auch die umfassende globale Präsenz der Organisation zu visualisieren, gestaltete ASHA das bis dahin schwarz-weiße Panda-

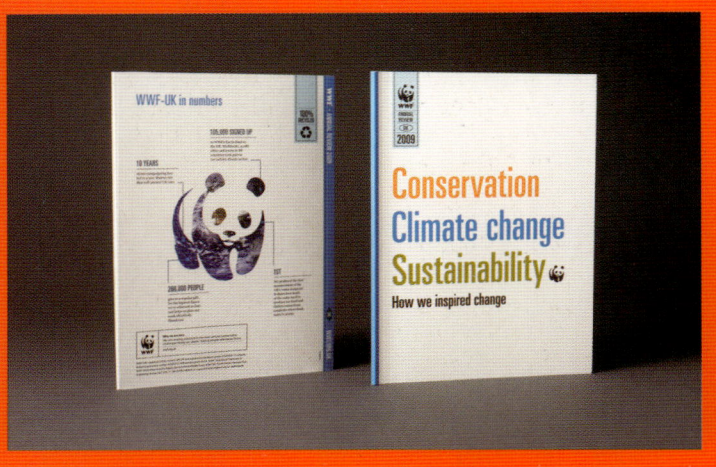

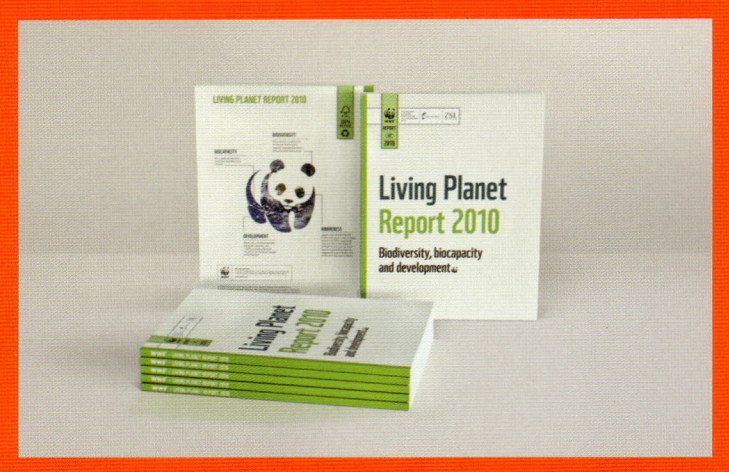

Oben und rechte Seite:
Berichte, Websiteauftritt und Giveaways des WWF, von ASHA gestaltet. Im Zentrum steht in der Regel der WWF-Panda (oben), der aber auch wie ein optischer Punkt neben Kernaussagen wie »Saving tigers« (rechte Seite) eingesetzt werden kann. Für die Schriftgestaltung entwickelte ASHA eigens einen WWF-Signature-Font.

logo wie eine Schablone, bei der die schwarzen Partien des Tiers nun transparent angelegt wurden, um den »Durchblick« auf darunter liegende Farbmotive zu ermöglichen. »Die Schablone macht die Umrisse des Logos zu einer Art Objektiv, mit dessen Hilfe die Bandbreite unserer Arbeit gezeigt werden kann«, sagt Georgie Bridge, die im Vereinigten Königreich für die Umsetzung der Markenpolitik des WWF verantwortlich ist. Als bewegtes Bild, im Internet und als Teil einer umfangreichen iPad-App kann diese neueste Version des Logos »unsere Arbeit wirklich lebendig werden lassen«, fügt sie hinzu, »und den Menschen verdeutlichen, was ›hinter dem Panda‹ steckt«.

Dass dahinter längst mehr als »nur« eine Organisation steht, die sich für den Erhalt bedrohter Tierarten einsetzt, wird auch in naher Zukunft nicht dazu führen, dass sich der WWF von seinem Pandalogo verabschiedet. Dazu sagt Bridge: »Es ist ein erstklassiges Kultdesign. Sein in über 50 Jahren aufgebauter Marktwert ist unersetzbar. Die Herausforderung heute lautete, sicherzustellen, dass der Panda ein echtes Verständnis in der breiten Öffentlichkeit wecken kann für das, was vom WWF im 21. Jahrhundert geleistet wird. Wir hoffen, dass die Überarbeitung der Marke helfen wird, dieses Ziel zu erreichen.«

Saving tigers
Protecting biodiversity
Preserving habitats
Sustainable living

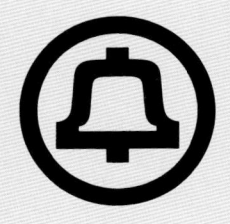

Bell System	British Rail	British Steel	CBS
Deutsche Bank	ENO	ERCO	I Love New York
NASA		National Theatre	Osborne Bull
Randstad	Sol de Miró		Tate

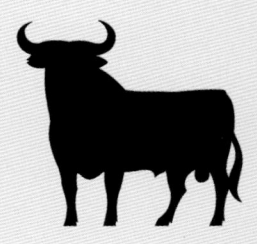

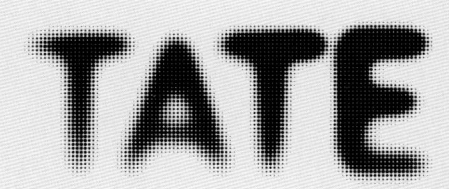

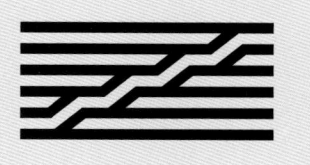

Centre Pompidou	CN	CND	Coca-Cola
London Underground	Michelin	München 1972	Musée d'Orsay
Penguin	Perú	Pirelli	
UPS	V&A	Woolmark	WWF

Personen- und Sachwortverzeichnis

»1984« (George Orwell)

—

A

Aicher, Otl 41, 69, 83, 84, 86, 88, 111, 112, 112, 115, 115
Albatross-Bücher 145, 149
Aldermaston 55, 56, 59
Alfieri & Lacroix 199, 202
Alglas-Logo (Bos) 171
Allen, Gracie 35
Alliance Graphique Internationale (AGI) 199
Alonso, Pedro 175, 177
American Typewriter 93
Animation 112, 128, 183
Apeloig, Philippe 46, 117
Arthur Steen Horne Adamson (ASHA) 207, 210
Artwork 33
»Asterix bei den Schweizern« (Goscinny und Uderzo) 109
Atomwaffen-Forschungszentrum, Aldermaston 55, 56, 59
AT&T 13, 19
Aulenti, Gae 117
Austin, Eric (Kensington CND) 55, 59
AWI (Australian Wood Innovation) 199

—

B

Barney, Gerry 21 f.
Barzini, Luigi 159
Baskerville 81
Bass, Elaine 16
Bass, Jennifer 13, 19
Bass, Saul 12 f.
Bauhaus 40, 46, 114, 186
Believer, The 95
Bell System 12 f.
Bellamy, Ralph 35
BellSouth 19
Benny, Jack 35
Bibendum 105, 106,
Bibliothèque publique d'information, Centre Pompidou, Paris 41, 42
Bigas Luna, Josep Joan 141
Bild-Zeitung 70
Bird, Richard 134, 137
Black, Misha 100
Blackburn, Bruce 125, 12
Bodleian Library, Oxford 33
The Bodley Head 145
Bodoni 38, 118, 191
Bordaz, Robert 41
Borghese, Fürst Scipione 159
Bos, Ben 165 f.
Bridge, Georgie 213
Briggs, Ken 137
British Rail 21 f.
British Steel 29 f.
Brixton, U-Bahn-Station 102
Brock, Hugh 56
Burns, George 35
Buschaus, Paul 83

—

C

Calvert, Margaret 27
Camp, Will 29, 32
Canary Wharf, U-Bahn-Station 102
Candler, Asa Griggs 61, 63
Carroll, Dempsey & Thirkell (CDT) 75, 77, 79
CBS 35 f.
Centre de Création Industrielle (CCI) 41
Centre Pompidou 41 f.
Charing Cross, U-Bahn-Station 100
Cincinnati Bell 19
Cinturato-Reifen 163
Clapham South, U-Bahn-Station 100
Claude-General Neon Lights Ltd, Wembley, Middlesex 65
Clements, Collis 25
CN (Canadian National Railway Company) 21, 49 f.
CND (Campaign for Nuclear Disarmament) 55 f.
Coca-Cola Company 61 f.
Cooper, Keith 75
Cooper and Beatty 49 f.
Craw, Freeman 38
Creative Review 9
Crouwel, Wim 165

—

D

Daily News 95
Daily Telegraph 137
Dalang, Max 69
Daleboudt, Ger 165
Dalí, Salvador 173
Danne, Richard 125 f.
Danne & Blackburn 125 f.
D'Arcy Advertising Co. 63
De Smet, Catherine 41, 45
Dean, Jim 126
Delvico Bates 175
Dempsey, Mike 75 f.
Dennis, Ian 133 f.
Design Research Unit (DRU) 21 f.
Design Tagebuch 115
»A Designer's Art« (Paul Rand) 186
Deutsche Bank 69 f.
Didot 38, 118
»Die Geschichte der O« (Réage) 118, 119
Direct Action Committee Against Nuclear War (DAC) 55
Dorfsman, Lou 38
Doyle, William S. 91
Duschek, Karl 70
»Dust Bowl to Gotham« (Richard Danne) 125

—

E

Earle, Joe 191
Edições 149
Engelmann, Pavel Michael 160
English National Opera (ENO) 9, 75 f.
ERCO 9, 83 f.
Ernst, Jupp 70

—

F

FahnenFleck 115
»Der falsche Spiegel« (Magritte) 38
»A Farewell to Arms« (»In einem anderen Land«, Ernest Hemingway) 151
Farreras, Francesc 173

Faslane Peace Camp 58
Felker, Clay 91
Fleming, Allan 49 f.
Fletcher, Alan (Pentagram) 11, 117, 160, 163, 191 f.
Fletcher, James Chipman 125, 126
Folkwangschule, Essen 69
Formalismus 91
France, Alfred 98
Freyer, Conny 192
Frutiger, Adrian 43, 88
»The Future« 128
FutureBrand 153, 157

—

G
Games, Abram 100
Garland, Ken 59
Gentleman, David 29 f.
Gill, Eric 103
Gill Sans 103
Glaser, Milton 91 f.
GlücksSpirale 11, 111, 115
Golden, William 35 f
Goldschmeding, Frits 165
Gompertz, Will 183
Goodwin, Georgiana 117
Götz, Lothar 102
Graphicteam Köln 111
Gray, Milner 21, 25, 27
Green Park, U-Bahn-Station 97
Griffiths, John 149
Grignani, Franco 199 f.
Grignani, Manuela 201, 204
Guizardi, Ettore 159
Gutiérrez, Fernando 79

—

H
Hall, Sir Peter 137
Hammill, Pete (Daily News) 95
Haring, Keith 141
HDA International 133 f.
Helvetica 88
Henrion, F.H.K. 41, 133
Hiestand, Ernst 41
Hitchcock, Alfred 13
Hochschule für Gestaltung, Ulm 111
Hofmann, Armin 70
Holden, Charles 99, 100
Holtom, Gerald 55 f
»Huasipungo« (Jorge Icazas) 149
Hyland, Angus 145, 148

—

I
»Illyrian Spring (Ann Bridge) 151
Indent Design 133
Intégral Ruedi Baur et Associés 46
International Wool Secretariat (IWS) 199
IRCAM, Centre Pompidou, Paris 43
Itten, Johannes 41

—

J
»Jamón Jamón« (Bigas Luna) 141
Joana 103
Jenger, Jean 117, 118

Johnston, Edward 97 f.
Jonas, Sir Peter 75, 81

—

K
Kauffer, Edward McKnight 99, 100
Kidd, Chip 95
Kinetische Installation 11, 192
Kinneir, Jock 27
Kirkham, Pat 13, 19
Kuyper, Jerry (Landor) 211

—

L
Landor Associates 208, 210
Lane, Allan (Penguin Books) 145, 149
Lapteff, Max 131
Lartigue, Jacques Henri 119, 122, 123
Lasdun, Sir Denys 133, 137
Leonardo da Vinci 128
LGOC (London General Omnibus Company) 99
Loges, Stephen 126
»Logorama« 109
London Chamber Orchestra (LCO) 75
London Transport 99, 100
London Underground 9, 97 f.
Low, George 126

—

M
Maack, Klaus Jürgen 83, 86
Magritte, René 38
Malheur Bell, Oregon 19
Manpower 165
Mayhew, Michael 134, 137
McDonald, Peter 102
McDonald, Ronald 107
McLuhan, Marshall 49
Michelin, Édouard und André 105
Michelin-Männchen 11, 105 f.
Milton Glaser Inc. 91 f.
Miró, Joan 173 f.
Modarelli, James 125
Monguzzi, Bruno 117 f.
Morrison, Jasper 53
Müller, Rolf 111
Musée d'Orsay, Paris 117 f.
Musée National d'Art Moderne, Centre Pompidou, Paris 41, 42

—

N
National Aeronautics and Space Administration (NASA) 125 f.
National Theatre 133 f.
Nazca 157
New York Times, The 38, 130
Newark, Quentin 191, 192
Noorda, Bob 160, 163

—

O
O'Galop 105 f.
Ogilvy & Mather 208
Olympische Spiele 83, 97, 103, 111

»On the Possibility of Extraterrestrial Life« (NASA) 128
»One of Our Submarines« (Edward Young) 148
Osborne 9, 139 f.
Ostinelli, Roberto 117
Ovenden, Mark 97

—

P
Peace News 56
Pearson, David 151
Pemberton, John 61, 63
Penguin 145 f.
Pentagram 145, 148, 179, 191 f.
Perry, Lorne 49, 53
Perú 153 f.
Piano, Renzo 41, 43
Piccadilly Circus, London 65, 205
Pick, Frank 97, 99, 100, 103
Piktogramme (Otl Aicher) 83
Pirelli 159 f.
Pirelli-Kalender 160
Plénacoste, Gérard 117
Prieto, Manolo 139 f.
ProInversión 153
PromPerú 153
»Psycho« (Hitchcock) 13
Push Pin Studios 91

—

Q
Quinta-Strahler (ERCO) 88

—

R
Rand, Paul 185 f.
Randstad 165 f.
Ray, Man 99, 100
Rayne, Sir Max 137
Reeber, Karl 83
Reininghaus, Arnold 83
Rhodes, Silas 95
Rigaud, Jacques 123
Ritts, Herb 160, 175
Robinson, Frank Mason 61 f.
Rogers, Richard 41, 43
Roowy, H.L. 159, 161
Rotis 83
Rushworth, John 192

—

S
Saroglia, Francesco 199, 201, 204
Schaffrinna, Achim 115
Schmoller, Hans 147, 148
Schnell, Raoul Manuel 201
»Schräges Band, zentral angeordnet« (Anton Stankowski) 72
Schulman, Bob 130
Schweizer Schule 91
Scott, Sir Peter 207 f.
Sedley Place 21
Sernets, Zdena 171
Serra, Pedro 173
»Sharing in Success« (ENO) 80
Sharland, Charles 97, 98

»Sherlock« 103
Sinatra, Frank 35
South Kensington, U-Bahn-Station 11, 192, 194
Spanien 139, 140, 175, 177
Spiekermann, Erik 73
Stankowski, Anton 69 f., 112
Stankowski + Duschek 69
Stanton, Frank (CBS) 35, 38
Stevens, Peter 137
»Stop the War Coalition« 33
Sullivan, Louis 115
Superma Ltd 32

—

T
Tandem DDB 177
Tàpies, Antoni 173
Tate 179 f.
Tejada, Felix 140
Temple, U-Bahn-Station 99
Testa, Armando 160
Théry, Léon 105
Total Design 165 f.
Touring Club Italiano 159, 161
Troika Design Group 92, 194
Tschichold, Jan 148, 151
Tucker, Shirley (geborene Wilson) 149

—

U
Ulrich, Bert (NASA) 130
Underground Electric Railways Company of London (UERL) 97, 99
Univers 73, 84, 88
UPS 185 f.

—

V
Valkus, James (»Jim«) 49
Van Heeswijk 171
Variety 38
Vasallo, Ignacio 173, 177
Vasarely, Victor 115
Victoria & Albert Museum (V&A) 191 f.
Vignelli, Massimo 41
Vincent, René 106
»Vision of a Roundel« (Lothar Götz) 102
Visuel Design Association (VDA) 41 f.
»Vitruvianischer Mensch« (Leonardo da Vinci) 128
Von Mannstein, Coordt 9, 11, 70, 73, 111 f.

—

W
Walbaum 118, 119
Watterson, Gerald 207, 208
Widmer, Jean 41 f., 117, 118, 123
Willer, Marina 179, 183
»William Klein + Daido Moriyama« 183
Williams, George 25
»Wired« 131
Wolff Olins 41, 179 f., 183, 192
Woolmark 199 f.

World Wildlife Fund (WWF) 207 f.
Wright, Dick 49

—

X
»Xerxes« (Crockart) 77
»Xerxes« (Dempsey) 77

—

Y
Young, Edward 145, 147, 148

—

Z
Zenit-Lampe (ERCO) 88
»Zoo« (Abram Games) 100, 103
Zwart, Piet 119

Bildnachweis

4–5 © Victoria and Albert Museum, London. Design: Troika
8 © Canadian National Railway Company (CN)
10 Mit freundlicher Genehmigung der Woolmark Company
11–19 © The Estate of Saul Bass, mit freundlicher Genehmigung von Jennifer Bass
20, 22, 23, 25ol, 25or, 26 © Science and Society Picture Library
21 Mit freundlicher Genehmigung von Michael Johnson/Johnson-Banks
24 Foto: Alistair Hall. www.alistairhall.co.uk
25M Mit freundlicher Genehmigung der Cubitt Gallery
25u Foto: Laurence King Publishing
27o Bild: Steve Collins. Design: British Railways Western Region, 1965
27M Bild: Steve Collins. Design: British Railways Board, 1966
27u Bild: Steve Collins. Design: British Railways Board 1969
28–33 Mit freundlicher Genehmigung von David Gentleman
34–39 CBS und das Augen-Logo sind TM & © 2014 CBS Broadcasting Inc. All Rights Reserved.
40 © Centre Pompidou, Paris, France, Design: Jean Widmer, 1977
41–42, 43o, 44–47 Mit freundlicher Genehmigung von Jean Widmer
44u Foto: Georges Meguerditichian © Centre Pompidou, 2013
48, 52 © Canadian National Railway Company (CN)
49 © Canadian National Railway Company (CN). Quelle: Library and Archives Canada/Allan Fleming/C-110428
50o © Canadian National Railway Company (CN). York University's Clara Thomas Archives & Special Collections (ASC)/Toronto Telegram Fonds F0433
50u, 51o, 53ul, 53ur © Canadian National Railway Company (CN). York University's Clara Thomas Archives & Special Collections (ASC)/Allan Fleming Fonds F0529
51u © Canadian National Railway Company (CN). York University's Clara Thomas Archives & Special Collections (ASC)/Allan Fleming Fonds F0529. Photography: Kryn Taconis, 1962
53o © Canadian National Railway Company (CN). Quelle: Library and Archives Canada/James Valkus/C-110429
53oM © Canadian National Railway Company (CN). Quelle: Library and Archives Canada/Allan Fleming/C-136035
53lm © Canadian National Railway Company (CN). Quelle: Library and Archives Canada/Allan Fleming/C-136034
54 Mit freundlicher Genehmigung der Campaign for Nuclear Disarmament (CND) Archives. Design: Ken Garland. Entwicklung des Symbols: Gerald Holtom
55–57, 58o, 59o Mit freundlicher Genehmigung der Campaign for Nuclear Disarmament (CND) Archives
58u © CND Cymru
59M Mit freundlicher Genehmigung der Campaign for Nuclear Disarmament (CND) Archive. Foto: Ben Soffa
59u Mit freundlicher Genehmigung der Campaign for Nuclear Disarmament (CND) Archive. Foto: Sue Longbottom
60–67 Mit freundlicher Genehmigung der Coca-Cola-Company
68–71, 73 Mit freundlicher Genehmigung der Deutschen Bank
72 © Stankowski-Stiftung
74 © ENO/Design: Mike Dempsey/Carroll. Dempsey & Thirkell
75 Mit freundlicher Genehmigung von Mike Dempsey
76ol Design und Artdirector: Mike Dempsey. Foto: Holly Warburton. Design Group, Carroll, Dempsey & Thirkell
76oM Artdirecor: Mike Dempsey. Design Barbro Ohlson. Illustration: Dirk Van Doren. Design Group, Carroll, Dempsey & Thirkell
76or Design: Fernando Gutiérrez. Artdirector: Mike Dempsey. Foto: Holly Warburton. Design Group, Carroll, Dempsey & Thirkell
76ur Design und Artdirector: Mike Dempsey. Foto: Tony Evans. Gemäldedetail aus L'Amour et Psyché von François-Edouard Picot
76uM Artdirector: Mike Dempsey. Design: Fernando Gutiérrez. Foto: Robert Shackleton
76ul Design: Mike Dempsey.
77l Design: Mike Dempsey. Foto: Michael Hoppen.
77or Artdirector: Mike Dempsey. Design: Barbro Ohlson. Foto: Uri Weber
77ul Artdirector: Mike Dempsey. Design und Illustration: Iain Crockart
78 Mit freundlicher Genehmigung von Mike Dempsey
79 Artdirector: Mike Dempsey. Design: Fernando Gutiérrez. Design Group Carroll, Dempsey & Thirkell
80 Design und Artdirector: Mike Dempsey. Foto (oben) Barbra & Zaffa Baran (unten) Lewis Mulatero. Design Group, Carroll, Dempsey & Thirkell.
81o Truckdesign und Copywriting: Mike Dempsey. Design Group, Carroll, Dempsey & Thirkell.
81M, 81u Design, Artdirector und Foto: Mike Dempsey. Design Group Carroll, Dempsey & Thirkell
82–89 © ERCO
90, 92, 93M, 93u © New York State Department of Economic Development (NYSDED). I♥NY und I LOVE NEW YORK sind Warenzeichen und Dienstleistungsmarken des New York State Department of Economic Development und werden hier mit dessen Genehmigung verwendet.
91, 93o © New York State Department of Economic Development (NYSDED). Digital image, The Museum of Modern Art, New York/Scala, Florenz
94–95 Mit freundlicher Genehmigung des Milton Glaser Studios
96–100, 101ol, 101oM, 101u, 103o, 103M © TFL aus der Sammlung des London Transport Museum
101or © TFL aus der Sammlung des London Transport Museum und Estate of Abram Games
102l © Transport for London. Peter McDonald, London Underground Party, 2008. Im Auftrag von Art on the Underground als Teil der Aktion 100 Years, 100 Artists, 100 Works of Art
102r © Transport for London. Lothar Götz, Visions of a Roundel, 2008. Im Auftrag von Art

on the Underground als Teil der Aktion 100 Years, 100 Artists, 100 Works of Art
103u © TFL/Agency: M&C Saatchi/Creative team: Joe Miller und Tristan Cornelius/Illustration: Tokyo Plastic (Picasso)
104–109 © 2014 Michelin. All rights reserved.
110–112, 115 Prof. Coordt von Mannstein und die Gesellschafter des »Graphicteam« Hans Buschfeld, Winfried Holz, Heinz Lippert, Siegfried Himmer. Erscheinungsbild der Olympischen Spiele 1972: Otl Aicher. Foto: von Mannstein.
113–114 Wir danken Alessandro Rinaudo für die Fotos von seiner persönlichen Sammlung von Objekten der Olympiade 1972 in München www.1972municholympics.co.uk
116 © Musee d'Orsay/Identité
117–123 © Musee d'Orsay/Design mit freundlicher Genehmigung: Bruno Monguzzi
124–131 Mit freundlicher Genehmigung NASA. NASA Programm: Danne & Blackburn. NASA-Logo: Bruce Blackburn D+B. Design Director: Richard Danne
132 © National Theatre. Design: Ian Dennis
133–136, 137u © National Theatre
137o Mit freundlicher Genehmigung des Daily Telegraph
138–140, 143 Mit freundlicher Genehmigung der Fundacion Manolo Prieto
141–142 Fotos: Simon Gardiner
144 PENGUIN und die Penguin-Logos sind Warenzeichen der Penguin Books Ltd. © Penguin Books Ltd. Hier mit freundlicher Genehmigung wiedergegeben
145–147, 150–151 PENGUIN und die Penguin-Logos sind Warenzeichen der Penguin Books Ltd. © Penguin Books Ltd. Hier mit freundlicher Genehmigung wiedergegeben. Fotos: David Pearson.
148o, 148M, 149 PENGUIN und die Penguin-Logos sind Warenzeichen der Penguin Books Ltd. © Penguin Books Ltd. Hier mit freundlicher Genehmigung wiedergegeben. Fotos: Steve Hare.
152–156 Mit freundlicher Genehmigung von FutureBrand
157 © Philip Baird/www.anthroarcheart.org
158–163 Pirelli & C S.p.A Publishing Ltd
164–171 © Randstad Holding nv. Designer Ben Bos (entworfen 1966). Initiator: Frits Goldschmeding.
172–177 © Instituto de Turismo de España (TURESPAÑA)
178 © Tate 2013. Design: Wolff Olins
179, 181o, 181ur © Tate 2013. Design: Tate Design Studio, Photo: Tate Photography
180 © Tate 2013. Mit freundlicher Genehmigung von Marina Willer. Creation: Wolf Olins. Design-Leitung: Marina Willer. Strategie-Leitung: Brian Boylan.
181ul © Tate 2013. Design: Why Not Associates, Photo: Why Not Associates
182 © Tate 2013. Design: Tate Design Studio, Fhoto: Paul Bernard Knight
183 © Tate 2013. Design: Why Not Associates, Coverfotos: James Deavin
184–186, 188–189 UPS, die UPS-Marke und die Farbe Braun sind Warenzeichen von United Parcel Service of America, Inc. All rights reserved.
187 UPS, die UPS-Marke und die Farbe Braun sind Warenzeichen von United Parcel Service of America, Inc. All rights reserved. Mit freundlicher Genehmigung von Paul Rand Papers (MS 1745). Manuskripte und Archive, Yale University Library. Accession 2002-M-051, Box 24, Folder »UPS«. Mit freundlicher Genehmigung des Paul Rand Revocable Trust.
190–193, 196l © Victoria and Albert Museum, London
194–195 © Victoria and Albert Museum, London. Design: Troika.
196r © Victoria and Albert Museum, London. Foto: Angela Moore. Art direction: Marine de Bouchony
197l © Victoria and Albert Museum, London. Illustration: Noma Bar
197r © Victoria and Albert Museum, London. Illustration und Entwurf: Chrissie Macdonald. Foto: John Short
198–199, 202–203, 205 Mit freundlicher Genehmigung der Woolmark Company
200, 201o, 201M, 204 © Franco Grignani. Archivo Manuela Grignani (Daniela Grignani)
201u © Franco Grignani. Archivo Manuela Grignani (Daniela Grignani). Foto: Manuel Schnell
206 © WWF Intl./WWF-Canon
207 © Brent Stirton/Getty Images/WWFCanon
208ol © WWF Intl./WWF-Canon (WWF Trustees Zweite Konferenz Mai 1962)
208or © WWF Intl./WWF-Canon (Unterzeichner der ersten Konferenz des WWF-Kuratoriums,18. November 1961.)
208u © WWF
209 © WWF Intl./WWF-Canon (Erstes offizielles Plakat des WWF aus dem Jahr 1961. Entwurf und Herstellung Ogilvy & Mather)
210ol © Frank Parhizgar/WWF-Kanada
210or © Cat Holloway/WWF-Canon
210ul © Martin Harvey/WWF-Canon
210or © Edward Parker/WWF-Canon
212–213 Mit freundlicher Genehmigung von ArthurSteenHorneAdamson/Agency Asha. Design: Marksteen Adamson, Scott McGuffie, Leanne Thomas, Chris Greenwood, Kerry Wheeler und Asli Kalingou.

Danksagung

Das vorliegende Buch war von Anfang bis Ende eine Gemeinschaftsarbeit. Mein Dank geht an meine Kollegen und Freunde des Magazins *Creative Review*, das im März 2011 eine Sonderausgabe zum Thema Trademarks herausbrachte. Dieses Buch enthält daher auch die Erkenntnisse und Beiträge von Patrick Burgoyne, Gavin Lucas und Eliza Williams.

Darüber hinaus möchte ich mich bei Sophie Drysdale und Sarah Batten vom Verlag Laurence King dafür bedanken, dass sie dazu beitrugen, das Projekt in Gang zu bringen. Besonders dankbar bin ich meinem Verleger, John Parton, der das Buch durchgesehen und alles am Laufen gehalten hat (vor allem mich). Ein besonderer Dank geht an Mari West, die großartige Arbeit bei der Bildbeschaffung leistete, und an Nathan Gale von Intercity, der alles zusammengefügt hat.

Wertvollen Input erhielten wir von den Lesern unseres Magazins sowie von vielen Designern und Fachleuten, die wir für dieses Projekt befragten – insbesondere Marina Willer, John Bateson und Angus Hyland.

Bedanken möchte ich mich auch bei Gerry Barney, Ben Bos, Richard Danne, Mike Dempsey, Ian Dennis, Michael Evamy, Martha Fleming, Justine Fletcher, David Gentleman, Paul Giambarba, Daniela Grignani, Manuela Grignani, Steve Hare, Lewis Laney, Coordt von Mannstein, Professor Ian McLaren, Bruno Monguzzi, Mark Ovenden, David Pearson, Paul Pensom, Anna Richardson-Taylor, Alessandro Rinaudo, Ted Ryan, Adrian Shaughnessy, Ignacio Vasallo und Jean Widmer.

Schließlich widme ich dieses Buch meinen Mädchen – Iris, Rose und Emma.

Folgende Designer und Fachleute haben sich zu ihren Logo-Favoriten geäußert: Marksteen Adamson, David Airey, Philippe Apeloig, John Bateson, Michael Bierut, Connie Birdsall, Tony Brook, Mike Dempsey, Michael Evamy, Bill Gardner, Bryony Gomez-Palacio, Sagi Haviv, Angus Hyland, Michael Johnson, Peter Knapp, John Lloyd, Miles Newlyn, Paula Scher, Tony Spaeth, Armin Vit, Marina Willer, Michael Wolff.

LAURENCE KING

Text © 2014 Mark Sinclair
Mark Sinclair has asserted his right under
the Copyright, Designs, and Patents Act 1988
to be identified as the author of this work.
—
This book was produced by Laurence King
Publishing Ltd, London
—
Titel der Originalausgabe:
Trademarks

Bibliografische Information der
Deutschen Nationalbibliothek
Die Deutsche Nationalbibliothek verzeichnet
diese Publikation in der Deutschen National-
bibliografie; detaillierte bibliografische Daten
sind im Internet über http://dnb.d-nb.de
abrufbar.

Übersetzung © 2015
Stiebner Verlag GmbH, München
Alle Rechte vorbehalten.
Wiedergabe, auch auszugsweise,
nur mit ausdrücklicher
Genehmigung des Verlages.

www.stiebner.com

Übersetzung aus dem Englischen:
Christa Trautner-Suder

Satz und Redaktion der deutschen Ausgabe:
Verlags- und Redaktionsbüro München,
www.vrb-muenchen.de

ISBN 978-3-8307-1431-6
Printed in China